A. Schmidt (Hrsg.)
Hamburger Kommentar zum Insolvenzrecht

Hamburger Kommentar zum Insolvenzrecht

Ergänzungsband

Herausgegeben von

Dr. Andreas Schmidt
Insolvenzrichter, AG Hamburg

Unter Mitarbeit von

Friederike Leptien,
Rechtsanwältin, Insolvenzverwalterin, Kanzlei Leptien, Hamburg

Dr. Jörg Linker,
Richter am AG, Insolvenzrichter, AG Hamburg

Hendrik Rogge,
Rechtsanwalt, Insolvenzverwalter, Rogge + Schöne, Hamburg

6. Auflage

Carl Heymanns Verlag 2017

Zitiervorschlag: HambKomm-ErgB/*Bearbeiter* § Rn.

Bibliografische Information der Deutschen Nationalbibliothek

Die Deutsche Nationalbibliothek verzeichnet diese Publikation in der Deutschen Nationalbibliografie; detaillierte bibliografische Daten sind im Internet über http://dnb.d-nb.de abrufbar.

ISBN: 978-3-452-28927-8

www.wolterskluwer.de
www.carl-heymanns.de

Alle Rechte vorbehalten.
© 2017 Wolters Kluwer Deutschland GmbH, Luxemburger Straße 449, 50939 Köln.

Das Werk einschließlich aller seiner Teile ist urheberrechtlich geschützt. Jede Verwertung außerhalb der engen Grenzen des Urheberrechtsgesetzes ist ohne Zustimmung des Verlages unzulässig und strafbar. Das gilt insbesondere für Vervielfältigungen, Übersetzungen, Mikroverfilmungen und die Einspeicherung und Verarbeitung in elektronischen Systemen.

Verlag und Autor übernehmen keine Haftung für inhaltliche oder drucktechnische Fehler.

Umschlagkonzeption: Martina Busch, Grafikdesign, Homburg Kirrberg
Satz: Innodata Inc. Noida, India
Druck und Weiterverarbeitung: Williams Lea & Tag GmbH, München

Gedruckt auf säurefreiem, alterungsbeständigem und chlorfreiem Papier.

Vorwort

Als die sechste Auflage des »Hamburger Kommentars zum Insolvenzrecht« Anfang 2017 erschienen ist, hat eigentlich niemand mehr damit gerechnet, dass das Insolvenzanfechtungsrecht noch in der laufenden Legislaturperiode reformiert werden wird. Von wegen. Quasi über Nacht, nämlich so um den 13. Februar 2017 herum, konnte man erfahren, dass sich die geplanten Änderungen bereits auf der Tagesordnung der Sitzung des Bundestages vom 16. Februar 2017 befinden. Dort wurden sie dann beschlossen. Der Bundesrat hat sodann in seiner Sitzung vom 10. März 2017 beschlossen, den Vermittlungsausschuss nicht anzurufen. Das »**Gesetz zur Erhöhung der Rechtssicherheiten bei Anfechtungen nach der Insolvenzordnung und dem Anfechtungsgesetz**« (BT-Drucks. 18/11199) wurde dann am 4. April 2017 im Bundesgesetzblatt verkündet und ist einen Tag später, nämlich am 5. April 2017 in Kraft getreten.

Unmittelbar nach Bekanntwerden haben sich *Friederike Leptien, Jörg Linker* und *Hendrik Rogge* an die Arbeit gemacht und das neue Recht kommentiert. Ihnen gebührt mein herzlicher Dank für diesen Kraftakt – immerhin handelt es sich um die **erste Kommentierung** zu den neuen Vorschriften. Unsere Lektorin, Frau *Nicole Monteverde,* war auch diesmal wieder – wie immer – absolut unverzichtbar, denn ohne sie wäre das Projekt »Ergänzungsband« entweder gar nicht oder aber jedenfalls nicht so schnell auf den Weg und an den Markt gebracht worden. Auch ihr gebührt ein herzlicher Dank für die Geduld, die guten Ratschläge und das Engagement. Dank gebührt schließlich auch dem Carl Heymanns Verlag, der mit der Maßnahme, aus aktuellem Anlass einen Ergänzungsband auf den Markt zu bringen, dem hohen Stellenwert des Hamburger Kommentars erneut Rechnung trägt.

Geändert werden zunächst folgende Vorschriften: In **§ 14 InsO** wird die Möglichkeit, einen Gläubigerantrag »weiterlaufen« zu lassen, obwohl die Forderung beglichen ist, erweitert. Ab sofort besteht diese Möglichkeit schon beim ersten zulässigen Gläubigerantrag. Das Erfordernis, dass zusätzlich innerhalb eines Zeitraums von zwei Jahren vor dem neuen Antrag ein erster Insolvenzantrag gestellt worden sein muss, ist weggefallen. In **§ 133 InsO** wird der Zehnjahreszeitraum bei der Anfechtung sog. Deckungen auf vier Jahre verkürzt. Will der Insolvenzverwalter eine kongruente Deckung anfechten, so muss er den Tatbestand der Vermutung des neuen § 133 Abs. 3 S. 1 InsO darlegen, wonach Kenntnis von der eingetreten Zahlungsunfähigkeit (und nicht mehr nur von der drohenden) erforderlich ist. Etwas seltsam mutet dann der neue § 133 Abs. 3 S. 2 InsO an. Hatte der Schuldner mit dem späteren Anfechtungsgegner eine Ratenzahlungsvereinbarung getroffen oder ist ihm eine sonstige Zahlungserleichterung gewährt worden, so wird nach dieser neuen Vorschrift vermutet, dass der spätere Anfechtungsgegner die Zahlungsunfähigkeit des Schuldners nicht kannte… In der Szene macht schon der folgende Witz die Runde: Das sei etwa so, wie wenn dann, wenn es bei einer polizeilichen Fahrzeugkontrolle im Auto nach Bier und Whisky rieche, vermutet werden würde, dass der Fahrer nichts getrunken habe. Wie gesagt: seltsam. Die Änderungen in **§ 142 InsO** bezwecken das Bargeschäftprivileg auszuweiten, da ein Bargeschäft nur noch dann angefochten werden kann, wenn der Anfechtungsgegner die Unlauterkeit des Handelns des Schuldners erkannt hat. Hier wird es zukünftig schwerer für Insolvenzverwalter werden. Wie schwer, das wird die Rechtsprechung herausarbeiten müssen. Aus Sicht der Insolvenzverwalter hätte es sicherlich schlimmer, aus Sicht der von der Anfechtung betroffenen Gläubiger besser kommen können. Und schließlich: Durch die Änderung des **§ 143 InsO** können Zinsen nur noch geltend gemacht werden, wenn der Anfechtungsgegner in Verzug gesetzt oder verklagt worden ist.

Eines sollte jedem klar sein: Das alte Recht wird noch lange mit uns sein, denn die neuen Vorschriften gelten, von § 143 Abs. 1 InsO n.F., der ab sofort gilt, einmal abgesehen, nicht in Verfahren, die vor dem 5. April 2017 eröffnet worden sind. Viele Anfechtungsansprüche werden sicherlich erst kurz vor dem Eintritt der Verjährung, also erst Ende 2020, vom Insolvenzverwalter auf den Weg gebracht und dann u.U. klagweise geltend gemacht werden. Das bedeutet, dass es mindestens fünf

Jahre ein Nebeneinander von altem und neuem Recht geben wird, zweifelsohne eine Herausforderung insbesondere für die Instanzgerichte, bei denen es keine Spezialzuständigkeiten für Insolvenzanfechtung gibt. Das **Übergangsrecht**, welches in Art. 103j EG InsO geregelt ist, wird in diesem Ergänzungsband ebenfalls kommentiert.

Und jetzt noch das: Mit dem »**Gesetz zur Durchführung der Verordnung (EU) 2015/848 über Insolvenzverfahren**« (BT-Drucks. 18/12154) hat der Gesetzgeber nochmals zugeschlagen und am 26. April 2017 weitere Änderungen der Insolvenzordnung beschlossen, die teilweise bereits am 26. Juni 2017 in Kraft treten. Viele dieser Änderungen sind rein redaktioneller Natur und sollen hier ausgeklammert bleiben. Ganz kurz »ankommentiert« werden aber die Änderungen in **§ 13 InsO** sowie in **§ 15a InsO**. Weitere Änderungen der InsO, des RPflG und des Art 102c EGInsO treten erst im April 2018 in Kraft, nämlich zusammen mit dem »Gesetz zur Erleichterung der Bewältigung von Konzerninsolvenzen«, welches vom Bundestag am 9. März 2017 beschlossen wurde, aber noch nicht im Bundesgesetzblatt verkündet ist und am 21. April 2018 in Kraft treten wird. All diese Änderungen, erste Rechtsprechung zum neuen Anfechtungsrecht (und sicherlich noch viel mehr) wird dann in der siebten Auflage des Hamburger Kommentars berücksichtigt, die für Anfang 2019 avisiert ist.

Hamburg, im Juli 2017

Dr. Andreas Schmidt

Inhaltsverzeichnis

Vorwort V

Synopse InsO 1

Einführungsgesetz zur Insolvenzordnung (EGInsO) 5

Art. 103j Überleitungsvorschrift zum Gesetz zur Verbesserung der Rechtssicherheit bei Anfechtungen nach der Insolvenzordnung und nach dem Anfechtungsgesetz 5

Insolvenzordnung (InsO) 9

§ 13	Eröffnungsantrag	9
§ 14	Antrag eines Gläubigers	11
§ 15	Antragsrecht bei juristischen Personen und Gesellschaften ohne Rechtspersönlichkeit	31
§ 15a	Antragspflicht bei juristischen Personen und Gesellschaften ohne Rechtspersönlichkeit	31
§ 129	Grundsatz	33
§ 130	Kongruente Deckung	53
§ 131	Inkongruente Deckung	53
§ 132	Unmittelbar nachteilige Rechtshandlungen	54
§ 133	Vorsätzliche Benachteiligung	54
§ 134	Unentgeltliche Leistung	74
§ 135	Gesellschafterdarlehen	74
§ 136	Stille Gesellschaft	74
§ 137	Wechsel- und Scheckzahlungen	75
§ 138	Nahestehende Personen	75
§ 139	Berechnung der Fristen vor dem Eröffnungsantrag	76
§ 140	Zeitpunkt der Vornahme einer Rechtshandlung	76
§ 141	Vollstreckbarer Titel	76
§ 142	Bargeschäft	77
§ 143	Rechtsfolgen	85

Stichwortverzeichnis 115

Synopse InsO

Insolvenzordnung a.F. (in der bis zum 04.04.2017 geltenden Fassung)	Insolvenzordnung n.F. (in der ab dem 05.04.2017 geltenden Fassung)
Insolvenzordnung (InsO)	Insolvenzordnung (InsO)
vom 5. Oktober 1994 (BGBl. I S. 2866), zuletzt geändert durch Artikel 16 des Gesetzes vom 20. November 2015 (BGBl. I S. 2010)	vom 5. Oktober 1994 (BGBl. I S. 2866), zuletzt geändert durch Artikel 1 des Gesetzes vom 13. April 2017 (BGBl. I S. 866)
§ 13 InsO Eröffnungsantrag	
(1) Das Insolvenzverfahren wird nur auf schriftlichen Antrag eröffnet. Antragsberechtigt sind die Gläubiger und der Schuldner. Dem Antrag des Schuldners ist ein Verzeichnis der Gläubiger und ihrer Forderungen beizufügen. Wenn der Schuldner einen Geschäftsbetrieb hat, der nicht eingestellt ist, sollen in dem Verzeichnis besonders kenntlich gemacht werden 1. die höchsten Forderungen, 2. die höchsten gesicherten Forderungen, 3. die Forderungen der Finanzverwaltung, 4. die Forderungen der Sozialversicherungsträger sowie 5. die Forderungen aus betrieblicher Altersversorgung. Der Schuldner hat in diesem Fall auch Angaben zur Bilanzsumme, zu den Umsatzerlösen und zur durchschnittlichen Zahl der Arbeitnehmer des vorangegangenen Geschäftsjahres zu machen. Die Angaben nach Satz 4 sind verpflichtend, wenn 1. der Schuldner Eigenverwaltung beantragt, 2. der Schuldner die Merkmale des § 22a Absatz 1 erfüllt oder 3. die Einsetzung eines vorläufigen Gläubigerausschusses beantragt wurde. Dem Verzeichnis nach Satz 3 und den Angaben nach den Sätzen 4 und 5 ist die Erklärung beizufügen, dass die enthaltenen Angaben richtig und vollständig sind.	
(2) Der Antrag kann zurückgenommen werden, bis das Insolvenzverfahren eröffnet oder der Antrag rechtskräftig abgewiesen ist.	
	(3) Ist der Eröffnungsantrag unzulässig, so fordert das Insolvenzgericht den Antragsteller unverzüglich auf, den Mangel zu beheben, und räumt ihm hierzu eine angemessene Frist ein.
(3) Das Bundesministerium der Justiz und für Verbraucherschutz wird ermächtigt, durch Rechtsverordnung mit Zustimmung des Bundesrates für die Antragstellung durch den Schuldner ein Formular einzuführen. Soweit nach Satz 1 ein Formular eingeführt ist, muss der Schuldner dieses benutzen. Für Verfahren, die von den Gerichten maschinell bearbeitet, und für solche, die nicht maschinell bearbeitet werden, können unterschiedliche Formulare eingeführt werden.	(4) Das Bundesministerium der Justiz und für Verbraucherschutz wird ermächtigt, durch Rechtsverordnung mit Zustimmung des Bundesrates für die Antragstellung durch den Schuldner ein Formular einzuführen. Soweit nach Satz 1 ein Formular eingeführt ist, muss der Schuldner dieses benutzen. Für Verfahren, die von den Gerichten maschinell bearbeitet, und für solche, die nicht maschinell bearbeitet werden, können unterschiedliche Formulare eingeführt werden.

Synopse InsO

Insolvenzordnung a.F. (in der bis zum 04.04.2017 geltenden Fassung)	Insolvenzordnung n.F. (in der ab dem 05.04.2017 geltenden Fassung)
§ 14 InsO Antrag eines Gläubigers	
(1) Der Antrag eines Gläubigers ist zulässig, wenn der Gläubiger ein rechtliches Interesse an der Eröffnung des Insolvenzverfahrens hat und seine Forderung und den Eröffnungsgrund glaubhaft macht. ~~War in einem Zeitraum von zwei Jahren vor der Antragstellung bereits ein Antrag auf Eröffnung eines Insolvenzverfahrens über das Vermögen des Schuldners gestellt worden, so~~ wird ~~der Antrag~~ nicht allein dadurch unzulässig, dass die Forderung erfüllt wird. ~~In diesem Fall hat der Gläubiger auch die vorherige Antragstellung glaubhaft zu machen.~~	(1) Der Antrag eines Gläubigers ist zulässig, wenn der Gläubiger ein rechtliches Interesse an der Eröffnung des Insolvenzverfahrens hat und seine Forderung und den Eröffnungsgrund glaubhaft macht. <u>Der Antrag</u> wird nicht allein dadurch unzulässig, dass die Forderung erfüllt wird.
(2) Ist der Antrag zulässig, so hat das Insolvenzgericht den Schuldner zu hören.	
(3) Wird die Forderung des Gläubigers nach Antragstellung erfüllt, so hat der Schuldner die Kosten des Verfahrens zu tragen, wenn der Antrag als unbegründet abgewiesen wird.	
§ 15a InsO	
(1) Wird eine juristische Person zahlungsunfähig oder überschuldet, haben die Mitglieder des Vertretungsorgans oder die Abwickler ohne schuldhaftes Zögern, spätestens aber drei Wochen nach Eintritt der Zahlungsunfähigkeit oder Überschuldung, einen Eröffnungsantrag zu stellen. Das Gleiche gilt für die organschaftlichen Vertreter der zur Vertretung der Gesellschaft ermächtigten Gesellschafter oder die Abwickler bei einer Gesellschaft ohne Rechtspersönlichkeit, bei der kein persönlich haftender Gesellschafter eine natürliche Person ist; dies gilt nicht, wenn zu den persönlich haftenden Gesellschaftern eine andere Gesellschaft gehört, bei der ein persönlich haftender Gesellschafter eine natürliche Person ist.	
(2) Bei einer Gesellschaft im Sinne des Absatzes 1 Satz 2 gilt Absatz 1 sinngemäß, wenn die organschaftlichen Vertreter der zur Vertretung der Gesellschaft ermächtigten Gesellschafter ihrerseits Gesellschaften sind, bei denen kein persönlich haftender Gesellschafter eine natürliche Person ist, oder sich die Verbindung von Gesellschaften in dieser Art fortsetzt.	
(3) Im Fall der Führungslosigkeit einer Gesellschaft mit beschränkter Haftung ist auch jeder Gesellschafter, im Fall der Führungslosigkeit einer Aktiengesellschaft oder einer Genossenschaft ist auch jedes Mitglied des Aufsichtsrats zur Stellung des Antrags verpflichtet, es sei denn, diese Person hat von der Zahlungsunfähigkeit und der Überschuldung oder der Führungslosigkeit keine Kenntnis.	
(4) Mit Freiheitsstrafe bis zu drei Jahren oder mit Geldstrafe wird bestraft, wer entgegen Absatz 1 Satz 1, auch in Verbindung mit Satz 2 oder Absatz 2 ~~oder~~ Absatz 3, einen Eröffnungsantrag nicht, nicht ~~richtig~~ oder nicht rechtzeitig stellt.	(4) Mit Freiheitsstrafe bis zu drei Jahren oder mit Geldstrafe wird bestraft, wer entgegen Absatz 1 Satz 1, auch in Verbindung mit Satz 2 oder Absatz 2 oder Absatz 3, einen Eröffnungsantrag <u>1. nicht oder nicht rechtzeitig stellt oder 2. nicht richtig stellt.</u>
(5) Handelt der Täter in den Fällen des Absatzes 4 fahrlässig, ist die Strafe Freiheitsstrafe bis zu einem Jahr oder Geldstrafe.	
	<u>(6) Im Falle des Absatzes 4 Nummer 2, auch in Verbindung mit Absatz 5, ist die Tat nur strafbar, wenn der Eröffnungsantrag rechtskräftig als unzulässig zurückgewiesen wurde.</u>
(6) Auf Vereine und Stiftungen, für die § 42 Absatz 2 des Bürgerlichen Gesetzbuchs gilt, sind die Absätze 1 bis 5 nicht anzuwenden.	(<u>7</u>) Auf Vereine und Stiftungen, für die § 42 Absatz 2 des Bürgerlichen Gesetzbuchs gilt, sind die Absätze 1 bis <u>6</u> nicht anzuwenden.

Synopse InsO

Insolvenzordnung a.F. (in der bis zum 04.04.2017 geltenden Fassung)	Insolvenzordnung n.F. (in der ab dem 05.04.2017 geltenden Fassung)
\$ 133 Vorsätzliche Benachteiligung	
(1) Anfechtbar ist eine Rechtshandlung, die der Schuldner in den letzten zehn Jahren vor dem Antrag auf Eröffnung des Insolvenzverfahrens oder nach diesem Antrag mit dem Vorsatz, seine Gläubiger zu benachteiligen, vorgenommen hat, wenn der andere Teil zur Zeit der Handlung den Vorsatz des Schuldners kannte. Diese Kenntnis wird vermutet, wenn der andere Teil wußte, daß die Zahlungsunfähigkeit des Schuldners drohte und daß die Handlung die Gläubiger benachteiligte.	
(2) Anfechtbar ist ein vom Schuldner mit einer nahestehenden Person (§ 138) geschlossener entgeltlicher Vertrag, durch den die Insolvenzgläubiger unmittelbar benachteiligt werden. Die Anfechtung ist ausgeschlossen, wenn der Vertrag früher als zwei Jahre vor dem Eröffnungsantrag geschlossen worden ist oder wenn dem anderen Teil zur Zeit des Vertragsschlusses ein Vorsatz des Schuldners, die Gläubiger zu benachteiligen, nicht bekannt war.	(2) <u>Hat die Rechtshandlung dem anderen Teil eine Sicherung oder Befriedigung gewährt oder ermöglicht, beträgt der Zeitraum nach Absatz 1 Satz 1 vier Jahre.</u>
	(3) <u>Hat die Rechtshandlung dem anderen Teil eine Sicherung oder Befriedigung gewährt oder ermöglicht, welche dieser in der Art und zu der Zeit beanspruchen konnte, tritt an die Stelle der drohenden Zahlungsunfähigkeit des Schuldners nach Absatz 1 Satz 2 die eingetretene. Hatte der andere Teil mit dem Schuldner eine Zahlungsvereinbarung getroffen oder diesem in sonstiger Weise eine Zahlungserleichterung gewährt, wird vermutet, dass er zur Zeit der Handlung die Zahlungsunfähigkeit des Schuldners nicht kannte.</u>
	(4) Anfechtbar ist ein vom Schuldner mit einer nahestehenden Person (§ 138) geschlossener entgeltlicher Vertrag, durch den die Insolvenzgläubiger unmittelbar benachteiligt werden. Die Anfechtung ist ausgeschlossen, wenn der Vertrag früher als zwei Jahre vor dem Eröffnungsantrag geschlossen worden ist oder wenn dem anderen Teil zur Zeit des Vertragsschlusses ein Vorsatz des Schuldners, die Gläubiger zu benachteiligen, nicht bekannt war.
§ 142 Bargeschäft	
Eine Leistung des Schuldners, für die unmittelbar eine gleichwertige Gegenleistung in sein Vermögen gelangt, ist nur anfechtbar, wenn die Voraussetzungen des § 133 ~~Abs. 1~~ gegeben ~~sind.~~	(1) Eine Leistung des Schuldners, für die unmittelbar eine gleichwertige Gegenleistung in sein Vermögen gelangt, ist nur anfechtbar, wenn die Voraussetzungen des § 133 <u>Absatz 1 bis 3</u> gegeben <u>sind und der andere Teil erkannt hat, dass der Schuldner unlauter handelte.</u>

Synopse InsO

Insolvenzordnung a.F. (in der bis zum 04.04.2017 geltenden Fassung)	Insolvenzordnung n.F. (in der ab dem 05.04.2017 geltenden Fassung)
	(2) Der Austausch von Leistung und Gegenleistung ist unmittelbar, wenn er nach Art der ausgetauschten Leistungen und unter Berücksichtigung der Gepflogenheiten des Geschäftsverkehrs in einem engen zeitlichen Zusammenhang erfolgt. Gewährt der Schuldner seinem Arbeitnehmer Arbeitsentgelt, ist ein enger zeitlicher Zusammenhang gegeben, wenn der Zeitraum zwischen Arbeitsleistung und Gewährung des Arbeitsentgelts drei Monate nicht übersteigt. Der Gewährung des Arbeitsentgelts durch den Schuldner steht die Gewährung dieses Arbeitsentgelts durch einen Dritten nach § 267 des Bürgerlichen Gesetzbuchs gleich, wenn für den Arbeitnehmer nicht erkennbar war, dass ein Dritter die Leistung bewirkt hat.
§ 143 Rechtsfolgen	
(1) Was durch die anfechtbare Handlung aus dem Vermögen des Schuldners veräußert, weggegeben oder aufgegeben ist, muß zur Insolvenzmasse zurückgewährt werden. Die Vorschriften über die Rechtsfolgen einer ungerechtfertigten Bereicherung, bei der dem Empfänger der Mangel des rechtlichen Grundes bekannt ist, gelten entsprechend.	(1) Was durch die anfechtbare Handlung aus dem Vermögen des Schuldners veräußert, weggegeben oder aufgegeben ist, muß zur Insolvenzmasse zurückgewährt werden. Die Vorschriften über die Rechtsfolgen einer ungerechtfertigten Bereicherung, bei der dem Empfänger der Mangel des rechtlichen Grundes bekannt ist, gelten entsprechend. Eine Geldschuld ist nur zu verzinsen, wenn die Voraussetzungen des Schuldnerverzugs oder des § 291 des Bürgerlichen Gesetzbuchs vorliegen; ein darüber hinausgehender Anspruch auf Herausgabe von Nutzungen eines erlangten Geldbetrags ist ausgeschlossen.
(2) Der Empfänger einer unentgeltlichen Leistung hat diese nur zurückzugewähren, soweit er durch sie bereichert ist. Dies gilt nicht, sobald er weiß oder den Umständen nach wissen muß, daß die unentgeltliche Leistung die Gläubiger benachteiligt.	
(3) Im Fall der Anfechtung nach § 135 Abs. 2 hat der Gesellschafter, der die Sicherheit bestellt hatte oder als Bürge haftete, die dem Dritten gewährte Leistung zur Insolvenzmasse zu erstatten. Die Verpflichtung besteht nur bis zur Höhe des Betrags, mit dem der Gesellschafter als Bürge haftete oder der dem Wert der von ihm bestellten Sicherheit im Zeitpunkt der Rückgewähr des Darlehens oder der Leistung auf die gleichgestellte Forderung entspricht. Der Gesellschafter wird von der Verpflichtung frei, wenn er die Gegenstände, die dem Gläubiger als Sicherheit gedient hatten, der Insolvenzmasse zur Verfügung stellt.	

Einführungsgesetz zur Insolvenzordnung (EGInsO)

vom 5. Oktober 1994 (BGBl. I S. 2911)
zuletzt geändert durch Artikel 2 des Gesetzes vom 29. März 2017 (BGBl. I S. 654)

– Auszug –

Art. 103j Überleitungsvorschrift zum Gesetz zur Verbesserung der Rechtssicherheit bei Anfechtungen nach der Insolvenzordnung und nach dem Anfechtungsgesetz

(1) Auf Insolvenzverfahren, die vor dem 5. April 2017 eröffnet worden sind, sind vorbehaltlich des Absatzes 2 die bis dahin geltenden Vorschriften weiter anzuwenden.

(2) ¹Im Rahmen einer Insolvenzanfechtung entstandene Ansprüche auf Zinsen oder die Herausgabe von Nutzungen unterliegen vor dem 5. April 2017 den bis dahin geltenden Vorschriften. ²Für die Zeit ab dem 5. April 2017 ist auf diese Ansprüche § 143 Absatz 1 Satz 3 der Insolvenzordnung in der ab dem 5. April 2017 geltenden Fassung anzuwenden.

Übersicht	Rdn.		Rdn.
A. Überblick	1	D. Änderungen in § 14	4
B. Art. 103j Abs. 1	2	E. Historie der Reform	6
C. Art. 103j Abs. 2	3	F. Ausblick	8

A. Überblick

Die Vorschrift regelt das für das »Gesetz zur Verbesserung der Rechtssicherheit bei Anfechtung nach der Insolvenzordnung und dem Anfechtungsgesetz« (BT-Drucks. 18/11199) relevante **Übergangsrecht**. Geändert wurden folgende Vorschriften: §§ 14, 133, 142, 143. Nicht geändert wurde § 131, obwohl sowohl der RefE 2015 als auch der RegE 2015 entsprechende Änderungen vorsahen (dazu Rdn. 6 f.) Art. 103j Abs. 1 EGInsO regelt dabei den Grundsatz, nämlich dass das alte Recht für Verfahren Anwendung findet, die bis einschließlich 04.04.2017 eröffnet worden sind. Art. 103j Abs. 2 EGInsO regelt eine Ausnahme, die ausschließlich für die Änderung des § 143 relevant ist. 1

B. Art. 103j Abs. 1

Abs. 1 stellt klar, dass die alten Vorschriften auf Verfahren Anwendung finden, die bis einschließlich 04.04.2017 eröffnet worden sind. Da ein Eröffnungsbeschluss zwingend Angaben zum Eröffnungstag enthält, ist die Sach- und Rechtslage eindeutig, soweit die Änderungen der § 133 und § 142 betroffen sind. Für Verfahren, die bis zum 04.04.2017 eröffnet worden sind gilt altes, für Verfahren die ab dem 05.04.201 eröffnet worden sind bzw. eröffnet werden, gilt neues Recht (zum neuen Recht s. Thole, ZIP 2017, 410; Huber, ZInsO 2017, 517). 2

C. Art. 103j Abs. 2

In Abs. 2 hat der Gesetzgeber für die Änderungen in § 143 eine Sonderregung geschaffen, wonach diese Änderungen bereits ab Inkrafttreten des neuen Rechts, mithin ab dem 05.04.2017, gelten. Dies bedeutet, dass die Änderung des § 143 auch schon für am 05.04.207 bereits eröffnete Verfahren gilt. **Laufende Zinsen**, die nach altem Recht bereits ab dem Tag der Eröffnung des Insolvenzverfahrens beansprucht werden konnten (aA OLG Hamburg, ZIP 2016, 2080: erst einen Tag nach Eröffnung), können also **nur bis einschließlich 04.04.2017** geltend gemacht werden, und dann erst wieder ab Eintritt des Verzuges bzw. ab Rechtshängigkeit der Anfechtungsklage. 3

▶ **Beispiel:**

Das Insolvenzverfahren wurde am 01.02.2017 eröffnet. Mit Schreiben des Insolvenzverwalters wird der Anfechtungsgegner ab dem 01.07.2017 in Verzug gesetzt. Zinsen sind demnach geschuldet vom 01.02.2017 bis zum 04.04.2017 und dann wieder ab dem 01.07.2017.

D. Änderungen in § 14

4   Für die Änderungen in § 14 Abs. 1 S. 2, wonach ein Antrag nicht allein dadurch unzulässig wird, dass die Forderung beglichen wird, **fehlt zumindest eine ausdrückliche Übergangsregelung**. Da die Vorschrift, die die Anforderungen an einen zulässigen Gläubigerantrag regelt, ausschließlich im Eröffnungsverfahren relevant ist, hätte es nahe gelegen, eine Regelung zu treffen, wonach die alte Vorschrift für alle bis zum 04.04.2017 *beantragten* Insolvenzverfahren Anwendung findet. Danach war Voraussetzung, dass der Antrag des Gläubigers nur dann nicht alleine durch die Begleichung der Forderung unzulässig wird, wenn zusätzlich innerhalb eines Zeitraumes von zwei Jahren vor dem neuen Antrag bereits ein Insolvenzantrag über das Vermögen des Schuldners gestellt worden war (eingehend zum alten Recht HambKomm-Linker, 6. Aufl. 2017, § 14 Rn. 83 ff.). Eine derartige Übergangsregelung existiert indes nicht. Vertretbar erscheint, insoweit von einem Redaktionsversehen auszugehen und den neuen § 14 Abs. 1 S. 2 gleichwohl nur auf alle ab dem 05.04.2017 beantragten Insolvenzverfahren anzuwenden.

5   Die besseren Argumente sprechen aber dafür, davon auszugehen, dass **kein Redaktionsversehen** vorliegt. Denn auch bei Anwendung des Abs. 1 gelangt man zu einem sachgerechten Ergebnis. Demnach gelten die alten Vorschriften für alle bis zum 04.04.2017 eröffneten Verfahren. Da denklogisch ein Verfahren, in dem § 14 Abs. 1 S. 2 relevant wird, noch nicht eröffnet sein kann, gilt die neue Vorschrift mithin auch für die zu diesem Zeitpunkt bereits laufenden Verfahren. Dies wiederum hat zur Folge, dass auch in einem vor dem 05.04.2017 beantragten Insolvenzverfahren die neue Vorschrift Anwendung findet, und zwar unabhängig von dessen Verfahrensstand.

▶ **Beispiel 1:**

Das Insolvenzverfahren wurde vom Sozialversicherungsträger am 01.03.2017 wegen einer offenen Forderung von € 4.000,- beantragt. Am 15.04.2017 begleicht der Schuldner die Forderung. Es findet die neue Vorschrift Anwendung mit der Folge, dass der Antrag nicht allein dadurch unzulässig geworden ist, dass der Schuldner die Forderung beglichen hat.

▶ **Beispiel 2:**

Das Insolvenzverfahren wurde vom Finanzamt am 01.02.2017 wegen einer offenen Forderung von € 10.000,- beantragt. Am 15.02.2017 begleicht der Schuldner die Forderung. Die Akte bleibt beim Finanzamt aber bis nach dem 04.04.2017 unbearbeitet liegen. Auch hier findet die neue Vorschrift Anwendung mit der Folge, dass auch hier der Antrag nicht allein dadurch unzulässig geworden ist, dass der Schuldner die Forderung beglichen hat. Ein unangemessener Eingriff in die Rechte des Schuldners, kann durch dieses »Liegenlassen« beim antragstellenden Finanzamt nicht gesehen werden.

E. Historie der Reform

6   Die Rechtsprechung des BGH zu § 133 Abs. 1 a.F. ist spätestens seit der Entscheidung BGH, ZInsO 2006, 712 auf Seiten der Gläubiger und ihrer Interessenvertreter in den Fokus der Kritik geraten. In dieser Entscheidung hat der BGH die Vermutung des § 133 Abs. 1 S. 2 a.F., die dem Wortlaut nach nur für die Kenntnis des Anfechtungsgegners vom Benachteiligungsvorsatz des Schuldners gilt, mittelbar auch auf den Benachteiligungsvorsatz des Schuldners selbst angewendet (so im Vorfeld bereits Bork, ZIP 2004, 1684; MK-Kirchhof § 133 Rn. 26; HK-Kreft, 4. Aufl. 2013, § 133 Rn. 10). Dies führte nach Auffassung der Kritiker der BGH-Rechtsprechung zu einem »**Dammbruch**«. Kritisiert wurde insbesondere, dass vermeintlich »völlig normale Vorgänge, wie sie im Geschäftsleben alltäglich sind«, noch Jahre später ins Visier des Insolvenzverwalters geraten und mittels Insolvenzanfechtung erfolgreich rückabgewickelt werden können. Damit

gemeint waren etwa: Ratenzahlungs- und Stundungsbitten des Schuldners und entsprechende Vereinbarungen, die dann »unter Geschäftspartnern« üblicherweise geschlossen würden, sowie verspätete und schleppende Zahlungen, die angeblich den Gepflogenheiten des Geschäftsverkehrs entsprechen sollen.

Das BMJV hat diese Kritik an der BGH-Rechtsprechung ganz offensichtlich jedenfalls im Kern für nicht unberechtigt gehalten und am 14.09.2014 ein erstes Eckpunktepapier (ablehnend Bork, ZIP 2014, 1905; Kayser, ZIP 2014, 1966) vorgelegt. Trotz der Ablehnung aus dem insolvenzrechtlichen Schrifttum hat das BMJV dann einen Referenten- und wenig später einen Regierungsentwurf vorgelegt (dazu K. Schmidt, ZIP 2015, 2104; Brinkmann/Jacoby/Thole, ZIP 2015, 2104; Huber, ZInsO 2015, 2297; Schmidt, ZInsO 2015, 2473; die Empfehlungen der Ausschüsse vom 13.11.2015 sind in ZInsO 2015, 2423 nachzulesen). Allgemeines Ziel des Referenten- und des Regierungsentwurfs (vgl. dazu BR-Drucks. 495/15) war es, die Rechtssicherheit im Geschäftsverkehr zu erhöhen. Insbesondere soll die Praxis der Vorsatzanfechtung für den Geschäftsverkehr kalkulierbarer und planbarer werden und bei verkehrsüblichen Zahlungserleichterungen, in besonderen Fällen bei der Zwangsvollstreckung erschwert werden. Größere Rechtssicherheit sollte auch die Verkürzung der Anfechtungsfristen bringen. Schließlich sollte über eine Änderung der Verzinsung angefochtener Geldbeträge beschränkt werden. Insgesamt sollte ein **angemessener Ausgleich zwischen den durch das Insolvenzanfechtungsrecht geschützten Befriedigungsaussichten der Insolvenzgläubiger und den legitimen Erwartungen und Interessen derjenigen, die sich insolvenzrechtlichen Anfechtungsansprüchen ausgesetzt sehen**, geschaffen werden (instruktiv Jäger, ZVI 2015, 401). Eine – teilweise kritische – Stellungnahme des Bundesrates erfolgte am 27.11.2015 (ZInsO 2015, 2525). Erst mehr als ein Jahr später, nämlich am 16.02.2017, beschloss der Bundestag auf der Basis der genannten Entwürfe das Gesetz (BT-Drucks 18/11199). Eine wesentliche Änderung zum RefE und zum RegE, die eine Änderung des § 131 dahingehend vorsahen, dass Deckungen, die durch Vollstreckung bzw. durch Vollstreckungsdruck erlangt worden sind, als kongruente Deckungen i.S.d. § 130 Abs. 1 eingestuft werden sollten, liegt insbesondere darin, dass **§ 131 nicht geändert** worden ist (kritisch zu dieser seinerzeit beabsichtigten Änderung mit Blick auf eine nicht gerechtfertigte Privilegierung von öffentlich-rechtlichen Gläubigern Jäger, ZVI 2015, 401). Der Bundesrat beschloss in seiner Sitzung vom 10.03.2017, den Vermittlungsausschuss nicht anzurufen. Das Gesetz wurde am 04.04.2017 im Bundesgesetzblatt verkündet und ist am Tag nach seiner Verkündung, nämlich am 05.04.2017, in Kraft getreten.

F. Ausblick

Ein **Nebeneinander von altem und neuem Recht** wird die Praxis noch viele Jahre prägen. Berücksichtigt man, dass die Verjährungsfrist für Anfechtungsansprüche gemäß § 146 i.V.m §§ 195, 199 Abs. 1 BGB erst zum Schluss des Kalenderjahres der Eröffnung des Insolvenzverfahrens beginnt und drei Jahre beträgt, so ist davon auszugehen, dass viele Anfechtungsansprüche aus Anfang 2017 eröffneten Insolvenzverfahren erst Ende 2020 auf den Weg gebracht werden. Geht man dann von einer Prozessdauer von etwa einem Jahr aus (bei mehreren Instanzen ist von deutlich mehr auszugehen), so gelangt man ohne weiteres bis ins Jahr 2022. In diesem Zeitraum wird sich das alte Recht weiter- und das neue Recht neu entwickeln. Gerade bei Amts- und Landgerichten, aber auch bei Oberlandesgerichten, bei denen die Insolvenzanfechtung **nicht von spezialisierten Richtern** bearbeitet wird, sondern als allgemeine Zivilsache geschäftsplanmäßig an verschiedene Abteilungen, Kammern bzw. Senate zugewiesen wird, muss hinter die aus dem Namen abgeleitete Zielsetzung des Gesetzgebers, die Rechtssicherheit bei Insolvenzanfechtungen zu verbessern, doch ein recht großes Fragezeichen gesetzt werden. Denn das Anfechtungsrecht, das ohnehin schon eine Spezialisierung der Richter erfordert, wird durch das Nebeneinander von altem und neuem Recht für die instanzgerichtliche Praxis eindeutig in der näheren Zukunft noch schwerer zu beherrschen sein.

Insolvenzordnung (InsO)

vom 5. Oktober 1994 (BGBl. I S. 2866)
zuletzt geändert durch das Gesetz vom 23.06.2017 (BGBl. I S. 1693)

– Auszug –

§ 13 Eröffnungsantrag

(1) ¹Das Insolvenzverfahren wird nur auf schriftlichen Antrag eröffnet. ²Antragsberechtigt sind die Gläubiger und der Schuldner. ³Dem Antrag des Schuldners ist ein Verzeichnis der Gläubiger und ihrer Forderungen beizufügen. ⁴Wenn der Schuldner einen Geschäftsbetrieb hat, der nicht eingestellt ist, sollen in dem Verzeichnis besonders kenntlich gemacht werden
1. die höchsten Forderungen,
2. die höchsten gesicherten Forderungen,
3. die Forderungen der Finanzverwaltung,
4. die Forderungen der Sozialversicherungsträger sowie
5. die Forderungen aus betrieblicher Altersversorgung.

⁵Der Schuldner hat in diesem Fall auch Angaben zur Bilanzsumme, zu den Umsatzerlösen und zur durchschnittlichen Zahl der Arbeitnehmer des vorangegangenen Geschäftsjahres zu machen. ⁶Die Angaben nach Satz 4 sind verpflichtend, wenn
1. der Schuldner Eigenverwaltung beantragt,
2. der Schuldner die Merkmale des § 22a Absatz 1 erfüllt oder
3. die Einsetzung eines vorläufigen Gläubigerausschusses beantragt wurde.

⁷Dem Verzeichnis nach Satz 3 und den Angaben nach den Sätzen 4 und 5 ist die Erklärung beizufügen, dass die enthaltenen Angaben richtig und vollständig sind.

(2) Der Antrag kann zurückgenommen werden, bis das Insolvenzverfahren eröffnet oder der Antrag rechtskräftig abgewiesen ist.

(3) Ist der Eröffnungsantrag unzulässig, so fordert das Insolvenzgericht den Antragsteller unverzüglich auf, den Mangel zu beheben, und räumt ihm hierzu eine angemessene Frist ein.

(4) ¹Das Bundesministerium der Justiz und für Verbraucherschutz wird ermächtigt, durch Rechtsverordnung mit Zustimmung des Bundesrates für die Antragstellung durch den Schuldner ein Formular einzuführen. ²Soweit nach Satz 1 ein Formular eingeführt ist, muss der Schuldner dieses benutzen. ³Für Verfahren, die von den Gerichten maschinell bearbeitet, und für solche, die nicht maschinell bearbeitet werden, können unterschiedliche Formulare eingeführt werden.

[1] Die Vorschrift ist durch das »Gesetz zur Durchführung der Verordnung (EU) 2015/848 über Insolvenzverfahren« vom 26.04.2017 geändert worden und **am 26.06.2017 in Kraft getreten**. Sie gilt für alle Verfahren, die ab diesem Tag beantragt werden, und darüber hinaus auch für die Verfahren, die zu diesem Zeitpunkt bereits beantragt sind, sofern über den Eröffnungsantrag noch nicht rechtskräftig entschieden ist. Neu eingefügt wurde § 13 Abs. 3 n.F.; der alte Abs. 3 wird Abs. 4 n.F. Die Änderungen in § 13 Abs. 3 und ebenso in § 15a betreffen die Voraussetzungen, unter denen ein unrichtig gestellter Antrag zur Strafbarkeit führt.

[2] **Hinweispflicht des Insolvenzgerichts.** § 13 Abs. 3 n.F. sieht vor, dass das Insolvenzgericht den Antragsteller im Falle der Unzulässigkeit des gestellten Antrags auf die Unzulässigkeit hinweist und ihm Gelegenheit gibt, den Mangel binnen einer angemessenen Frist zu beheben. Mit der Anknüpfung an die Unzulässigkeit des Antrags stellt die Vorschrift klar, dass eine Unvollständigkeit

des Antrags nur dann relevant ist, wenn die fehlende Angabe zu den Zulässigkeitsvoraussetzungen gehört.

3 **Keine Höchstfrist, keine Zustellung des Hinweises.** Eine Höchstfrist für die Behebung des Mangels sowie das Erfordernis einer förmlichen Zustellung des Hinweises hat der Gesetzgeber bewusst nicht geregelt. Denn andernfalls hätten sich gerade planmäßig handelnde Täter durch die Vereitelung der Zustellung der Strafbarkeit nach § 15a (siehe dazu die Kommentierung zu § 15a) entziehen oder diese herauszögern können.

4 Auch nach der Einfügung einer gesetzlich geregelten Hinweispflicht verbleibt es für die **Bestimmung des für eine Insolvenzanfechtung maßgeblichen Zeitraumes** bei der bislang geltenden Rechtslage. Danach kommt es auf den Zeitpunkt der Stellung des unrichtigen Insolvenzantrags an, auch wenn der zunächst unrichtig gestellte Antrag erst infolge seiner späteren Nachbesserung zur Verfahrenseröffnung führt (BGH ZInsO 2001, 1413).

§ 14 Antrag eines Gläubigers

(1) ¹Der Antrag eines Gläubigers ist zulässig, wenn der Gläubiger ein rechtliches Interesse an der Eröffnung des Insolvenzverfahrens hat und seine Forderung und den Eröffnungsgrund glaubhaft macht. ²Der Antrag wird nicht allein dadurch unzulässig, dass die Forderung erfüllt wird.

(2) Ist der Antrag zulässig, so hat das Insolvenzgericht den Schuldner zu hören.

(3) Wird die Forderung des Gläubigers nach Antragstellung erfüllt, so hat der Schuldner die Kosten des Verfahrens zu tragen, wenn der Antrag als unbegründet abgewiesen wird.

§ 14 a.F. Antrag eines Gläubigers

(1) ¹Der Antrag eines Gläubigers ist zulässig, wenn der Gläubiger ein rechtliches Interesse an der Eröffnung des Insolvenzverfahrens hat und seine Forderung und den Eröffnungsgrund glaubhaft macht. ²War in einem Zeitraum von zwei Jahren vor der Antragstellung bereits ein Antrag auf Eröffnung eines Insolvenzverfahrens über das Vermögen des Schuldners gestellt worden, so wird der Antrag nicht allein dadurch unzulässig, dass die Forderung erfüllt wird. ³In diesem Fall hat der Gläubiger auch die vorherige Antragstellung glaubhaft zu machen.

(2) Ist der Antrag zulässig, so hat das Insolvenzgericht den Schuldner zu hören.

(3) Wird die Forderung des Gläubigers nach Antragstellung erfüllt, so hat der Schuldner die Kosten des Verfahrens zu tragen, wenn der Antrag als unbegründet abgewiesen wird.

Übersicht

	Rdn.
A. Normzweck	1
B. Norminhalt	2
I. Gläubigerantrag (Abs. 1)	3
1. Allgemeine Voraussetzungen	3
2. Besondere Voraussetzungen	4
a) Forderung	6
aa) Glaubhaftmachung der nicht titulierten Forderung	14
bb) Glaubhaftmachung der titulierten Forderung	19
cc) Erfüllung der Forderung	23
b) Eröffnungsgrund	24
c) Öffentlich-rechtliche Gläubiger	37
d) Rechtliches Interesse	44
aa) Keine insolvenzrechtliche Verbesserung der Rechtsstellung des Gläubigers	46
bb) Einfachere und billigere Möglichkeit der Befriedigung	50
cc) Missbrauch des Insolvenzantrages	52
dd) Bagatellforderungen	54
ee) Erfüllung der Forderung	55
II. Anhörung des Schuldners (Abs. 2)	55
III. Vorzeitige Beendigung des Eröffnungsverfahrens	68
1. Rücknahme des Insolvenzantrags	69
2. Erklärung der Erledigung des Insolvenzantrags	70
a) Grundsatz	69
b) Einschränkungen durch § 14 Abs. 1 Satz 2	71
IV. Kostenentscheidung	72
C. **Verfahrensfragen**	74
I. Rechtsmittel	74
II. Wertfestsetzung	76

A. Normzweck

§ 14 schränkt die in § 13 dem Grunde nach normierte Antragsbefugnis des Gläubigers ein und macht diese davon abhängig, dass sowohl eine eigene Forderung des Gläubigers als auch das Vorliegen eines Insolvenzgrundes dargelegt und glaubhaft gemacht werden und der Eröffnungsantrag nicht zur Verfolgung insolvenzfremder Zwecke missbraucht wird. Diese weiter gehenden Anforderungen bezwecken den Schutz des Schuldners, in dessen Vermögenslage durch den Eröffnungsantrag eines Gläubigers in potenziell kreditschädigender Weise eingegriffen wird. Das Insolvenzgericht prüft die Zulässigkeit des Antrages, bevor der Schuldner hierzu gem. Abs. 2 gehört wird. Nach der durch das Gesetz zur Verbesserung der Rechtssicherheit bei Anfechtungen und nach dem

1

Anfechtungsgesetz (BGBl. I 2017, 654 f.) eingefügten Änderung berührt es unter Verschärfung des bisherigen Abs. 1 Satz 2 die Zulässigkeit des Eröffnungsantrags nicht, wenn die dem Antrag zu Grunde liegende Forderung erfüllt wird, ohne dass es darauf ankommt, ob in der Vergangenheit bereits ein Insolvenzantrag über das schuldnerische Vermögen gestellt worden war. Für das Inkrafttreten der Regelung wird auf die Kommentierung zu Art. 103j EGInsO sowie Rdn. 23 verwiesen.

B. Norminhalt

2 Die Zulässigkeitsvoraussetzungen für den Gläubigerantrag sowie die Pflicht zur Anhörung des Schuldners gelten für alle Verfahrensarten. Sie werden durch die besonderen Regeln der Nachlassinsolvenz (§§ 319, 325), der Insolvenz des Gesamtgutes (§§ 332 Abs. 2, 333 Abs. 1) und des Partikularverfahrens über das Inlandsvermögen (§ 354 Abs. 2) ergänzt.

I. Gläubigerantrag (Abs. 1)

1. Allgemeine Voraussetzungen

3 Der Insolvenzantrag eines Gläubigers ist eine **Prozesshandlung** (s. HambKomm-Linker § 13 Rn. 3). Er ist auch dann zulässig, wenn bereits ein anderer Antrag auf Eröffnung des Insolvenzverfahrens über das Vermögen des Schuldners gestellt ist (s. HambKomm-Linker § 13 Rn. 22). In dem Antrag sind der antragstellende Gläubiger sowie der Schuldner genau zu bezeichnen (LG Hamburg, ZInsO 2010, 1560; s. HambKomm-Linker § 13 Rn. 8). Einer genauen Bezeichnung der Verfahrensart (Regel- oder Verbraucherinsolvenz) bedarf es nicht (s. HambKomm-Linker § 13 Rn. 21). Dem Antrag sind entsprechend § 4, § 253 Abs. 5 ZPO die für die Anhörung des Schuldners erforderlichen Abschriften beizufügen, anderenfalls hat das Insolvenzgericht diese auf Kosten des Antragstellers zu fertigen (OLG Köln, ZInsO 2000, 43, 44; Uhlenbruck-Wegener § 14 Rn. 11).

2. Besondere Voraussetzungen

4 Die besonderen Voraussetzungen für die Zulässigkeit eines Gläubigerantrages sind das **rechtliche Interesse** an der Insolvenzeröffnung sowie das **Glaubhaftmachen der Forderung** und des **Vorliegens eines Eröffnungsgrundes**. Diese Voraussetzungen müssen während des gesamten Eröffnungsverfahrens und damit auch nach Anhörung des Schuldners erfüllt sein, da bis zur Eröffnung des Insolvenzverfahrens, einer Abweisung mangels Masse oder einer Erledigungserklärung ein zulässiger Insolvenzantrag vorliegen bzw. vorgelegen haben muss (s. BGH, ZInsO 2002, 29, 30; ZIP 2004, 425; ZIP 2004, 1466; ZInsO 2005, 39; MK-Schmahl/Vuia § 14 Rn. 19).

5 Sind Forderung und ein Eröffnungsgrund nach § 17 oder § 19 glaubhaft gemacht, so liegt das erforderliche rechtliche Interesse in aller Regel vor (BGH, ZInsO 2006, 824). Bei der Prüfung sind damit – auch nach Änderung des Abs. 1 Satz 2 – nur solche Umstände zu berücksichtigen, die zumindest ernsthafte Zweifel am Vorliegen eines rechtlichen Interesses begründen (MK-Schmahl/Vuia § 14 Rn. 19). Wird die Forderung des antragstellenden Gläubigers erfüllt, so gibt dies allerdings Anlass für eine erneute Prüfung, ob – weiterhin – ein rechtliches Interesse an der Antragstellung besteht (Rdn. 53).

a) Forderung

6 Zur Glaubhaftmachung (§ 4, § 294 ZPO) gehört zunächst die **schlüssige Darlegung** der Forderung (FK-Schmerbach § 14 Rn. 106, 122; LG Dessau-Roßlau, Beschl. v. 23.10.2012, Az. 1 T 280/12, zitiert nach juris; LG Potsdam, ZInsO 2002, 780; s.a. BGH, ZIP 2004, 1466).

7 Es muss sich um eine **persönliche** – nicht dingliche –, gegen das Vermögen des Schuldners gerichtete, zumindest in Geldwert umrechenbare **Forderung** handeln (§§ 38, 45). Ansprüche auf Vornahme unvertretbarer Handlungen sowie Forderungen aussonderungs- (§ 47), ersatzaussonderungs- (§ 48) oder ohne gleichzeitige persönliche Haftung des Schuldners absonderungsberechtigter (§§ 49–52) Gläubiger begründen kein Insolvenzantragsrecht (s.a. HambKomm-Linker § 13

Rn. 36). Der Massegläubiger hat im Rahmen eines Insolvenzeröffnungsverfahrens das Recht auf Stellung eines (weiteren) Eröffnungsantrags (hierzu ausführlich Müller/Rautmann, ZInsO 2015, 2365 mit Darstellung des Meinungsstandes).

Ob die Forderung noch **betagt** oder **bedingt** ist, ist im Hinblick auf §§ 41, 42, 191 unerheblich (MK-Schmahl/Vuia § 13 Rn. 35; HK-Sternal § 14 Rn. 7), kann aber i.R.d. rechtlichen Interesses von Bedeutung sein (vgl. MK-Schmahl/Vuia § 14 Rn. 26). 8

Gleiches gilt im Hinblick auf § 45 auch für **künftige Rückgriffsansprüche** von Bürgen oder mithaftenden Gesamtschuldnern, sofern glaubhaft gemacht wird, dass der Gläubiger der Hauptforderung auf eine Teilnahme am Insolvenzverfahren verzichtet (§ 44), sowie für Befreiungsansprüche wie z.B. §§ 415 Abs. 3, 775 Abs. 1, 257 BGB (MK-Schmahl/Vuia § 13 Rn. 37; Jaeger-Gerhardt § 13 Rn. 8, allerdings zweifelnd zum rechtlichen Interesse § 14 Rn. 11; Uhlenbruck-Wegener § 13 Rn. 29; **a.A.** NR-Mönning § 14 Rn. 32). 9

Auch auf eine – etwa nach § 214 BGB – einredebehaftete Forderung kann der Eröffnungsantrag gestützt werden, es sei denn, die Einrede ist bereits erhoben (LG Göttingen, ZInsO 2005, 832; vgl. auch BGH, ZInsO 2007, 604 Rn. 10; ebenso mit zutreffender Begr. Jaeger-Gerhardt § 14 Rn. 12; **a.A.** im Hinblick auf ein fehlendes rechtliches Interesse OLG Köln, KTS 1970, 226; KPB-Pape § 14 Rn. 106; MK-Schmahl/Vuia § 14 Rn. 25). Solange die Einrede nicht erhoben ist, ist die Forderung durchsetzbar und ihre Geltendmachung im Antragsverfahren daher zulässig. Dass die vom Schuldner nicht geltend gemachte Einrede im eröffneten Verfahren vom Insolvenzverwalter erhoben wird, mag zwar wahrscheinlich sein, reicht aber im Hinblick auf die im Eröffnungsverfahren geltende Dispositionsmaxime (s. HambKomm-Linker § 13 Rn. 1) noch nicht aus, um bereits das Antragsrecht des Gläubigers verneinen zu können. Lediglich dann, wenn der Gläubiger bereits im Antrag mitteilt, der Schuldner habe die Einrede erhoben, und die weiteren Ausführungen ergeben, dass die Einrede durchgreift, fehlt es an einer durchsetzbaren Forderung, ohne dass der Schuldner die Einrede noch einmal im Eröffnungsverfahren erheben muss. 10

Eine **gepfändete** (§ 835 Abs. 1 ZPO) oder eine **verpfändete Forderung** nach Pfandreife (§ 1282 BGB) eröffnet dem Pfändungs-/Pfandgläubiger das Antragsrecht; bis zur Pfandreife der verpfändeten Forderung sind sowohl der Pfandgläubiger als auch der Gläubiger antragsberechtigt (Uhlenbruck-Wegener § 13 Rn. 28; Jaeger-Gerhardt § 13 Rn. 7). 11

Ausreichend ist bereits das Bestehen der Forderung (LG Berlin, ZInsO 2005, 499), auf eine bestimmte Höhe kommt es nicht an (vgl. aber Rdn. 53). Wird der Insolvenzantrag allerdings nur auf einen **bestimmten Teilbetrag** einer Forderung gestützt, wird die Zulässigkeit des Insolvenzantrages nicht bereits in Bezug auf die Glaubhaftmachung der Forderung infrage gestellt, sondern allenfalls hinsichtl. des rechtlichen Interesses (HK-Sternal § 14 Rn. 11; Jaeger-Gerhardt § 13 Rn. 9; weiter gehend FK-Schmerbach § 14 Rn. 41; s. Rdn. 52). 12

Die dem Insolvenzantrag zugrunde liegende **Forderung** kann im Eröffnungsverfahren **ausgewechselt** werden; es kann auch eine neu entstandene Forderung **nachgeschoben** werden; und zwar auch dann, wenn die Forderung, auf die der Antrag zunächst gestützt wurde, während des Eröffnungsverfahrens getilgt worden ist (BGH, ZInsO 2012, 593; BGH, ZIP 2004, 1466; HK-Sternal § 14 Rn. 10; Uhlenbruck-Wegener § 14 Rn. 22). Dabei kommt es nicht darauf an, ob eine solche Vorgehensweise einem sorgfältigen und auf Förderung des Verfahrens bedachten Handeln entspricht (BGH, ZIP 2004, 1466). Allerdings müssen für diese Forderung erneut sämtliche Zulässigkeitsanforderungen des Abs. 1 erfüllt sein und dem Schuldner ist zu dieser Forderung gem. Abs. 2 wiederum rechtliches Gehör zu gewähren. 13

aa) Glaubhaftmachung der nicht titulierten Forderung

Die Forderung muss nicht notwendigerweise tituliert sein. Wie bei den Anforderungen im Erkenntnisverfahren für den Erlass eines Versäumnisurteils gegen den Beklagten (§ 331 Abs. 2 ZPO) ist 14 eine – angesichts der noch nicht erfolgten Anhörung des Schuldners aus sich selbst heraus – **schlüssige Darlegung** des Forderungsgrundes einerseits ausreichend, andererseits aber auch erforderlich.

15 Die schlüssige Darlegung der Forderung reicht angesichts der nach Abs. 1 für die Zulässigkeit des Insolvenzantrages ausdrücklich erforderlichen **Glaubhaftmachung** und der gem. Abs. 2 erst nach (!) Vorliegen eines zulässigen Antrages zu erfolgenden Anhörung des Schuldners alleine nicht aus (s.a. Jaeger-Gerhardt § 14 Rn. 17; MK-Schmahl/Vuia § 14 Rn. 67; **a.A.** BGH, ZInsO 2012, 2148; BGH, ZInsO 2009, 1533 für den Fall, dass das antragstellende Finanzamt die Steuerforderung genau beschreibt und der Gläubiger diese Forderung nicht bestreitet; LG Duisburg, ZInsO 2002, 988; fehlendes Bestreiten des Schuldners erst bei seiner Anhörung soll ausreichen: FK-Schmerbach § 14 Rn. 106, 122; HK-Sternal § 14 Rn. 14).

16 Die über eine nur schlüssige Darlegung der Forderung hinausgehende Glaubhaftmachung bedeutet, dass es nicht des vollen Beweises des Bestehens der Forderung bedarf, sondern bereits die **überwiegende Wahrscheinlichkeit** ausreicht (BayObLG, ZInsO 2001, 1012; OLG Köln, ZInsO 2002, 772, 773 f.; LG Potsdam, ZInsO 2005, 499, 500; HK-Sternal § 14 Rn. 12). Zur Glaubhaftmachung kann sich der Gläubiger aller präsenten Beweismittel bedienen (§ 4, § 294 ZPO). Zulässig ist damit insb. die Vorlage von Urkunden wie Verträge, Rechnungen, Lieferscheine oder Schreiben, mit denen der Schuldner das Bestehen der Forderung anerkennt. Außerdem kommt die Vorlage der eigenen eidesstattlichen Versicherung oder die von Dritten in Betracht, wobei die eidesstattliche Versicherung nicht lediglich aus einer Bezugnahme auf einen anwaltlichen Schriftsatz bestehen darf, sondern eine eigene Tatsachenschilderung enthalten muss (BGH, NJW 1988, 2045). Urkunden, die im Original oder zumindest als beglaubigte Ablichtungen einzureichen sind (Jaeger-Gerhardt § 14 Rn. 18), sind in ihrer Wertigkeit grundsätzlich höher anzusetzen als eine eigene eidesstattliche Versicherung, vorzunehmen ist jedoch stets eine Einzelfallbetrachtung.

17 Die Glaubhaftmachung eines Teilbetrages der Insolvenzforderung kann genügen (BGH, ZIP 2004, 1466; OLG Naumburg, NZI 2000, 263; HK-Sternal § 14 Rn. 15).

18 Zu dem Ausnahmefall, dass sich ausnahmsweise bereits aus dem Insolvenzantrag ergibt, dass der Schuldner das Bestehen der glaubhaft gemachten Forderung allgemein bestreitet und für den Fall ihres Bestehens nur wegen dieser Forderung ein Insolvenzgrund vorliegt, s. Rdn. 66 f.

bb) Glaubhaftmachung der titulierten Forderung

19 Sofern die Forderung des Gläubigers tituliert ist, bedarf es zur **Glaubhaftmachung**, unabhängig davon, ob es sich um einen rechtskräftigen oder nur vorläufig vollstreckbaren Titel handelt, lediglich der **Vorlage des Titels** und der Darlegung, dass **wegen dieser titulierten Forderung** Insolvenzantrag gestellt wird (s.a. LG Duisburg, ZVI 2004, 396, 397; OLG Köln, ZInsO 2002, 772, 773 f.; MK-Schmahl/Vuia § 14 Rn. 71, 68; Uhlenbruck-Wegener § 14 Rn. 39).

20 Dies gilt auch für ein noch nicht rechtskräftiges und damit nur **vorläufig vollstreckbares Versäumnisurteil**. Zwar bedarf es für den Erlass eines Versäumnisurteils nur der Schlüssigkeit des klägerischen Sachvortrags und im Gegensatz zu Abs. 1 nicht auch der Glaubhaftmachung desselben. Allerdings geht dem Erlass des Versäumnisurteils eine richterliche Schlüssigkeitsprüfung voraus und der Beklagte erhält rechtliches Gehör (§§ 253, 275, 276, 331 ZPO), während Abs. 1 nur die allgemeinen Zulässigkeitsvoraussetzungen eines Insolvenzantrages bestimmt, bevor dann dem Schuldner rechtliches Gehör zu gewähren ist (§ 14 Abs. 2).

21 Die Vorlage eines **nicht rechtskräftigen Vollstreckungsbescheids reicht nicht aus**, da seinem Erlass im Gegensatz zum Versäumnisurteil keine Schlüssigkeitsprüfung der geltend gemachten Forderung vorausgegangen ist (AG Hamburg, ZInsO 2007, 504; LG Potsdam, NZI 2000, 233; Jaeger-Gerhardt § 14 Rn. 18; **a.A.** MK-Schmahl/Vuia § 14 Rn. 68). Der Gläubiger hat daher entweder seine Forderung – entsprechend dem Prozedere bei einer nicht titulierten Forderung – darzulegen und glaubhaft zu machen oder aber ein **Rechtskraftzeugnis** (§ 706 ZPO) einzureichen (vgl. AG Ham-

burg, ZInsO 2007, 504; einschränkend HK-Sternal § 14 Rn. 14: Glaubhaftmachung der Rechtskraft ist ausreichend).

Einwendungen gegen eine titulierte Forderung hat der Schuldner in dem dafür prozessual vorgesehenen Verfahren zu verfolgen; diese sind nicht vom Insolvenzgericht zu prüfen (BGH, ZInsO 2010, 291; BGH, ZInsO 2008, 103; ZInsO 2009, 2072), es sei denn, sie sind unstreitig oder nach dem Sachverhalt unzweifelhaft zutreffend. Ist die **Vollstreckung** aus dem Titel für **unzulässig erklärt** oder **vorläufig eingestellt**, sei es ohne Sicherheitsleistung oder gegen erbrachte Sicherheitsleistung, ist die alleinige Vorlage des Titels mangels Vollstreckbarkeit keine Grundlage mehr für einen Insolvenzantrag (BGH, ZInsO 2010, 291; FK-Schmerbach § 14 Rn. 126 f.; so wohl auch Uhlenbruck-Wegener § 14 Rn. 41). 22

cc) Erfüllung der Forderung

Nach bisheriger Rechtslage hatte die Erfüllung der Forderung nur in dem Fall keine Auswirkungen auf die Zulässigkeit des Eröffnungsantrags, wenn in einem Zeitraum von zwei Jahren vor der Antragstellung bereits ein Antrag auf Eröffnung eines Insolvenzverfahrens über das Vermögen des Schuldners gestellt worden war. Bei der Anwendung des § 14 Abs. 1 Satz 2 a.F. gab es zahlreiche Streitfragen, so etwa, welche »Qualität« der Vorantrag haben musste, ob also jeder Eröffnungsantrag ausreichend war oder ob zumindest ein zulässiger Eröffnungsantrag vorangegangen sein musste. Auch wurde darüber diskutiert, ob nur Eröffnungsanträge bestimmter Zwangsgläubiger wie Sozialversicherungsträger oder Steuergläubiger berücksichtigungsfähig waren oder auch andere Gläubigeranträge oder sogar ein vorausgehender Eigenantrag des Schuldners. Nach Rechtsprechung des BGH hatte der Gläubiger, der unter Berufung auf § 14 Abs. 1 Satz 2 seinen Eröffnungsantrag fortführen wollte, zudem glaubhaft zu machen, dass ein Eröffnungsgrund weiterhin vorliegt (BGH, ZInsO 2013, 1087, vgl. hierzu ausführlicher Rdn. 53). 23

Auf Grund der **Neuregelung** durch das Gesetz zur Verbesserung der Rechtssicherheit bei Anfechtungen nach der Insolvenzordnung und nach dem Anfechtungsgesetz entfällt das Erfordernis eines Vorantrags; der Eröffnungsantrag des Gläubigers wird nicht allein deshalb unzulässig, weil nach Antragstellung die dem Antrag zu Grunde liegende Forderung erfüllt wird. Auf einen solchen – erstmaligen – forderungslosen Eröffnungsantrag kann also die Verfahrenseröffnung erfolgen. Diese Neuregelung wird in der Literatur (zutreffenderweise) überwiegend begrüßt, da es dem Schuldner nunmehr – anders als nach § 14 Abs. 1 Satz 2 a.F. – nicht mehr möglich ist, den Erstantrag des Gläubigers durch bloße Zahlung der Forderung zur Erledigung zu bringen (vgl. hierzu Hacker, NZI 2017, 148, 149; Frind, ZInsO 2015, 2049 f.; einschränkend Laroche, ZInsO 2015, 2511; ablehnend Marotzke, ZInsO 2015, 2397). Durch die Anfechtungsreform wird es den Gläubigern ermöglicht, die wirtschaftliche Tätigkeit insolventer Unternehmen bereits im Erstverfahren einzuschränken und die Zahlungsfähigkeit solcher Marktteilnehmer frühzeitig abzuklären; gleichzeitig laufen sie nicht Gefahr, dass die zur Erledigung des Erstantrags führende Zahlung in einem Folgeverfahren angefochten wird (Hacker a.a.O.; Frind a.a.O.). Ob Antragsteller versuchen werden, den § 14 Abs. 1 Satz 2 durch eine Rücknahme des Eröffnungsantrags nach Erfüllung auszuhebeln, bleibt abzuwarten. Der Preis für eine solche Verhaltensweise wäre jedenfalls die Belastung mit den Verfahrenskosten (vgl. Rdn. 69).

Nach Art. 103j Abs. 1 EGInsO ist die Änderung des § 14 Abs. 1 Satz 2 für Insolvenzverfahren nicht zu berücksichtigen, die vor dem 05.04.2017 eröffnet worden sind. Offensichtlich ist bei der Schaffung der genannten Überleitungsvorschrift übersehen worden, dass § 14 Abs. 1 Satz 2 als einzige Neuregelung ausschließlich Anwendung im Eröffnungsverfahren findet und somit nicht die Verfahrenseröffnung, sondern die Antragstellung sinnvolles Abgrenzungskriterium ist. Da der Wortlaut des Abs. 1 indes keinen Spielraum für Auslegungen lässt, findet zum 05.04.2017 als Stichtag die neue Regelung für alle laufenden Eröffnungsverfahren Anwendung. Nur für Verfahren, in denen zu diesem Zeitpunkt bereits Erfüllung eingetreten war, kann in Anwendung des § 14 Abs. 1 Satz 2 a.F. damit das Verfahren durch den Antragsteller aus diesem Grund für erledigt erklärt werden. Ergänzend wird auf die Kommentierung zu Art. 103j EGInsO verwiesen.

Nur die **Erfüllung** der Forderung des Antragstellers wird durch § 14 Abs. 1 Satz 2 privilegiert. Insoweit kann auf die §§ 362 ff. BGB rekurriert werden. Im Regelfall tritt Erfüllung durch Zahlung – auch eines Dritten – ein (Palandt-Grüneberg, § 362 Rn. 3). Nicht erfasst sind nach dem Wortlaut der Vorschrift damit etwa eine Beitragskorrektur auf »Null« durch einen antragstellenden Sozialversicherungsträger oder ein Erlass der Steuerforderung durch das Finanzamt. Entsprechendes gilt für den Abschluss eines Ratenzahlungsvergleichs zwischen Eröffnungsantragsteller und Schuldner (die Erfüllung tritt in diesem Fall erst durch vollständige Zahlung aller Raten ein).

Nach der nunmehrigen Fassung des § 14 Abs. 1 Satz 2 beseitigt die Erfüllung der Forderung nicht das rechtliche Interesse an der Antragstellung (vgl. Rdn. 53).

Bereits vor Einführung des § 14 Abs. 1 Satz 2 war eine (vollständige) Zahlung des Schuldners erst nach Eröffnung des Insolvenzverfahrens (zum Wirksamwerden des Eröffnungsbeschlusses s. HambKomm-Linker § 13 Rn. 52) angesichts der bereits erfolgten Eröffnung unerheblich und konnte nicht mehr im Rechtsmittelverfahren geltend gemacht werden, es sei denn, hierdurch entfiel auch der Eröffnungsgrund (str.: so auch LG Karlsruhe, NZI 2002, 608; s.a. BGH, ZInsO 2006, 1051; MK-Schmahl/Vuia § 13 Rn. 129, 150; a.A. LG Düsseldorf, NJW 1977, 813; LG Köln, ZIP 1980, 34; LG Kiel, ZIP 1987, 870).

b) Eröffnungsgrund

24 Zur **Glaubhaftmachung** (§ 4, § 294 ZPO) gehört zunächst die **schlüssige Darlegung** eines Eröffnungsgrundes (Jaeger-Gerhardt § 14 Rn. 22). Infrage kommen für den Gläubigerantrag die **Zahlungsunfähigkeit** (§ 17) und die **Überschuldung** (§ 19), nicht jedoch die drohende Zahlungsunfähigkeit, die nur bei einem Eigenantrag des Schuldners als Eröffnungsgrund in Betracht kommt (§ 18).

25 Der Eröffnungsgrund der Zahlungsunfähigkeit, auf die ein Gläubigerantrag vorzugsweise gestützt wird, setzt zunächst dem Grunde nach die Fälligkeit zumindest wesentlicher Zahlungsverpflichtungen des Schuldners voraus (HK-Sternal § 14 Rn. 24). Die für eine Zahlungsunfähigkeit sprechenden Umstände haben indizielle Bedeutung (s. HambKomm-Schröder § 17 Rn. 29 ff.). Sie sind jeweils im Einzelfall zu würdigen (FK-Schmerbach, § 14 Rn. 124) und können für sich genommen oder ggf. auch nur in einer **Gesamtbetrachtung** von Bedeutung sein (s. BGH, ZInsO 2001, 1049). Ein zunächst im Wege der **Einzelzwangsvollstreckung** erfolgter fruchtloser Vollstreckungsversuch ist **nicht zwingend erforderlich** (BGH, ZInsO 2012, 1418; BGH, ZIP 2004, 1466); dies ergibt sich schon daraus, dass auch eine nicht titulierte Forderung Grundlage eines Insolvenzantrages sein kann.

26 Der Umstand, dass der Schuldner die glaubhaft gemachte Forderung bereits seit längerer Zeit nicht befriedigt hat, reicht für sich allein nicht zur schlüssigen Darlegung der Zahlungsunfähigkeit aus, da dies auch nur auf einer **Zahlungsunwilligkeit** des Schuldners beruhen kann (s.a. HK-Sternal § 14 Rn. 24; **a.A.** FK-Schmerbach § 14 Rn. 141; vgl. hierzu auch BGH, ZInsO 2012, 1418). Gleiches gilt für etwaige Vertragsklauseln, wonach der Schuldner (Raten-)Zahlungen nur bei Zahlungsunfähigkeit einstellt (s. LG Cottbus, ZIP 1995, 234).

27 Ausreichend ist eine **Individualerklärung des Schuldners**, der nach ihrem objektiven Aussagegehalt zu entnehmen ist, dass er zahlungsunfähig ist (s. BGH, ZInsO 2006, 1210, 1211).

28 Ferner genügt ein i.d.R. im letzten halben Jahr vor Antragstellung erfolgter fruchtloser Vollstreckungsversuch in das Vermögen des Schuldners (**Unpfändbarkeitsprotokoll oder Bescheinigung nach § 63 GVGA**) oder die Abgabe der eidesstattlichen Offenbarungsversicherung (AG Leipzig, ZInsO 2011, 2097, 2098; FK-Schmerbach § 14 Rn. 146 f.; für einen längeren zurückliegenden Zeitraum bis zu einem Jahr: LG Düsseldorf, NZI 2007, 530; HK-Sternal § 14 Rn. 25; Uhlenbruck-Wegener § 14 Rn. 49). Sind jedoch weitere Anhaltspunkte für eine Zahlungsunfähigkeit glaubhaft gemacht, so kann trotz schwächerer Indizwirkung auch eine ältere Fruchtlosbescheinigung bzw. eidesstattliche Offenbarungsversicherung unter Berücksichtigung der weiteren

Indizien zur Glaubhaftmachung einer Zahlungsunfähigkeit ausreichend sein (Jacobi, ZInsO 2011, 1094, 1096).

Bei **Gesellschaften** oder **Einzelkaufleuten** bedarf es des Vollstreckungsversuchs im Geschäftslokal oder am Ort der Hauptverwaltung (Uhlenbruck-Wegener § 14 Rn. 50); bei mehreren Geschäftslokalen genügt der Vollstreckungsversuch in einem Lokal (s.a. Rdn. 30; FK-Schmerbach § 14 Rn. 148; **a.A.** HK-Sternal § 14 Rn. 27; Uhlenbruck-Wegener § 14 Rn. 50). 29

Bei einem **Einzelkaufmann** bedarf es darüber hinaus keines vergeblichen fruchtlosen Vollstreckungsversuchs in einer etwaigen anderweitigen Privatwohnung, da der Gerichtsvollzieher vor Beginn der Zwangsvollstreckung zur freiwilligen Leistung aufzufordern (§ 105 Nr. 2 GVGA) und nur zu pfänden hat, soweit keine Leistung erfolgt; dafür, dass der Schuldner möglicherweise noch über anderweitiges Vermögen, z.B. in der Privatwohnung, verfügt und deshalb nicht zahlungsunfähig ist, spricht angesichts des vergeblichen Vollstreckungsversuchs nichts (**a.A.** Uhlenbruck-Wegener § 14 Rn. 50; HK-Sternal § 14 Rn. 27). 30

Ein **erfolgloser Pfändungsversuch in eine Forderung** des Schuldners, insb. in ein vom Schuldner unterhaltenes Konto, reicht i.d.R. für sich allein nicht aus, es sei denn, anhand der Drittschuldnererklärung werden weitere Anhaltspunkte dargelegt, die eine Zahlungsunfähigkeit des Schuldners schlüssig erscheinen lassen (HK-Sternal § 14 Rn. 25; BGH, Beschl. v. 13.06.2006 – IX ZB 220/05, zitiert nach juris; **a.A.** FK-Schmerbach § 14 Rn. 148). 31

Ist **bereits** ein **Eröffnungsverfahren** über das Vermögen des Schuldners **anhängig** und in dem Verfahren ein Eröffnungsgrund glaubhaft gemacht, ist dies gerichtsbekannt (§ 4, § 291 ZPO), sodass es keiner weiteren Glaubhaftmachung bedarf, es sei denn, die Anträge werden ausdrücklich auf verschiedene Eröffnungsgründe gestützt 32

Bei einer **GbR** genügt der vergebliche Vollstreckungsversuch in das gesamthänderisch gebundene Sondervermögen der Gesellschaft; ein Vollstreckungsversuch in das Vermögen der Gesellschafter ist nicht erforderlich (HK-Sternal § 14 Rn. 27; FK-Schmerbach § 14 Rn. 148). 33

Wie bei der **Glaubhaftmachung** der Forderung (s. Rdn. 15, 16) bedarf es nicht des vollen Beweises, dass ein Eröffnungsgrund vorliegt, sondern es reicht bereits die **überwiegende Wahrscheinlichkeit** aus (BGH, ZInsO 2003, 941; LG Dessau-Roßlau, Beschl. v. 14.11.2012, Az. 1 T 319/12, zitiert nach juris). Ob tatsächlich ein Eröffnungsgrund gegeben ist, ist anschließend durch das Insolvenzgericht von Amts wegen zu ermitteln (§ 5 Abs. 1) und erst Voraussetzung für die Eröffnung des Insolvenzverfahrens (§ 16), sofern dann noch ein zulässiger Antrag vorliegt und damit noch das Bestehen der Forderung glaubhaft gemacht ist, falls diese nicht der alleinige Grund für das Vorliegen des Eröffnungsgrundes ist (s. Rdn. 66), und das rechtliche Interesse besteht (s. Rdn. 4, 5). 34

Zur Glaubhaftmachung des Eröffnungsgrundes kann sich der Gläubiger aller präsenten Beweismittel bedienen (§ 4, § 294 ZPO). Hierzu gehören insb. Urkunden, die das Vorbringen zur Zahlungsunfähigkeit belegen, wie die Unpfändbarkeitsbescheinigung (§ 63 GVGA), das Protokoll über den fruchtlosen Pfändungsversuch oder die eidesstattliche Offenbarungsversicherung, aber auch eine etwaige eigene eidesstattliche Versicherung oder die eines Dritten (s. Rdn. 16). Die an Eides statt versicherten Tatsachen müssen dabei so konkret sein, dass das Gericht aus ihnen auf das Vorliegen eines Eröffnungsgrundes schließen kann. 35

Beruht der Eröffnungsgrund allein auf dem tatsächlichen Bestehen der glaubhaft gemachten Forderung, wird hierdurch nicht die Zulässigkeit des Antrags infrage gestellt. Dies ist allein bedeutsam für die Frage der Begründetheit des Antrags und damit der notwendigen richterlichen Überzeugung vom Bestehen der Forderung (s. Rdn. 66 f.). 36

c) Öffentlich-rechtliche Gläubiger

Die vorstehenden Anforderungen an die Glaubhaftmachung der Forderung und des Eröffnungsgrundes gelten grds. auch für Anträge öffentlich-rechtlicher Gläubiger und damit gleichermaßen 37 für **Sozialversicherungsträger und Finanzämter** (HK-Sternal § 14 Rn. 42; Uhlenbruck-Wegener § 14 Rn. 58 ff.; vgl. BGH, ZInsO 2012, 1418). Allerdings handelt es sich um Forderungen öffentlich-rechtlicher Hoheitsträger, die an Gesetz und Recht gebunden sind (Art. 20 Abs. 3 GG), sodass an die Glaubhaftmachung ihrer Forderungen keine nach dem Zweck des Gesetzes nicht veranlassten formalen Anforderungen zu stellen sind (BGH, ZIP 2004, 1466; ZInsO 2006, 97; s.a. Schmahl, NZI 2007, 20).

38 Der **Sozialversicherungsträger** hat zur schlüssigen Darlegung seiner Forderung diese nach Monaten aufzuschlüsseln (BGH, ZIP 2004, 1466). Eine Aufschlüsselung nach Arbeitnehmern ist nicht erforderlich, wenn vom Schuldner gefertigte Datensätze (»Softcopies«) vorgelegt werden (so nunmehr BGH, ZInsO 2015, 1566 mit Hinweis auf die Neufassung des § 28f Abs. 3 S. 3 SGB IV). Säumniszuschläge, Vollstreckungskosten und Kosten der Rechtsverfolgung (Mahngebühren) sind gesondert auszuweisen. Darüber hinaus ist anzugeben, ob die Beitragsforderung auf Beitragsnachweisen des Schuldners oder auf Leistungsbescheiden beruht.

39 Zur Glaubhaftmachung sind entsprechende Leistungsbescheide oder die vom Schuldner per gesetzlich vorgeschriebener Datenübertragung übermittelten Beitragsnachweise anhand von sog. Softcopies der von der zuständigen Annahmestelle übermittelten Daten einzureichen (§§ 28 f. Abs. 3 Satz 3, 28b Abs. 2 Satz 2 SGB IV, § 23 Abs. 1 DEÜV). Ob die eingereichten Datenauszüge nahe legen, dass die abgebildeten Daten vom Arbeitgeber stammen und daher den Beitragsnachweis-Datensatz zutreffend abbilden, unterliegt der tatrichterlichen Würdigung (BGH, ZInsO 2015, 1566). Ein Auszug aus dem »Heberegister« oder »Beitragskonto« reicht zur Glaubhaftmachung nicht aus (BGH, ZIP 2004, 1466).

40 Zur schlüssigen **Darlegung und Glaubhaftmachung eines Eröffnungsgrundes** reichen i.d.R. im Hinblick auf die Strafandrohung des § 266a StGB rückständige Sozialversicherungsbeiträge von insgesamt mehr als 6 Monaten aus (h.M.: BGH, ZInsO 2006, 827; LG Dessau-Roßlau, Beschl. v. 14.11.2012, Az. 1 T 319/12, zitiert nach juris; Uhlenbruck-Wegener § 14 Rn. 66; großzügiger FK-Schmerbach § 14 Rn. 142; einschränkend: LG Hamburg, ZInsO 2010, 1650; AG München, ZIP 2009, 820; a.A. LG Hamburg, ZInsO 2015, 1348).

41 Das **Finanzamt** (allgemein zur Insolvenzantragstellung durch das Finanzamt Schmittmann, InsbürO 2006, 341) hat seinen Anspruch aus dem Steuerschuldverhältnis (§ 37 AO) darzulegen – bei Steueranmeldungen und ergangenen Haftungs- oder Steuerbescheiden genügt eine Bezugnahme – und mit den entsprechenden Belegen und Urkunden oder durch sog. Softcopies der vom Schuldner übermittelten Daten (§ 18 Abs. 1 Satz 1 UStG, §§ 150 Abs. 6, 87b AO) glaubhaft zu machen; ein Kontoauszug reicht nicht aus (BGH, ZInsO 2006, 97; ZInsO 2006, 828; ZInsO 2009, 1533; ZInsO 2011, 1614; KPB-Pape § 14 Rn. 79; einschränkend Schmahl, NZI 2007, 20).

42 Zur **Darlegung und Glaubhaftmachung eines Eröffnungsgrundes** kann auf die Ausführungen zu den allgemeinen Anforderungen bei einem Gläubigerantrag verwiesen werden (s. Rdn. 24 ff.). Allein die Erklärung, die Beitreibung der Steuerforderung sei erfolglos geblieben, reicht zur Glaubhaftmachung einer Zahlungsunfähigkeit nicht aus, da sich die Zuständigkeitsprüfung des Insolvenzgerichts auch auf die Art und Weise des Vollstreckungsversuches erstreckt (a.A. LG Chemnitz, ZInsO 2011, 684 m. Anm. Jacobi, ZInsO 2011, 1094).

43 Die **Bestandskraft** eines Bescheides hat das Insolvenzgericht nicht zu überprüfen (BGH, ZVI 2006, 564; zur Steuerschätzung unter Vorbehalt der Nachprüfung: AG Hamburg, ZInsO 2007, 950). Wird die **Vollziehung** des Bescheids durch die Finanz-, Sozial- oder Verwaltungsgerichtsbarkeit ausgesetzt, kann er nicht mehr Grundlage für einen Insolvenzantrag sein (s. Rdn. 22). Erlangt der Schuldner ggü. dem öffentlich-rechtlichen Gläubiger Rechtsschutz auf **Rücknahme** des gestellten Eröffnungsantrages (s. BFH, DZWIR 2011, 322; ZInsO 2011, 975; HK-Sternal § 14 Rn. 43; Uhlenbruck-Wegener § 14 Rn. 203 ff.; ablehnend AG Göttingen, ZInsO 2011, 1258; KPB-Pape § 14 Rn. 142 ff.), gilt der Antrag – nur bei Rechtskraft der Entscheidung (§ 151 FGO, § 167 VwGO, § 198 SGG, § 894 ZPO) – als zurückgenommen, es sei denn, das Insolvenzverfah-

ren ist bereits eröffnet oder der Insolvenzantrag bereits rechtskräftig abgewiesen (§ 13 Abs. 2; s. MK-Schmahl/Vuia § 14 Rn. 118; Uhlenbruck-Wegener § 14 Rn. 203). Ein Ruhen oder Aussetzen des Insolvenzantragsverfahrens bis zur Entscheidung über einen vom Schuldner eingelegten Rechtsbehelf kommt nicht in Betracht (vgl. grundsätzlich Rdn. 75).

d) Rechtliches Interesse

Voraussetzung für die Zulässigkeit des Insolvenzantrages eines Gläubigers ist sein rechtliches Interesse an der Eröffnung des Insolvenzverfahrens und damit der zumindest anteiligen Befriedigung seiner Forderung in einem gesetzlich geregelten Insolvenzverfahren, das wiederum der gemeinschaftlichen Befriedigung aller Gläubiger des Schuldners dient (§ 1). Kommt es ihm demgegenüber allein auf seine eigene Befriedigung an, besteht für ihn die gesetzliche Möglichkeit der Einzelzwangsvollstreckung. Will er sich zur Befriedigung seines Anspruchs jedoch der rechtlichen Möglichkeiten eines Insolvenzverfahrens bedienen, erfolgt dies nur mit der Maßgabe, dass nicht er allein, sondern zugleich auch die anderen Gläubiger (teil-)befriedigt werden. Dieses Nebeneinander des Selbst- und Fremdzweckes eines Insolvenzantrages bedeutet, dass der antragstellende Gläubiger die Tilgung seiner Forderung im Eröffnungsverfahren weder ablehnen noch verhindern darf, da er sich ansonsten im Hinblick auf den Selbstzweck seines Insolvenzantrages widersprüchlich verhalten würde. 44

Ein rechtliches Interesse fehlt, wenn eine Eröffnung des Insolvenzverfahrens nicht geeignet ist, dem Gläubiger die Durchsetzung seines Rechts zu erleichtern, wenn dem Gläubiger ein einfacherer und billigerer Weg eröffnet ist, um eine Befriedigung seiner Forderung durchzusetzen, oder wenn der Insolvenzantrag missbräuchlich zu verfahrensfremden Zwecken gestellt wird (OLG Köln, ZInsO 2002, 728, 730; HK-Sternal § 14 Rn. 32 ff.; Uhlenbruck-Wegener § 14 Rn. 69 ff.). 45

aa) Keine insolvenzrechtliche Verbesserung der Rechtsstellung des Gläubigers

Dem Gläubiger, der nicht Inhaber eines persönlichen vermögensrechtlichen (§ 38) oder in Geldwert umrechenbaren (§ 45) Anspruchs ist, fehlt das rechtliche Interesse an einer Eröffnung eines Insolvenzverfahrens (vgl. hierzu bereits HambKomm-Linker § 13 Rn. 36). 46

Absonderungsberechtigten, denen der Schuldner auch persönlich haftet (§ 52 Satz 1) und die somit als persönliche Gläubiger antragsberechtigt sind, fehlt das rechtliche Interesse, wenn sie bereits aufgrund ihres Absonderungsrechts vollständig und zweifelsfrei gesichert sind; darlegungspflichtig ist der Schuldner (BGH, ZInsO 2008, 103; NZI 2011, 632; ZInsO 2011, 1216; Uhlenbruck-Wegener § 14 Rn. 87; FK-Schmerbach § 14 Rn. 55). 47

Obwohl sie ihre Forderungen nur auf besondere Aufforderung des Insolvenzgerichts anzumelden haben (§ 174 Abs. 3), haben **nachrangige Insolvenzgläubiger** (§ 39) ein rechtliches Interesse an der Verfahrenseröffnung (BGH, ZInsO 2010, 2091 m. Anm. Gundlach/Müller, ZInsO 2011, 84; KPB-Pape § 13 Rn. 32, § 14 Rn. 99; FK-Schmerbach § 14 Rn. 83; Uhlenbruck-Wegener § 14 Rn. 88). 48

Ist über das Vermögen des Schuldners bereits das Insolvenzverfahren eröffnet, fehlt weiteren Insolvenzanträgen – außer im Ausnahmefall des § 35 Abs. 2 (s. HambKomm-Linker § 11 Rn. 6a) – das rechtliche Interesse, da das eröffnete Insolvenzverfahren das gesamte schuldnerische pfändbare Vermögen einschließlich des neu erworbenen Vermögens (§§ 35, 36) erfasst (BGH, ZInsO 2004, 739; ZInsO 2008, 924; rechtliches Interesse jedoch im Zeitraum der **Wohlverhaltensperiode** AG Göttingen, ZInsO 2007, 1164; KPB-Pape § 14 Rn. 52; FK-Schmerbach § 13 Rn. 91 ff.; AG Oldenburg, ZInsO 2004, 1154; ZVI 2009, 196; AG Köln, NZI 2008, 386). Die durch den Antrag entstandenen Kosten hat der Gläubiger zu tragen, dem es wie für eine Forderungsanmeldung zuzumuten ist, sich hierüber angesichts der erfolgten öffentlichen Bekanntmachung (§ 9) vor Stellung des Antrages zu erkundigen (**a.A.** AG Göttingen, ZInsO 2005, 157). 49

bb) Einfachere und billigere Möglichkeit der Befriedigung

50 Ein Rechtsschutzinteresse für die Stellung eines Insolvenzantrages ist nicht gegeben, wenn der Gläubiger auf einfachere und billigere Art und Weise seine Forderung befriedigen kann. Dies ist anzunehmen bei ausreichenden, nicht nach § 88 gefährdeten Sicherungsrechten oder bereits geleisteten **Sicherheiten** (s. Rdn. 47; MK-Schmahl/Vuia § 14 Rn. 27).

51 Allerdings ist der Gläubiger bei einer titulierten Forderung nicht gehalten, vor der Stellung des Insolvenzantrages zunächst im Wege der **Einzelzwangsvollstreckung** vorzugehen, sofern er den Insolvenzgrund auf andere Weise glaubhaft machen kann (BGH, ZIP 2004, 1466; s.a. BGH, ZInsO 2012, 1418), oder alle etwaigen Vollstreckungsmöglichkeiten auszuschöpfen (MK-Schmahl/Vuia § 14 Rn. 28; FK-Schmerbach § 14 Rn. 52 f.; Jaeger-Gerhardt § 14 Rn. 10).

cc) Missbrauch des Insolvenzantrages

52 Das rechtliche Interesse fehlt, wenn mit dem Insolvenzantrag ein nicht schutzwürdiger **verfahrensfremder Zweck** verfolgt wird (MK-Schmahl/Vuia § 14 Rn. 29).

Rechtsmissbräuchlich ist insb. der Einsatz des Insolvenzantrages als **Druckmittel**, um den Schuldner zur zumindest teilweisen Tilgung der mit dem Insolvenzantrag geltend gemachten Forderung zu drängen (AG Duisburg, NZI 2003, 161; AG Hamburg, ZInsO 2001, 1121; HK-Sternal § 14 Rn. 34). Indizien hierfür können sein die Beschränkung des Insolvenzantrages auf nur einen Teil der Forderung oder das nur sukzessive Einführen von weiteren Forderungen nach Tilgung der ursprünglichen Forderung, statt diese sogleich geltend zu machen (vgl. AG Wuppertal, ZInsO 2012, 1531); die Bitte, vor Kosten auslösenden gerichtlichen Maßnahmen Rücksprache zu halten oder das Verfahren ruhen zu lassen (MK-Schmahl/Vuia § 14 Rn. 30). Zumeist werden etwaige Anhaltspunkte dafür, dass der Antrag nur als Druckmittel diente, erst anlässlich der im Fall der Erledigung zu treffenden Kostenentscheidung erkennbar (s. hierzu Rdn. 70). Ebenso rechtsmissbräuchlich ist der Insolvenzantrag, der ausschließlich den Zweck verfolgt, einen Konkurrenten aus dem Wettbewerb zu entfernen (BGH, ZInsO 2011, 1063).

dd) Bagatellforderungen

53 Einem Antrag, der auf eine Bagatellforderung gestützt wird, kann ebenfalls das rechtliche Interesse fehlen (LG Hamburg, Beschl. v. 20.06.2013, Az. 326 T 62/13 n.v.; a.A. MK-Schmahl/Vuia § 14 Rn. 39 m.w.N.).

ee) Erfüllung der Forderung

54 Die Erfüllung der Forderung per se hat nach § 14 Abs. 1 Satz 2 grundsätzlich keine Auswirkungen auf das rechtliche Interesse an der Antragstellung (so auch Thole, ZIP 2017, 401, 402; a.A. Laroche, ZInsO 2015, 2511 ff.). Ein Automatismus, nach dem die Erfüllung das rechtliche Interesse oder die Glaubhaftmachung des Insolvenzgrundes erschüttert, lässt sich weder dem Gesetzeswortlaut noch der Gesetzesbegründung entnehmen. Allerdings ist angesichts der gesetzlichen Formulierung »nicht allein« durch das Gericht zu prüfen, ob das rechtliche Interesse des Gläubigers an der Verfahrenseröffnung nicht aus anderweitigen Gründen entfallen ist, etwa wenn der Schuldner die den Antrag stützende Forderung begleicht, gleichzeitig aber darlegt und glaubhaft macht, dass er seinen Geschäftsbetrieb eingestellt hat, so dass weitere Verbindlichkeiten gegenüber dem Eröffnungsantragsteller in der bisherigen Art und Weise aller Voraussicht nach zukünftig nicht begründet werden (siehe aber FK-Schmerbach § 14 Rn. 91 m.w.N.; vgl. insgesamt Thole a.a.O., erforderlich sind danach über die bloße Erfüllung hinausgehende Umstände, die von der Erfüllung unabhängig sind).

Da ein lediglich altruistisches Interesse, den Insolvenzantrag im Interesse der übrigen Gläubiger fortzuführen, ebenso wenig ausreichend ist, wie das allgemeine Interesse, ein trotz Forderungserfüllung gleichwohl insolventes Unternehmen an der weiteren Marktteilnahme zu hindern (vgl.

hierzu MK-Schmahl/Vuia § 14 Rn. 61) kommt es im Hinblick auf den nicht geänderten Satz 1 weiterhin auf das rechtliche Interesse des antragstellenden Gläubigers an. Dieser hat ungeachtet der Erfüllung seiner Forderung ein fortdauerndes rechtliches Interesse an der Verfahrenseröffnung, wenn davon auszugehen ist, dass der Schuldner gegenüber dem Antragsteller zukünftig weiterhin Verbindlichkeiten begründen wird, die er nicht erfüllen kann. Dies sind zunächst die »Zwangsgläubiger«, gegenüber denen der Schuldner einseitig Forderungen begründet (etwa Sozialversicherungs- und Steuergläubiger, s. BGH, ZInsO 2012, 1565, 1566; Klages/Pape, NZI 2013, 561, 566, aber auch die Beitragsforderungen von IHK und Handwerkskammern, s. Müller/Rautmann, ZInsO 2014, 2211). Weiter rechnen zu diesem Kreis aber auch Gläubiger, die mit dem Schuldner durch ein Dauerschuldverhältnis verbunden sind, von dem sie sich nicht ohne Weiteres kurzfristig lösen können, und zwar unabhängig davon, ob es öffentlich-rechtlicher oder privatrechtlicher Natur ist (vgl. Klages/Pape a.a.O., großzügiger MK-Schmahl/Vuia § 14 Rn. 61; FK-Schmerbach § 14 Rn. 91 sowie NR-Mönning § 14 Rn. 83; **a.A. HambKomm 6. Aufl.**).

Die Darlegungslast für ein Entfallen des rechtlichen Interesses trägt der Schuldner, es sei denn, es ergibt sich aus dem Eröffnungsantrag selbst, dass der Gläubiger nach Erfüllung seiner Forderung keinesfalls ein fortdauerndes rechtliches Interesse an der Verfahrenseröffnung haben kann. Dies entspricht den allgemeinen Grundsätzen der Darlegungs- und Beweislast im Zivilprozess, wonach jede Partei die für sie günstigen Tatsachen darzulegen und zu beweisen hat (vgl. Zöller-Greger Vor § 284 Rn. 17a). Beachtlich wäre etwa der Vortrag, die – dauerhafte – Geschäftsverbindung mit dem Gläubiger sei endgültig aufgelöst, so dass weitere Forderungen nicht entstehen würden. Entsprechendes gilt für den Fall der endgültigen Einstellung des Geschäftsbetriebs (vgl. hierzu oben bei Rdn. 53). Erheblich ist auch der Vortrag, es handele sich bei den dem Eröffnungsantrag zu Grunde liegenden Forderungen um stehengelassene Altverbindlichkeiten, die nunmehr getilgt worden seien, während die aktuellen laufenden Verbindlichkeiten stets zurückgeführt worden seien.

Unter Berücksichtigung der »scharfen« Regelung des Abs. 1 Satz 2 sind an den erforderlichen Vortrag des Schuldners keine überzogenen Anforderungen zu stellen, sondern es ist vielmehr ein großzügiger Maßstab anzulegen.

Dass von dem Gläubiger verlangt wird, nach Erfüllung einen Eröffnungsgrund erneut glaubhaft zu machen, ist weiterhin abzulehnen. Nach der Rechtsprechung des BGH zu § 14 Abs. 1 Satz 2 a.F. hatte der Gläubiger, der seinen Eröffnungsantrag de lege abrogata fortführen wollte, glaubhaft zu machen, dass ein Insolvenzgrund weiterhin vorliegt, da die Vorschrift den Satz 1 nur insoweit modifiziere, als bei der Zulässigkeit des Antrags auf das Bestehen einer Forderung verzichtet werde. Den Schuldner sollte in diesem Fall keine sekundäre Darlegungslast dahin gehend treffen, dass der zunächst durch den Gläubiger glaubhaft gemachte Insolvenzgrund nicht mehr besteht (LG Frankenthal, ZInsO 2014, 2279, s.a. AG Ludwigshafen, ZInsO 2015, 1229, a.A. AG Köln, ZInsO 2011, 1517). Allerdings sollte eine nach außen getretene und glaubhaft gemachte Zahlungsunfähigkeit nur dadurch beseitigt werden können, dass der Schuldner darlegt, seine Zahlungen insgesamt wieder aufgenommen zu haben. Ob dies nur für den Fall gelten sollte, in dem die Zahlungsunfähigkeit durch glaubhaft gemachte Nichtabführung von Sozialversicherungsbeiträgen für einen längeren Zeitraum indiziert wird – diese Konstellation lag der Entscheidung des BGH zugrunde – wurde vom BGH indes offen gelassen. Damit wurde durch die Hintertür aber im Ergebnis doch eine sekundäre Darlegungslast des Schuldners eingeführt, dem die Darlegung, dass er die Zahlungen gegenüber sämtlichen Gläubigern wieder aufgenommen hat, regelmäßig schwerfallen dürfte (so auch Frind, NJW 2013, 2478, 2480). Das Fortbestehen der Indizwirkung von für einen längeren Zeitraum rückständigen Sozialversicherungsbeiträgen nach Zahlung durch den Schuldnern erscheint ohnehin zweifelhaft, da die Indizwirkung durch eine Zahlung zumindest abgeschwächt wird (Beth, ZInsO 2013, 1680; kritisch auch Frind a.a.O.).

Schon zu § 14 Abs. 1 Satz 2 a.F. erschien es daher konsequent, aufgrund dieser rechtlichen und tatsächlichen Unwägbarkeiten auf das Erfordernis einer erneuten Glaubhaftmachung nach Zahlung ganz zu verzichten (so auch AG Göttingen, ZInsO 2011, 2090; K. Schmidt-Gundlach § 14 Rn. 16; KPB-Pape § 14 Rn. 136 ff.; Hackländer/Schur, ZInsO 2012, 901, 905). Eine solche Glaubhaftmachung dürfte dem Gläubiger im Rahmen des als Eilverfahren ausgestalteten Eröffnungsverfahrens kurzfristig auch nicht möglich sein (vgl. hierzu Frind, NJW 2013, 2478, 2479; Pape, ZInsO 2011, 2154, 2163, a.A. Beth, ZInsO 2014, 1702).

II. Anhörung des Schuldners (Abs. 2)

55 Bei Vorliegen eines zulässigen Insolvenzantrages hat das Gericht den Schuldner anzuhören (Abs. 2). Es handelt sich um ein **Recht des Schuldners auf rechtliches Gehör**; zu seiner Wahrnehmung ist er nicht verpflichtet, er kann hierzu auch nicht gezwungen werden. Die Anhörung ist insb. nicht mit der insolvenzrechtlichen Auskunftspflicht gem. §§ 20 Abs. 1, 97, 101 Abs. 1 Satz 1, die allerdings gem. § 98 zwangsweise durchgesetzt werden kann, identisch; beide werden aber im Regelfall aus Gründen der Zweckmäßigkeit und der Eilbedürftigkeit durch gleichzeitige Übersendung des Antrages und eines Fragebogens zu den wirtschaftlichen Verhältnissen verbunden.

56 Eine Anhörung des Schuldners kann unter den Voraussetzungen des § 10 unterbleiben. Bei **Führungslosigkeit** liegt die Anhörung der am Schuldner beteiligten Personen im Ermessen des Gerichts (s. hierzu HambKomm-Rüther § 10 Rn. 12).

57 Einer vorherigen ausdrücklichen gerichtlichen Entscheidung über die Zulässigkeit des Antrages bedarf es nicht; die »**Zulassung des Insolvenzantrages**« erfolgt vielmehr lediglich konkludent durch Gewährung des rechtlichen Gehörs und/oder der Anordnung von Sicherungsmaßnahmen gem. § 21 (Uhlenbruck-Wegener § 14 Rn. 165). Ein Vermerk in der Verfahrensakte über die Zulassung des Antrages ist nicht erforderlich, mag aber zur Klarstellung dienlich sein (KPB-Pape § 14 Rn. 149).

58 Mit der Anhörung erhält der Schuldner die Möglichkeit, zu dem Antrag Stellung zu nehmen und ggf. im Wege der Gegenglaubhaftmachung Umstände darzulegen und glaubhaft zu machen, die gegen die Zulässigkeit des Antrages sprechen. Zu diesem Zweck ist ihm der Insolvenzantrag zur Kenntnis zu geben; eine **Zustellung** des Antrages ist weder insolvenzrechtlich vorgeschrieben noch verfahrensrechtlich erforderlich (BGH, Beschl. v. 13.06.2006 – IX ZB 212/05, n.v.; KPB-Pape § 14 Rn. 155; Uhlenbruck-Wegener § 14 Rn. 171; **a.A.** MK-Schmahl/Vuia § 14 Rn. 132), bietet sich aber regelmäßig unter Verwendung der Zustellungsurkunde (§§ 176, 182 ZPO) an, um im Zweifelsfall die Gewährung des rechtlichen Gehörs nachweisen zu können. Die Zulässigkeit des Verfahrens ist nicht davon abhängig, ob sich der Schuldner äußert, kann aber für die etwaige zwangsweise Durchsetzung der Mitwirkungspflichten von Bedeutung sein.

59 Durch Einreichung einer **Schutzschrift** bei Gericht kann der Schuldner sich bereits vor Eingang des Gläubigerantrags zum Bestehen der Forderung und dem Vorliegen eines Insolvenzgrundes äußern, auch um ggf. eine Anordnung von Sicherungsmaßnahmen nach § 21 zu verhindern (FK-Schmerbach § 14 Rn. 176; K. Schmidt-Gundlach § 14 Rn. 27). Bereits Art. 103 Abs. 1 GG gebietet die inhaltliche Auseinandersetzung des Gerichts mit der Schutzschrift (MK-Schmahl/Vuia § 14 Rn. 136). Schutzschriften der Gesellschafter gegen einen Eigenantrag der Gesellschaft sind indes unzulässig (Uhlenbruck-Wegener § 14 Rn. 201), wobei das Gericht nach Eintritt in die Amtsermittlung verfahrenserhebliche Umstände, die sich aus einer solchen unzulässigen Schutzschrift ergeben, berücksichtigen muss. Mit Zeitablauf schwindet die Bedeutung der Schutzschrift (MK-Schmahl/Vuia a.a.O. gehen davon aus, dass eine Schutzschrift einen Monat nach Einreichung regelmäßig ihre Aktualität verliert).

Auch ein Gläubiger kann eine Schutzschrift einreichen, um bei einem erwarteten Eigenantrag des Schuldners bereits im Vorfeld etwa Stellung zu der Frage zu nehmen, ob Umstände vorliegen, welche die Anordnung einer Eigenverwaltung als für die Gläubiger nachteilig erscheinen lassen, § 270 Abs. 2 Nr. 2 (FK-Schmerbach § 14 Rn. 178; **a.A.** Uhlenbruck-Wegener § 14 Rn. 201 m.w.N.) oder ob die Anordnung von Sicherungsmaßnahmen aus Gläubigersicht geboten erscheint.

60 Anzuhören ist der Schuldner. Dies bedeutet allerdings nicht, dass der Antrag insb. bei einer **juristischen Person** oder einer **Gesellschaft ohne Rechtspersönlichkeit** sämtlichen Vertretungsorganen

oder Gesellschaftern zu übersenden ist. Es reicht vielmehr aus, wenn ihr der Antrag unter dem Namen, unter dem sie verklagt werden kann, bekannt gemacht und sie hierzu gehört wird. Es obliegt dann den jeweiligen Vertretungsorganen oder Gesellschaftern, hiervon Kenntnis zu nehmen und sich ggf. zu äußern; eine ausdrückliche Anhörung sämtlicher Vertretungsorgane oder Gesellschafter ist gem. § 15 Abs. 2 nur bei einem Eigenantrag gesetzlich bestimmt (wie hier MK-Schmahl/Vuia § 14 Rn. 123 f.; HK-Sternal § 14 Rn. 49; **a.A.** Jaeger-Gerhardt § 14 Rn. 33).

Die Anhörung kann entweder **mündlich oder schriftlich** geschehen; ein Anspruch auf mündliche Anhörung besteht nicht (FK-Schmerbach § 14 Rn. 170). Sie hat durch das Gericht zu erfolgen und kann nicht einem Sachverständigen übertragen oder allein von ihm im Rahmen seiner Ermittlungen durchgeführt werden (HK-Sternal § 14 Rn. 50). 61

Bei einer mündlichen Anhörung ist der Gläubiger berechtigt, im Termin anwesend zu sein; er hat jedoch ohne Erlaubnis des Gerichts kein Fragerecht, da der Schuldner i.R.d. Anhörung nach Abs. 2 nicht verpflichtet ist, Angaben zu machen, und seine insolvenzrechtliche Auskunftspflicht nur ggü. dem Gericht, dem Sachverständigen und dem vorläufigen Insolvenzverwalter besteht (§§ 5, 20 Abs. 1, 97, 98, 101 Abs. 1 Satz 1; MK-Schmahl/Vuia § 14 Rn. 137).

Die **Anhörungsfrist** kann angesichts des Eilcharakters eines Insolvenzverfahrens kurz bemessen sein (FK-Schmerbach § 14 Rn. 170). Sie dient nicht dazu, dem Schuldner Gelegenheit zu geben, die Forderung zu begleichen (BVerfG, NZI 2002, 30), zumal dies nach Abs. 1 Satz 2 die Zulässigkeit des Antrags gerade nicht beseitigt. 62

Bestreitet der Schuldner das Bestehen der Forderung oder das Vorliegen des vom Gläubiger glaubhaft gemachten Insolvenzgrundes, hat er dies schlüssig darzulegen und ebenfalls glaubhaft (§ 4, § 294 ZPO) zu machen (LG Potsdam, ZInsO 2005, 499, 500). Ist sein Vorbringen erheblich und ausreichend glaubhaft, um bei summarischer Prüfung und Bewertung (MK-Schmahl/Vuia § 14 Rn. 83) die Glaubhaftmachung des Gläubigers zu erschüttern, ist der Antrag nunmehr trotz der vorherigen konkludenten Zulassung als unzulässig abzuweisen (vgl. KPB-Pape § 14 Rn. 83; FK-Schmerbach § 14 Rn. 106; HK-Sternal § 14 Rn. 52; bei glaubhaften Einwendungen gegen die Forderung MK-Schmahl/Vuia § 14 Rn. 83). Es ist nicht Aufgabe des Insolvenzgerichts zu überprüfen, ob Forderungen tatsächlich begründet sind (BGH, ZInsO 2008, 103; NZI 2007, 350; ZInsO 2007, 604; ZInsO 2006, 145). Allerdings hat das Gericht, sofern der Schuldner das Vorliegen eines Insolvenzgrundes glaubhaft bestreitet, für seine Entscheidung, ob das Verfahren fortgesetzt wird oder der Antrag als unzulässig abgewiesen wird, alle bis dahin bereits erlangten anderweitigen Erkenntnisse, zu denen auch die eines möglicherweise bereits beauftragten Sachverständigen gehören, zu berücksichtigen (weiter gehend MK-Schmahl/Vuia § 14 Rn. 148: mit der Zulassung des Insolvenzantrages und der somit ausreichenden Glaubhaftmachung des Insolvenzgrundes hat das Gericht auch bei einer Gegenglaubhaftmachung weiter von Amts wegen zu ermitteln, ob ein Eröffnungsgrund vorliegt). Die weiter gehende Ansicht führt jedoch dazu, dass dem Schuldner entgegen dem Anhörungszweck des Abs. 2 die Möglichkeit der Gegenglaubhaftmachung genommen wird und ggf. weitere ihn belastende Aufklärungs- oder sogar Sicherungsmaßnahmen erfolgen. Richtigerweise ist die Frage der Gegenglaubhaftmachung und damit die an sie zu stellenden Anforderungen allein davon abhängig zu machen, ob sich der Schuldner bereits gegen die Glaubhaftmachung des Eröffnungsgrundes und damit gegen die Zulässigkeit des Antrages wendet, oder ob das tatsächliche Vorliegen eines Eröffnungsgrundes infrage gestellt wird (unklar MK-Schmahl/Vuia a.a.O.). 63

Handelt es sich um eine **titulierte Forderung**, bedarf es zur Gegenglaubhaftmachung für vom Gläubiger bestrittene Einwendungen der Vorlage einer gerichtlichen Entscheidung, durch welche die Vollstreckung für unzulässig erklärt oder vorläufig eingestellt wurde; das Insolvenzgericht ist nicht dazu berufen, Einwendungen gegen titulierte Forderungen zu prüfen (BGH, ZInsO 2008, 103; ZInsO 2006, 824). 64

Der Schuldner kann im Wege der einstweiligen Verfügung **negatorischen Rechtsschutz** erhalten, wenn sich der Gläubiger dem Schuldner durch einen in Schädigungsabsicht vorsätzlich unbe- 65 rechtigt gestellten Insolvenzantrag schadensersatzpflichtig machen würde (OLG Koblenz, ZInsO 2005, 1338).

66 Sind Forderung und Eröffnungsgrund dergestalt miteinander verknüpft, dass das Vorliegen des **Eröffnungsgrundes allein auf der glaubhaft gemachten Forderung beruht**, ist zwischen der Zulässigkeit und der Begründetheit des Insolvenzantrages zu differenzieren.

67 Für die **Zulässigkeit des Insolvenzantrages** reicht die Glaubhaftmachung der Forderung mit dem damit zugleich glaubhaft gemachten Eröffnungsgrund aus, während für die **Begründetheit des Insolvenzantrages** und damit für eine Abweisung mangels Masse oder Eröffnung des Insolvenzverfahrens (§§ 16, 26) die richterliche Überzeugung vom Vorliegen eines Insolvenzgrundes erforderlich ist (BGH, ZInsO 2010, 1091; ZInsO 2010, 331; ZInsO 2006, 824; ZInsO 2006, 828; ZVI 2006, 564). Dies bedeutet, dass der Insolvenzantrag bei einer derartigen Verknüpfung der Forderung mit dem Eröffnungsgrund zulässig bleibt, falls das Bestehen der Forderung weiterhin glaubhaft ist, er jedoch im Hinblick auf § 16 als unbegründet abzuweisen ist, wenn das tatsächliche Bestehen der Forderung nicht bewiesen ist (BGH, ZInsO 2008, 103; ZInsO 2006, 145; MK-Schmahl/Vuia § 14 Rn. 87; Uhlenbruck-Wegener § 14 Rn. 37 f.; Henkel, ZInsO 2011, 1237). Ob eine Forderung tatsächlich besteht (bewiesen ist), obliegt allein der Klärung durch die Parteien im ordentlichen Prozessverfahren und hat – von eindeutigen Fällen abgesehen (BGH, ZInsO 2007, 604; ZInsO 2007, 1275) – nicht durch das Insolvenzgericht zu erfolgen; die Feststellungslast trifft bei nicht titulierten – sofern nicht bereits die Glaubhaftmachung gescheitert ist – oder nur vorläufig vollstreckbar titulierten Forderungen den Gläubiger, bei titulierten den Schuldner (BGH, ZInsO 2008, 103; ZInsO 2007, 604; NZI 2007, 350; NZI 2006, 642; ZInsO 2006, 824; ZInsO 2006, 145; Henkel a.a.O.).

III. Vorzeitige Beendigung des Eröffnungsverfahrens

68 Dem Gläubiger steht es nach der in § 13 Abs. 2 normierten Dispositionsmaxime frei, seinen Antrag vor Eröffnung des Insolvenzverfahrens zurückzunehmen oder für erledigt zu erklären.

1. Rücknahme des Insolvenzantrags

69 Die Antragsrücknahme beendet das Eröffnungsverfahren ex nunc; die Verfahrenskosten trägt in diesem Fall regelmäßig der antragstellende Gläubiger, § 4 i.V.m. § 269 Abs. 3 Satz 2 ZPO. Bereits durch das Gericht verhängte Sicherungsmaßnahmen sind aufzuheben.

2. Erklärung der Erledigung des Insolvenzantrags

a) Grundsatz

70 Da es sich bei dem auf einen Gläubigerantrag hin eingeleiteten Insolvenzeröffnungsverfahren – anders als bei einem Eigenantragsverfahren – um ein kontradiktorisches Verfahren handelt, bleibt es dem Gläubiger unbenommen, seinen Eröffnungsantrag auch für erledigt zu erklären. Dies ist Ausfluss der Dispositionsmaxime (BGHZ 135, 61 f.). Der Schuldner kann dagegen den von ihm gestellten Eröffnungsantrag nur zurücknehmen.

Ein vom Gläubiger für erledigt erklärter Insolvenzantrag kann nicht mehr zur Eröffnung des Insolvenzverfahrens führen (BGH, ZInsO 2002, 29, 30; ZIP 2004, 425; ZIP 2004, 1466, 1467; ZInsO 2005, 39); das »Erkenntnisverfahren« über den Insolvenzantrag ist damit beendet.

Die Erledigungserklärung kann sowohl einseitig nur vom Gläubiger als auch beidseitig und damit übereinstimmend abgegeben werden. Eine einseitige Erledigungserklärung des Schuldners ist keine verfahrensrechtlich relevante Prozesshandlung, da er mit dieser Erklärung das über sein Vermögen und damit gegen ihn gerichtete Verfahren nicht einseitig beenden kann; maßgeblich für das weitere Verfahren kann nur sein, aus welchem Grund er den Antrag des Gläubigers für erledigt erachtet. Möglich ist allerdings, dass anschließend der Gläubiger seinen Antrag für erledigt erklärt, sodass dann eine übereinstimmende Erledigungserklärung vorliegt. Die Erledigungserklärung ist als Prozesshandlung grds. bedingungsfeindlich (anders bei innerprozessualer Bedingung, vgl. KG, NJW-RR 1998, 1074). Die einseitige Erledigungserklärung ist **frei widerruflich**, solange sich die andere Partei der Erklärung nicht angeschlossen hat oder eine Entscheidung des Gerichts in der Sache ergangen ist (BGH, NJW 2002, 442; BGH, NJW 2013, 2686). Nach übereinstimmender Erledigungserklärung ist ein Widerruf nur möglich, wenn ein Restitutionsgrund i.S.v. § 580 ZPO vorliegt (BGH, NJW 2013, 2686).

Ein Schweigen des Schuldners zur Erledigungserklärung des Gläubigers bedeutet keine Zustimmung, sodass nur eine einseitige und keine übereinstimmende Erledigungserklärung gegeben ist, es sei denn, dem Schuldner ist die Erledigungserklärung zugestellt und er widerspricht ihr nicht binnen 2 Wochen, obwohl er auf diese Möglichkeit gerichtlich hingewiesen worden ist (§ 4, § 91a Abs. 1 Satz 2 ZPO; BGH, ZInsO 2005, 39, s.a. Hüßtege in: Thomas/Putzo, § 91a Rn. 22a).

b) Einschränkungen durch § 14 Abs. 1 Satz 2

Die Dispositionsmaxime wird durch § 14 Abs. 1 Satz 2 eingeschränkt, da die Vorschrift eine Erfüllung der Forderung aus dem Kanon der den Antrag erledigenden Umstände expressis verbis ausnimmt (a.A. Lodyga/Zanthoff, ZInsO 2016, 2453, 2459), und zwar unabhängig davon, ob Sicherungsmaßnahmen angeordnet worden waren oder nicht. Der insoweit bislang geführte Meinungsstreit (vgl. HambKomm-Linker § 14 Rn. 68 ff.) hat sich erledigt. Dem Antragsteller kann es im Fall der Erfüllung seiner Forderung zwar nicht verwehrt werden, seinen Antrag für erledigt zu erklären. Schließt sich der Schuldner jedoch seiner Erledigungserklärung nicht an, so hat das Insolvenzgericht entsprechend dem Prozedere im Zivilverfahren zu prüfen, ob der Eröffnungsantrag zunächst zulässig war und sich durch Erledigungsereignis erledigt hat (vgl. Zöller-Vollkommer, § 91a Rn. 43 ff.). Das Begehren, die Erledigung der Hauptsache festzustellen, führt im Zivilprozess zu einer Veränderung des Streitgegenstands; nicht mehr der ursprüngliche Antrag des Klägers, sondern der Antrag, festzustellen, dass die Hauptsache sich erledigt hat, ist nunmehr Gegenstand der vom Gericht zu treffenden Entscheidung (BGH, NJW 1994, 2364). Entsprechendes gilt für das Insolvenzeröffnungsverfahren.

Da die Erfüllung nach der gesetzlichen Neuregelung den Eröffnungsantrag gerade nicht erledigt (erledigendes Ereignis ist nur eine Tatsache, die eine ursprünglich zulässige und begründete Klage nachträglich gegenstandslos, also unzulässig oder unbegründet macht, vgl. Zöller-Vollkommer, § 91a Rn. 3), sind der entsprechende Feststellungsantrag des Antragstellers zurückzuweisen und ihm gem. § 91 ZPO die Verfahrenskosten aufzuerlegen.

Erklärt der Schuldner das Antragsverfahren ebenfalls für erledigt oder wird seine Erledigungserklärung nach § 4 i.V.m. § 91a Abs. 1 Satz 2 ZPO fingiert, hat das Gericht nur noch eine Kostenentscheidung nach billigem Ermessen zu treffen, die im Fall des § 14 Abs. 1 Satz 2 jedoch ebenfalls zu Lasten des Gläubigers geht. Bei der Entscheidung nach § 91a ZPO hat das Gericht auch die näheren Umstände und die Motive, die zur Abgabe der Erledigungserklärung geführt haben, zu berücksichtigen (Zöller-Vollkommer, § 91a Rn. 24 m.w.N.). Erklärt der Antragsteller seinen Eröffnungsantrag wegen Erfüllung der Forderung für erledigt, obwohl er nach § 14 Abs. 1 Satz 2 gerade nicht unzulässig geworden ist, ist dies ein erhebliches Indiz für einen Druckantrag, der insolvenzwidrigen Zwecken dient und lediglich als Druckmittel gegenüber dem Schuldner eingesetzt wird, um diesen zur Befriedigung der Forderung zu bewegen (vgl. für § 14 Abs. 1 Satz 2 a.F. LG Köln, ZInsO 2016, 1997 ff. und bereits AG Hamburg, ZInsO 2011, 2092 ff.).

Eine Erledigungserklärung des Gläubigers nach Erfüllung der Forderung ohne Kostenbelastung für diesen kommt demnach nur in Betracht, wenn er kein rechtliches Interesse an der Verfahrenseröffnung mehr hat. Dies sollte er gegebenenfalls mit seiner Erledigungserklärung substantiiert vortragen. Ein Motiv hierfür könnte sein, dass der Gläubiger eine Verfahrenseröffnung in der Hoffnung, dass weitere Insolvenzanträge über das schuldnerische Vermögen zukünftig nicht gestellt werden, vermeiden will, um die erhaltene Leistung behalten zu können. Ihn trifft dann nach den unter Rdn. 53 dargestellten Grundsätzen insoweit die Darlegungslast. Ebenfalls erheblich wäre eine Erklärung des Schuldners, die Verfahrenskosten zu übernehmen.

IV. Kostenentscheidung

72 Im Falle der Eröffnung des Insolvenzverfahrens ergeht keine gesonderte Kostenentscheidung des Gerichts. Nach der Regelung des § 23 Abs. 1 GKG trägt der antragstellende Gläubiger die Verfahrensgebühr für das Eröffnungsverfahren (vgl. Nr. 2311 KV GKG), während im Übrigen der Schuldner die Kosten zu tragen hat, § 23 Abs. 3 GKG. Im Falle der Verfahrenseröffnung gehört die Verfahrensgebühr für den Eröffnungsantrag allerdings zu den Kosten des Insolvenzverfahrens nach § 54 Nr. 1, welche wiederum unter § 53 fallen (vgl. K.Schmidt-Thole § 54 Rn. 6).

Vgl. zu den gerichtlichen und außergerichtlichen Kosten ergänzend den im Anhang abgedruckten Auszug aus der Kommentierung zu § 13, dort Rn. 69 ff.

Im Falle der Abweisung oder Rücknahme des Eröffnungsantrags hat der antragstellende Gläubiger auch die Auslagen zu tragen, § 23 Abs. 1 Satz 2 InsO.

Wird der Eröffnungsantrag zurückgenommen, trägt der Antragsteller die Verfahrenskosten (Rdn. 69); für die Kostenentscheidung bei einer Erledigung des Antragsverfahrens ist auf die Ausführungen unter Rdn. 70 zu verweisen.

Wird der Eröffnungsantrag des Gläubigers als unzulässig oder unbegründet abgewiesen, trägt der Antragsteller nach § 4 i.V.m. § 91 Abs. 1 ZPO die Verfahrenskosten (FK-Schmerbach, § 13 Rn. 189; K.Schmidt-Gundlach, § 13 Rn. 42).

73 Bei einer Zurückweisung des Eröffnungsantrags als unbegründet trägt jedoch der Schuldner die Verfahrenskosten, wenn die Forderung des Gläubigers nach Antragstellung erfüllt wurde (Abs. 3). Um in diesem Fall auch eine etwaige subsidiäre Belastung des Gläubigers zu vermeiden, schließt **§ 23 Abs. 1 Satz 4 GKG** die **Zweitschuldnerhaftung** des Gläubigers aus.

Heftig umstritten waren bereits unter Geltung des § 14 Abs. 1 Satz 2 a.F. die Verfassungskonformität der Vorschrift sowie die Frage, ob durch sie Missbrauchsmöglichkeiten für Antragsteller eröffnet werden (vgl. AG Deggendorf, ZInsO 2011, 1801 – nachfolgend BVerfG, NZI 2013, 1000 [da der Vorlagebeschluss des Amtsgerichts nicht ausreichend begründet war, erfolgte eine Entscheidung des BVerfG in der Sache nicht], die Auffassung des AG Deggendorf kritisierend Kollbach, ZInsO 2011, 2154; Marotzke, DB 2012, 617, 618 und ZInsO 2010, 2163, 2168; Pape, ZInsO 2011, 2154, 2158, 2163). Die Kostenregelung des § 14 Abs. 3 ist nicht an die Änderung des § 14 Abs. 1 Satz 2 angepasst worden, was zu Inkonsistenzen bei der Kostenentscheidung führt. So greift § 14 Abs. 3 (nur) ein, wenn die dem Antrag zu Grunde liegende Forderung erfüllt wird; damit wird aber derjenige Schuldner, der die Forderung bis zum Ende des Antragsverfahrens (welches letztendlich als unbegründet abgewiesen wird) nicht begleicht, gegenüber dem zahlenden Schuldner (der durch die Zahlung seine Vertragstreue zum Ausdruck bringt) unzulässigerweise privilegiert. Zudem trifft den antragstellenden Gläubiger keine Zweitschuldnerhaftung, so dass die Staatskasse die anfallenden Verfahrenskosten zu tragen hat, wenn diese nicht vom Schuldner beigetrieben werden können (vgl. hierzu Marotzke, ZInsO 2015, 2397 und Laroche, ZInsO 2015, 2511). Abhilfe kann nur de lege ferenda durch den Gesetzgeber geschaffen werden.

C. Verfahrensfragen

I. Rechtsmittel

74 Die »Zulassung« des Insolvenzantrages (s. Rdn. 57) ist nicht anfechtbar. Die Abweisung des Insolvenzantrages als unzulässig wegen fehlender Antragsvoraussetzungen ist gem. § 34 mit der **sofortigen Beschwerde** anfechtbar, da mit dieser Entscheidung bereits auf der Ebene der Zulässigkeit über den Antrag auf Eröffnung des Insolvenzverfahrens entschieden wird.

Bei einseitiger Erledigungserklärung ist gegen die feststellende oder abweisende Entscheidung das insolvenzrechtliche Rechtsmittel der sofortigen Beschwerde – bei Feststellung gem. §§ 6, 34 Abs. 2, bei Abweisung gem. §§ 6, 34 Abs. 1 – gegeben (BGH, ZInsO 2008, 1206). Bei übereinstimmender Erledigungserklärung ist gegen die nur noch zu treffende Kostenentscheidung das zivilprozessuale Rechtsmittel der sofortigen Beschwerde nach § 4 InsO, § 91a Abs. 2 ZPO gegeben (BGH a.a.O.).

Mangels Regelung in der InsO, vgl. § 6, hat der Schuldner kein Rechtsmittel gegen eine auf § 14 Abs. 3 gestützte Kostenentscheidung zu seinen Lasten, während dem Gläubiger (der zwar nicht durch die Kostenentscheidung, wohl aber durch die Zurückweisung seines Eröffnungsantrags als unbegründet beschwert ist) nach § 34 InsO das Rechtsmittel der sofortigen Beschwerde eröffnet ist. De lege ferenda ist dieser Wertungswiderspruch – insbesondere vor dem Hintergrund des strittigen Anwendungsbereiches der Vorschrift des § 14 Abs. 3 – zu beheben und auch dem Schuldner ein Rechtsmittel zuzugestehen.

Eine **Aussetzung** des grds. eilbedürftigen Insolvenzantragsverfahrens ist nicht zulässig (BGH, ZInsO 2007, 604; NZI 2006, 642; s. Rdn. 43). 75

II. Wertfestsetzung

Gem. § 58 Abs. 2 GKG bestimmt sich der Gebührenwert für das auf einen Gläubigerantrag hin eingeleitete Antragsverfahren grundsätzlich nach dem Wert der dem Antrag zu Grunde liegenden Forderung, es sei denn, der Wert der Insolvenzmasse ist geringer. In diesem Fall ist der niedrigere Wert der Insolvenzmasse maßgeblich. Dabei ist der Begriff des »Wertes der Insolvenzmasse« gleich zu verstehen wie in § 58 Abs. 1 GKG, so dass Gegenstände, die zur abgesonderten Befriedigung dienen, nur in Höhe des für diese nicht erforderlichen Betrages angesetzt werden (KG Berlin, ZInsO 2013, 1541). Diese gilt auch für den Fall, dass der absonderungsberechtigte Gläubiger selbst den Eröffnungsantrag stellt (AG Osnabrück, JurBüro 2013, 647 f.; a.A. AG Itzehoe, Beschluss vom 31.01.2013, Az. 28 IE 4/12 H, zitiert nach juris). 76

Bei einer Abweisung des Gläubigerantrags mangels Masse wird durch den nach § 5 Abs. 1 bestellten Sachverständigen regelmäßig der Wert der Masse ermittelt sein, so dass ein Vergleich mit dem Betrag der Gläubigerforderung und sodann eine Wertfestsetzung unschwer möglich ist. Wird der Eröffnungsantrag bereits vor Bestellung eines Sachverständigen oder eines vorläufigen Insolvenzverwalters für erledigt erklärt oder zurückgenommen, kann das Gericht bei seiner Entscheidung jedoch nicht auf Erkenntnisse zum Bestand der (fiktiven) Insolvenzmasse bei Verfahrensbeendigung zurückgreifen (anders der der Entscheidung des AG Osnabrück, JurBüro 2013, 647 f. zu Grunde liegende Sachverhalt, wo der Insolvenzantrag in einem fortgeschrittenen Verfahrensstadium zurückgenommen wurde und der vorläufige Insolvenzverwalter sich bereits ausführlich mit der überwiegenden Zahl der Wertgegenstände befasst hatte, so dass das Gericht eine Schätzung vornehmen konnte).

Z.T. wird vertreten, dass in diesen Fällen lediglich die Mindestgebühr von EUR 180,00 nach Nr. 2311 KV GKG zu berechnen ist (Hartmann, § 58 GKG Rn. 8 m.w.N., für den Fall der Antragsrücknahme auch LG Frankenthal, Beschluss vom 9.03.2009, Az. 1 T 54/09, zitiert nach juris). Vorzugswürdig erscheint es, in Ermangelung anderer Erkenntnisse der Festsetzung des Gegenstandswerts den Wert der Gläubigerforderung zu Grunde zu legen (LG Krefeld, RPfl 1983, 332 und LG Mainz, RPfl 1986, 110, jeweils zu § 37 Abs. 4 GKG). Für einen Rückgriff auf die Mindestgebühr gibt der Gesetzeswortlaut nichts her.

Anhang

Anhang:

Auszug aus Hamburger Kommentar zum Insolvenzrecht, 6. Auflage:

§ 13 InsO Rn. 69 – 86

IV. Kosten des Eröffnungsverfahrens

1. Gerichtskosten

69 Die gerichtlichen Kosten (Gebühren und Auslagen) werden nach dem GKG erhoben (§ 1 Nr. 1d GKG). Ihre Zahlung ist nicht Voraussetzung für das Betreiben des Verfahrens; insb. dürfen amtswegige Ermittlungen, wie z.B. die Beauftragung eines Sachverständigen, nicht von ihrer Zahlung abhängig gemacht werden (§§ 10 ff. GKG).

a) Gebühren

70 Gemäß Nr. 2310 f. KV GKG beträgt sowohl für den Schuldner- als auch den Gläubigerantrag die Gerichtsgebühr 0,5 der Wertgebühr (§§ 2, 34 GKG); bei einem Gläubigerantrag allerdings mindestens 150,00 € (Nr. 2311 KV GKG). Die Höhe der Wertgebühr richtet sich bei einem Schuldnerantrag nach dem Wert der Insolvenzmasse (§ 58 Abs. 1 GKG), bei einem Gläubigerantrag nach dem Betrag seiner Forderung – ohne Nebenforderungen (§ 43 GKG) –, es sei denn, die Insolvenzmasse ist geringer (§ 58 Abs. 2 GKG). Die Gebühr wird mit der Antragstellung fällig (§ 6 Abs. 1 Nr. 2 GKG).

b) Auslagen

71 Zu den Auslagen gehören zunächst Zustellungskosten, soweit Auslagen für mehr als zehn Zustellungen anfallen (Nr. 9002 KV GKG), und Veröffentlichungskosten, deren Erhebung sich nach Nr. 9004 KV GKG richtet.

72 Daneben gehören zu den Auslagen auch die Vergütung eines gem. § 5 gerichtlich beauftragten Sachverständigen (§§ 8 ff. JVEG) sowie die Entschädigung von Zeugen (§§ 19 ff. JVEG).

73 Die Vergütung des vorläufigen Insolvenzverwalters gehört nicht zu den gerichtlichen Auslagen (auch keine Ausfallhaftung des Staates: BGH, ZInsO 2004, 336). Sind jedoch dem Schuldner die Kosten für das Insolvenzverfahren gestundet (§ 4a), gehören die Kosten einer vorläufigen Insolvenzverwaltung zu den Auslagen; diese sind jedoch der Staatskasse ggü. nur vom Schuldner zu erstatten (§ 23 Abs. 1 Satz 3 GKG i.V.m. Nr. 9017 KV GKG).

2. Außergerichtliche Kosten

74 An außergerichtlichen Kosten können im Eröffnungsverfahren insb. die Gebühren eines Rechtsanwalts anfallen.

75 Bei Mandatierung durch den Schuldner entsteht eine 1,0 Verfahrensgebühr (Nr. 3313 VV RVG) nach § 13 RVG; gem. § 28 Abs. 1 RVG richtet sich der für die Berechnung maßgebliche Gegenstandswert nach dem Wert der Insolvenzmasse (§ 58 GKG), er beträgt jedoch mindestens 4.000,00 €.

76 Bei Auftragserteilung durch einen Gläubiger entsteht eine 0,5 Verfahrensgebühr (Nr. 3314 VV RVG) nach § 13 RVG; gem. § 28 Abs. 2 RVG richtet sich der für die Berechnung maßgebliche Gegenstandswert nach dem Nennwert der Insolvenzmasse nebst Nebenforderungen.

3. Kostenschuldner

a) Gerichtskosten

Kostenschuldner ist zunächst der Antragsteller des Insolvenzantrages hinsichtl. der Gerichtsgebühr (§ 23 Abs. 1 Satz 1 GKG), bei einer Rücknahme oder Abweisung des Antrags auch der Auslagen mit Ausnahme der bei einer Stundung der Verfahrenskosten als Auslagen entstehenden Kosten eines vorläufigen Insolvenzverwalters (§ 23 Abs. 1 Satz 3 GKG i.V.m. Nr. 9017 KV GKG). 77

Bei mehreren anhängigen Antragsverfahren sind die einheitlich für die Verfahren entstandenen Auslagen (Sachverständigenkosten) auf die verschiedenen Verfahren aufzuteilen Es ist nicht erforderlich, dass für jedes Verfahren eine ausdrückliche Bestellung zum Sachverständigen erfolgt ist (FK-Schmerbach § 13 Rn. 77; **a.A.** Jaeger-Gerhardt § 13 Rn. 65). Den übrigen Antragstellern ist lediglich die Sachverständigenbestellung mitzuteilen. Die Aufteilung geschieht nach Kopfteilen mit gesamtschuldnerischer Haftung der weiteren Antragsteller gem. § 31 Abs. 1 GKG (FK-Schmerbach a.a.O.; Jaeger-Gerhardt a.a.O.). 78

Sofern eine gerichtliche Kostenentscheidung erfolgt ist, haftet vorrangig als Erstschuldner der Beteiligte, dem die Kosten auferlegt sind, während der Antragsteller nur als Zweitschuldner haftet (§§ 29 Nr. 1, 31 GKG), es sei denn, das Antragsverfahren war gem. § 14 Abs. 1 Satz 2 fortgeführt und als unbegründet mit der Kostenfolge des § 14 Abs. 3 abgewiesen worden (§ 23 Abs. 1 Satz 4 GKG). 79

Streitig ist, ob eine **Zweitschuldnerhaftung für gerichtliche Auslagen** dann besteht, wenn **bei einer Erledigungserklärung** des antragstellenden Gläubigers die Kosten dem Schuldner auferlegt sind, da der Antragsteller nach § 23 Abs. 1 Satz 2 GKG nur dann Kostenschuldner der Auslagen ist, wenn der Antrag abgewiesen wird oder er den Antrag zurücknimmt (gegen eine Haftung: OLG Hamburg, Beschl. v. 21.03.2007 – 8 W 49/07, n.v.; OLG Köln, ZInsO 2007, 610; ZInsO 2006, 46; OLG Düsseldorf, NZI 2006, 708; KPB-Pape § 13 Rn. 131a; HK-Sternal § 14 Rn. 63; FK-Schmerbach § 13 Rn. 125, 127; für eine Haftung: AG Paderborn, JurBüro 1992, 468; AG Frankfurt am Main, ZVI 2003, 615; LG Dresden, ZInsO 2005, 947; AG Düsseldorf, ZInsO 2006, 1116; MK-Schmahl/Vuia § 13 Rn. 161). 80

Für eine Zweitschuldnerhaftung spricht, dass eine Erledigungserklärung kostenrechtlich einer Rücknahme des Insolvenzantrags gem. § 23 Abs. 1 Satz 2 GKG entspricht. Denn sowohl die übereinstimmende als auch – entgegen der vergleichbaren Lage im Erkenntnisverfahren – die einseitige Erledigungserklärung des Insolvenzantrags hindern eine weitere Sachaufklärung, ob der Insolvenzantrag begründet war (BGH, ZInsO 2005, 39; ZInsO 2008, 1206). Es ist nur auf die Zulässigkeit des Insolvenzantrages und gerade nicht auf einen voraussichtlichen oder – bei einseitiger Erledigungserklärung – noch aufzuklärenden Ausgang des Insolvenzverfahrens abzustellen (BGH a.a.O.; **a.A.** LG Frankenthal, ZInsO 2002, 497, 498; LG Göttingen, ZInsO 2004, 819, 820 a.E.). Zudem hätte es der Antragsteller ansonsten kostenrechtlich allein zulasten der Staatskasse in der Hand, seinen weiterhin zulässigen Insolvenzantrag bei einer drohenden Abweisung mangels Masse (§ 26) für erledigt zu erklären, um seiner anderenfalls bestehenden Haftung als Zweitschuldner zu entgehen (unklar AG Göttingen ZInsO 2004, 632: auch bei einer Abweisung mangels Masse mit einer Kostenentscheidung zulasten des Schuldners besteht nach § 23 Abs. 1 Satz 2 GKG die Zweithaftung des Antragstellers; ihm brauchen für seine Haftung nicht die Kosten auferlegt zu werden). 81

Bei Eröffnung des Insolvenzverfahrens sind die Gerichtskosten und Kosten der vorläufigen Insolvenzverwaltung Massekosten (§§ 53 f.). Die Kosten eines für erledigt erklärten Gläubigerantrags sind in einem nachfolgenden Verfahren Insolvenzforderung und rechnen nicht zu den Kosten nach §§ 54, 55 InsO (BGH, ZInsO 2015, 1846). 82

b) Außergerichtliche Kosten

Ergeht im Eröffnungsverfahren eine Kostenentscheidung, so erfasst diese nicht nur die Gerichtskosten, sondern im Hinblick auf § 54 Nr. 2 neben den weiteren zur Rechtsverfolgung oder Rechtsverteidigung notwendigen Kosten (§ 4, § 91 ZPO) auch die Vergütung und Auslagen eines etwaigen 83

vorläufigen Insolvenzverwalters (AG Hamburg, ZInsO 2001, 1121, 1122; **a.A.** HK-Sternal § 14 Rn. 63; MK-Schmahl/Vuia § 13 Rn. 169; BGH, ZInsO 2008, 151; ZInsO 2010, 107, Festsetzung aber durch das Insolvenzgericht, § 26a; FK-Schmerbach § 13 Rn. 132 ff.).

84 Die Gegenansicht würdigt nicht ausreichend, dass der Gläubiger das Insolvenzeröffnungsverfahren mit seinem Insolvenzantrag eingeleitet hat und die Bestellung eines vorläufigen Insolvenzverwalters allein zur Vermeidung einer den Gläubigern nachteiligen Veränderung der Vermögenslage erforderlich war. Die Verpflichtung des vorläufigen Insolvenzverwalters mit Verfügungsbefugnis (§ 21 Abs. 2 Nr. 1 Halbs. 1), vor Aufhebung seiner Bestellung zunächst die entstandenen Kosten und damit neben den Verfahrenskosten (§ 54 Nr. 1) auch seine eigenen Kosten (§ 54 Nr. 2) aus dem von ihm verwalteten (Schuldner-)Vermögen zu berichtigen (§ 25 Abs. 2), steht dem nicht entgegen (BGH, ZInsO 2008, 151). Zum einen trifft diese Verpflichtung nur den »starken« und nicht auch den »schwachen« vorläufigen Insolvenzverwalter (Verfügungsbeschränkung lediglich mit Zustimmungsvorbehalt § 21 Abs. 2 Nr. 2 Halbs. 2). Zum anderen ist weder Inhalt noch weitere Rechtsfolge dieser den »starken« Verwalter treffenden Verpflichtung, dass der Schuldner hinsichtl. dieser Kosten allein auf die Geltendmachung eines etwaigen Schadensersatzanspruchs gegen den Gläubiger zu verweisen ist. Dies wird dadurch deutlich, dass § 25 Abs. 2 Satz 1 nicht zwischen den in § 54 als Kosten des Insolvenzverfahrens bestimmten Gerichtskosten (§ 54 Nr. 1) und der Vergütung des vorläufigen Insolvenzverwalters (§ 54 Nr. 2) differenziert. So hat der »starke« vorläufige Insolvenzverwalter auch die Gerichtskosten zu berichtigen, selbst wenn diese mit der gerichtlichen Kostenentscheidung dem Gläubiger auferlegt sind oder auferlegt werden.

85 Eine gerichtliche Kostenentscheidung, die dem Gläubiger die Kosten des Verfahrens auferlegt, hat daher im Hinblick auf § 4, §§ 91, 91a, 103 ff. ZPO die Folge, dass der Schuldner die ihm durch das Insolvenzantragsverfahren entstandenen Kosten und damit auch die gegen ihn nach § 26a festgesetzte Vergütung eines vorläufigen Insolvenzverwalters (vergleichbar mit der Festsetzung der Vergütung gegen den eigenen Mandanten gem. § 11 RVG) gegen den Gläubiger zur Erstattung festsetzen lassen kann (**a.A.** BGH, ZInsO 2008, 151, 152); eines ausdrücklichen Ausspruchs in der Kostenentscheidung zu dieser Kostenfolge bedarf es nicht, mag zur Klarstellung jedoch dienlich sein. Darauf, dass es sich bei den Kosten des vorläufigen Insolvenzverwalters zutreffend nicht um gerichtliche Auslagen i.S.d. Nr. 9007 KV GKG handelt, ist für die Kostenfestsetzung des Schuldners ggü. dem Gläubiger nach §§ 4 InsO, 103 ff. ZPO unerheblich. Da der vorläufige Insolvenzverwalter seine gem. § 26a festgesetzte Vergütung nur ggü. dem Schuldner geltend machen kann, besteht, sofern der Schuldner nicht zahlt, für den vorläufigen Insolvenzverwalter die Möglichkeit, sich den Erstattungsanspruch des Schuldners gegen den Gläubiger abtreten oder ihn pfänden und sich überweisen zu lassen.

C. Verfahrensfragen

86 Bei Abweisung des Insolvenzantrages als unzulässig oder unbegründet (Fehlen eines Eröffnungsgrundes) ist das insolvenzrechtliche Rechtsmittel der **sofortigen Beschwerde** eröffnet (§§ 34 Abs. 1 Satz 1 Halbs. 2, 6).

§ 15 Antragsrecht bei juristischen Personen und Gesellschaften ohne Rechtspersönlichkeit

(1) ¹Zum Antrag auf Eröffnung eines Insolvenzverfahrens über das Vermögen einer juristischen Person oder einer Gesellschaft ohne Rechtspersönlichkeit ist außer den Gläubigern jedes Mitglied des Vertretungsorgans, bei einer Gesellschaft ohne Rechtspersönlichkeit oder bei einer Kommanditgesellschaft auf Aktien jeder persönlich haftende Gesellschafter, sowie jeder Abwickler berechtigt. ²Bei einer juristischen Person ist im Fall der Führungslosigkeit auch jeder Gesellschafter, bei einer Aktiengesellschaft oder einer Genossenschaft zudem auch jedes Mitglied des Aufsichtsrats zur Antragstellung berechtigt.

(2) ¹Wird der Antrag nicht von allen Mitgliedern des Vertretungsorgans, allen persönlich haftenden Gesellschaftern, allen Gesellschaftern der juristischen Person, allen Mitgliedern des Aufsichtsrats oder allen Abwicklern gestellt, so ist er zulässig, wenn der Eröffnungsgrund glaubhaft gemacht wird. ²Zusätzlich ist bei Antragstellung durch Gesellschafter einer juristischen Person oder Mitglieder des Aufsichtsrats auch die Führungslosigkeit glaubhaft zu machen. ³Das Insolvenzgericht hat die übrigen Mitglieder des Vertretungsorgans, persönlich haftenden Gesellschafter, Gesellschafter der juristischen Person, Mitglieder des Aufsichtsrats oder Abwickler zu hören.

(3) ¹Ist bei einer Gesellschaft ohne Rechtspersönlichkeit kein persönlich haftender Gesellschafter eine natürliche Person, so gelten die Absätze 1 und 2 entsprechend für die organschaftlichen Vertreter und die Abwickler der zur Vertretung der Gesellschaft ermächtigten Gesellschafter. ²Entsprechendes gilt, wenn sich die Verbindung von Gesellschaften in dieser Art fortsetzt.

§ 15a Antragspflicht bei juristischen Personen und Gesellschaften ohne Rechtspersönlichkeit

(1) ¹Wird eine juristische Person zahlungsunfähig oder überschuldet, haben die Mitglieder des Vertretungsorgans oder die Abwickler ohne schuldhaftes Zögern, spätestens aber drei Wochen nach Eintritt der Zahlungsunfähigkeit oder Überschuldung, einen Eröffnungsantrag zu stellen. ²Das Gleiche gilt für die organschaftlichen Vertreter der zur Vertretung der Gesellschaft ermächtigten Gesellschafter oder die Abwickler bei einer Gesellschaft ohne Rechtspersönlichkeit, bei der kein persönlich haftender Gesellschafter eine natürliche Person ist; dies gilt nicht, wenn zu den persönlich haftenden Gesellschaftern eine andere Gesellschaft gehört, bei der ein persönlich haftender Gesellschafter eine natürliche Person ist.

(2) Bei einer Gesellschaft im Sinne des Absatzes 1 Satz 2 gilt Absatz 1 sinngemäß, wenn die organschaftlichen Vertreter der zur Vertretung der Gesellschaft ermächtigten Gesellschafter ihrerseits Gesellschaften sind, bei denen kein persönlich haftender Gesellschafter eine natürliche Person ist, oder sich die Verbindung von Gesellschaften in dieser Art fortsetzt.

(3) Im Fall der Führungslosigkeit einer Gesellschaft mit beschränkter Haftung ist auch jeder Gesellschafter, im Fall der Führungslosigkeit einer Aktiengesellschaft oder einer Genossenschaft ist auch jedes Mitglied des Aufsichtsrats zur Stellung des Antrags verpflichtet, es sei denn, diese Person hat von der Zahlungsunfähigkeit und der Überschuldung oder der Führungslosigkeit keine Kenntnis.

(4) Mit Freiheitsstrafe bis zu drei Jahren oder mit Geldstrafe wird bestraft, wer entgegen Absatz 1 Satz 1, auch in Verbindung mit Satz 2 oder Absatz 2 oder Absatz 3, einen Eröffnungsantrag
1. nicht oder nicht rechtzeitig stellt oder
2. nicht richtig stellt.

(5) Handelt der Täter in den Fällen des Absatzes 4 fahrlässig, ist die Strafe Freiheitsstrafe bis zu einem Jahr oder Geldstrafe.

(6) Im Falle des Absatzes 4 Nummer 2, auch in Verbindung mit Absatz 5, ist die Tat nur strafbar, wenn der Eröffnungsantrag rechtskräftig als unzulässig zurückgewiesen wurde.

(7) Auf Vereine und Stiftungen, für die § 42 Absatz 2 des Bürgerlichen Gesetzbuchs gilt, sind die Absätze 1 bis 6 nicht anzuwenden.

1   Die Vorschrift ist durch das »Gesetz zur Durchführung der Verordnung (EU) 2015/848 über Insolvenzverfahren« vom 26.04.2017 geändert worden und **am 26.06.2017 in Kraft getreten**. Sie gilt für alle Verfahren, die ab diesem Tag beantragt werden, und darüber hinaus auch für die Verfahren, die zu diesem Zeitpunkt bereits beantragt sind, sofern über den Eröffnungsantrag noch nicht rechtskräftig entschieden ist. Neu eingefügt wurde § 15a Abs. 6 n.F. Die Änderungen in § 15a betreffen, ebenso wie die in § 13, die Voraussetzungen, unter denen ein unrichtig gestellter Antrag zur Strafbarkeit führt.

2   **Strafbarkeit des unrichtigen Eröffnungsantrages.** Mit den Änderungen des § 15a soll sichergestellt werden, dass das Stellen eines unrichtigen Eröffnungsantrags unabhängig davon strafbar sein kann, ob dem Antragsteller der gerichtliche Hinweis im Sinne von § 13 Abs. 3 (siehe dazu die Kommentierung zu § 13) zugestellt worden ist oder der Antragsteller auf sonstige Weise von diesem Kenntnis erlangt. Die Strafbarkeit wird allerdings an die objektive Bedingung geknüpft, dass das Gericht den Antrag als unzulässig zurückweist (§ 15a Abs. 6). Sie kann deshalb nur dann eintreten, wenn der Antragsteller es versäumt, auf den gerichtlichen Hinweis hin den Antrag binnen der vom Gericht gesetzten Frist nachzubessern oder wenn die entsprechende Nachbesserung nicht zur Zulässigkeit des Eröffnungsantrags führt, die Möglichkeit zur Antragsberichtigung folglich ungenutzt bleibt.

3   Die in § 15a Abs. 6 n.F. normierte **objektive Bedingung der Strafbarkeit** lässt den Tatbestand jedoch erst mit rechtskräftiger **Zurückweisung eines Eröffnungsantrags wegen Unzulässigkeit** eingreifen. Damit beschränkt § 15a Abs. 6 die Strafbarkeit wegen eines nicht richtig gestellten Eröffnungsantrags auf die Fälle, in denen der Mangel des Antrags eine Zulässigkeitsvoraussetzung betrifft. Zugleich wird klargestellt, dass der unzulässige Eröffnungsantrag unter Strafe steht, weil es sich bei diesem nicht um einen Antrag handelt, der die strafbewehrte Insolvenzantragspflicht erfüllt. **Straffrei** ist der antragspflichtige Schuldner dann, wenn das Insolvenzgericht den ursprünglich unzulässigen Antrag zulässt, etwa weil ihm die im Antrag nicht angegebenen Tatsachen auf andere Weise bekannt werden.

§ 129 Grundsatz

(1) Rechtshandlungen, die vor der Eröffnung des Insolvenzverfahrens vorgenommen worden sind und die Insolvenzgläubiger benachteiligen, kann der Insolvenzverwalter nach Maßgabe der §§ 130 bis 146 anfechten.

(2) Eine Unterlassung steht einer Rechtshandlung gleich.

Übersicht	Rdn.
A. Norminhalt	1
I. Rechtshandlung	2
1. Begriff	3
a) Positives Tun	4
aa) Allgemeines	4
bb) Willenserklärung	5
cc) Rechtsgeschäftsähnliche Handlungen	11
dd) Realakte	12
ee) Prozesshandlungen	13
ff) Unwirksame Rechtshandlungen	14
b) Unterlassungen (Abs. 2)	17
2. Handelnder	21
3. Mittelbare Zuwendungen	33
4. Zeitpunkt	41
II. Gläubigerbenachteiligung	42
1. Allgemeines	42
2. Beeinträchtigung der Befriedigungsaussicht der Insolvenzgläubiger	45
3. Arten der Gläubigerbenachteiligung	82
a) Unmittelbar	83
b) Mittelbar	88
III. Kausalität	90
B. Verfahrensfragen	94
I. Prüfung jeder einzelnen Rechtshandlung	94
II. Darlegungs- und Beweislast	97

A. Norminhalt

§ 129 regelt diejenigen tatbestandlichen Voraussetzungen, die in jedem Fall für eine Anfechtbarkeit erfüllt sein müssen. Die Vorschrift ist durch das Gesetz zur Verbesserung der Rechtssicherheit bei Anfechtungen nach der Insolvenzordnung und nach dem Anfechtungsgesetz vom 29.03.2017 (BGBl. I 2017, 654) **nicht** geändert worden. 1

I. Rechtshandlung

Voraussetzung jeder Insolvenzanfechtung ist das Vorliegen einer Rechtshandlung (zur – insoweit gleichgestellten – Unterlassung [Abs. 2] vgl. Rdn. 17). Einzelne Anfechtungstatbestände enthalten Einschränkungen hinsichtl. der Art der Rechtshandlung (z.B. § 134 Abs. 1) oder der Person des Handelnden (z.B. § 133 Abs. 1). 2

1. Begriff

Eine **Rechtshandlung** im Sinne der Vorschrift ist jedes von einem Willen getragene Handeln, das rechtliche Wirkungen auslöst und das schuldnerische Vermögen zum Nachteil der Gläubiger verändern kann (BGH, ZInsO 2012, 241). Der Begriff ist bewusst weit gefasst, um jede rechtlich erhebliche Handlung erfassen zu können (BGH a.a.O.). Auch lediglich mitwirkende Willensbetätigungen können eine Anfechtbarkeit begründen (BGH, ZInsO 2015, 2180). Die bloße Erfüllung rechtsfolgenauslösender gesetzlicher Tatbestandsmerkmale – sei diese auch u.a. durch Rechtshandlungen verursacht – reicht demgegenüber nicht aus (BFH, ZInsO 2009, 159 zur umsatzsteuerrelevanten Uneinbringlichkeit von Entgelten). 3

Mehrere Rechtshandlungen sind anfechtungsrechtlich stets auch dann jeweils selbstständig zu betrachten, wenn sie gleichzeitig vorgenommen (§ 140) worden sind und/oder sich wirtschaftlich ergänzen (BGH, ZInsO 2010, 711).

a) Positives Tun

aa) Allgemeines

4 Rechtshandlungen sind zunächst **Willenserklärungen** als Bestandteile von Rechtsgeschäften aller Art, ferner **rechtsgeschäftsähnliche Handlungen** (Uhlenbruck-Hirte/Ede, § 129 Rn. 109), d.h. auf einen tatsächlichen Erfolg gerichtete Erklärungen, deren Rechtsfolgen kraft Gesetzes eintreten (Palandt-Ellenberger, BGB, Überbl. v. § 104 Rn. 6), z.B. Mahnungen. Erfasst sind des Weiteren Realakte, soweit sie rechtliche Wirkungen entfalten wie Verbindung, Vermischung, Verarbeitung (§§ 946 ff. BGB) oder Verwendungen auf eine Sache. **Nicht erfasst** sind rein tatsächlich wirkende Maßnahmen.

Das Erfordernis, jede Handlung selbstständig auf ihre Anfechtbarkeit zu prüfen, gilt auch für die Anfechtung von Grund- und Erfüllungsgeschäft. Auch **mehrseitige Rechtsgeschäfte**, wie der Abschluss und die Änderung von Gesellschaftsverträgen oder die von Gesellschaftsorganen einschließlich der Hauptversammlung gefassten Beschlüsse, kommen als anfechtbare Rechtshandlungen in Betracht.

bb) Willenserklärung

5 Erfasst sind vor allem **verpflichtende und verfügende Rechtsgeschäfte** jeder Art, d.h. Rechtshandlungen, die aus einer oder mehreren Willenserklärungen bestehen, die allein oder i.V.m. anderen Tatbestandsmerkmalen Rechtsfolgen herbeiführen, weil sie gewollt sind (Palandt-Ellenberger, BGB, Überbl. v. § 104 Rn. 2).

6 Neben expliziten Willenserklärungen sind grds. auch **stillschweigende Willenserklärungen** – solche durch schlüssiges Verhalten oder bloßes Schweigen mit Erklärungswirkung (vgl. zur Differenzierung: Palandt-Ellenberger, BGB, Einf. v. § 116 Rn. 6 ff.) – als Rechtshandlungen i.S.d. Abs. 1 zu verstehen. Bei der konkludenten Willenserklärung – bspw. der Inanspruchnahme einer entgeltlich angebotenen Leistung – liegt die anzufechtende Rechtshandlung i.S.d. Abs. 1 eben in der an die Stelle der Willenserklärung tretenden Rechtshandlung, welche den Schluss auf einen bestimmten Rechtsfolgewillen zulässt.

7 Da bloßes **Schweigen** i.d.R. keine Willenserklärung ist, muss für das Vorliegen einer Rechtshandlung, dem Schweigen objektiv Erklärungswert zukommen, so z.B. bei ausdrücklicher gesetzlicher Anordnung (Schweigen als Genehmigung/Annahme in §§ 362 Abs. 1, 377 Abs. 2 HGB) oder vertraglicher Vereinbarung (bspw. AGB der Banken/Sparkassen). Es handelt sich hierbei um sog. **fingierte Willenserklärungen**, da das Schweigen in seinen gewollten Rechtswirkungen einer expliziten Willenserklärung gleichsteht (Palandt-Ellenberger, BGB, Einf. v. § 116 Rn. 6 ff.). Bei diesen Fällen der stillschweigenden Willenserklärung handelt es sich trotz des Umstandes, dass der Erklärungswert gerade im Unterlassen einer expliziten Willenserklärung liegt, um Rechtshandlungen i.S.d. Abs. 1 (so auch OLG Karlsruhe, ZIP 2007, 286), nicht um Unterlassungen i.S.d. Abs. 2 (vgl. Rdn. 17; zu den unterschiedlichen Rechtsfolgen vgl. § 143 Rdn. 50). Wenn bei der gebotenen weiten Auslegung des Begriffs Rechtshandlung stillschweigende Willenserklärungen ausgenommen würden, wäre den in der Praxis vorkommenden vertraglichen Gestaltungsformen und den einschlägigen Vorschriften im Hinblick auf einen effektiven Gläubigerschutz nicht genügend Rechnung getragen.

8 Grds. kann auch die Vereinbarung eines vor Verfahrenseröffnung erarbeiteten Sozialplans eine anfechtbare Rechtshandlung darstellen (K. Schmidt-Schmidt § 129 Rn. 18). Für einen innerhalb der letzten 3 Monate vor dem Eröffnungsantrag aufgestellten Sozialplan besteht neben dem Widerruf gem. § 124 Abs. 1 die Möglichkeit einer Anfechtung nach Maßgabe der §§ 130 bis 132. § 124 Abs. 3 Satz 1 schließt die Rückforderung von an Arbeitnehmer aufgrund eines widerrufenen Sozialplans erbrachter Leistungen lediglich »wegen des Widerrufs« aus, die Möglichkeit einer Anfechtung sollte dadurch nicht ausgeschlossen werden (Begr. RegE zu § 124, BT-Drucks. 12/2443 S. 155).

Eine Anfechtung ist daher auch bei einem früher als 3 Monate vor Antragstellung aufgestellten Sozialplan möglich, wenn also ein Widerruf gem. § 124 Abs. 1 nicht mehr in Betracht kommt.

Gem. § 96 Abs. 1 Nr. 3 ist eine **Aufrechnung** – ebenso eine **Verrechnung** (BGH, ZInsO 2008, 801) – unzulässig, wenn ein Insolvenzgläubiger die Möglichkeit der Aufrechnung durch eine anfechtbare Rechtshandlung erlangt hat. Da die Aufrechnung keine Wirkung entfaltet, kann der Insolvenzverwalter unmittelbar den ursprünglichen Leistungsanspruch des Schuldners geltend machen und ist nicht auf den Rückgewähranspruch aus § 143 verwiesen. Grds. findet in solchen Fällen eine Anfechtung nicht statt (BGH, ZInsO 2008, 913): vielmehr setzt der Insolvenzverwalter die Ansprüche der Insolvenzmasse unter Geltendmachung der Anfechtbarkeit der Aufrechnung unmittelbar durch (BGH, ZInsO 2016, 94). 9

Die Annahme oder **Ausschlagung** einer dem Schuldner vor oder nach Eröffnung des Insolvenzverfahrens angefallenen **Erbschaft** steht gem. § 83 Abs. 1 Satz 1 nur dem Schuldner zu. Aus dieser alleinigen persönlichen Entscheidungsmacht des Schuldners folgt, dass eine Anfechtung der Annahme/Ausschlagung der Erbschaft selbst dann nicht in Betracht kommt, wenn sie mit Gläubigerbenachteiligungsvorsatz erfolgte (BGHZ 160, 1 = ZInsO 2006, 635). Gleiches gilt für das **Vermächtnis**. Ebenfalls unanfechtbar sind der **Erbverzicht** gem. §§ 2346 ff. BGB (BGH a.a.O.) sowie der (teilweise) Verzicht auf einen bereits angefallenen **Pflichtteil** vor Eintritt der Pfändungsvoraussetzungen des § 852 ZPO (BGH a.a.O.) oder die einvernehmliche Aufhebung eines den Schuldner begünstigenden Erbvertrages (BGH, ZInsO 2013, 243). Gleiches gilt im Hinblick auf § 83 Abs. 1 Satz 2 für die Ablehnung der **fortgesetzten Gütergemeinschaft**. 10

cc) Rechtsgeschäftsähnliche Handlungen

Rechtsgeschäftsähnliche Handlungen z.B. **Kündigungen** (BGH, ZInsO 2013, 1143), die seitens eines Kreditinstituts zur Sicherstellung seines Pfandrechtsverwertungsanspruchs ausgebrachte Verfügungssperre bzgl. Kontoguthaben des Schuldners (»**Kontosperre**«) (BGH, ZInsO 2004, 342), Mahnungen, Mängelrügen, Abtretungsanzeigen, Verjährungseinredeverzichtserklärungen (OLG Dresden, ZIP 2010, 747), die Aufgabe einer handelsrechtlichen Firma (OLG Düsseldorf, ZIP 1989, 457) oder die Zustimmung eines Gesellschafters zur Einziehung seines Gesellschaftsanteiles gem. § 34 Abs. 2 GmbHG, können ebenfalls anfechtbar sein (K. Schmidt-Schmidt § 129 Rn. 28). 11

dd) Realakte

Auch **Realakte** können anfechtbar sein (BGH, ZInsO 2007, 91), z.B. Herstellung eines Werkes, die Übertragung oder die Ergreifung des Besitzes, die Einbringung gem. §§ 562, 647 BGB, der Eigentumserwerb gem. §§ 946 ff. BGB (MK-Kayser § 129 Rn. 22), die Dienstleistungserbringung oder die Verwendung auf fremde Sachen. Rechtshandlungen i.d.S. sind auch die Einstellung eines Gewerbebetriebes durch den Schuldner, um dadurch einer ihm nahe stehenden Person die faktische Fortführung des Betriebes zu ermöglichen (BGH, ZIP 1996, 637). 12

ee) Prozesshandlungen

Prozesshandlungen können ebenfalls anfechtbar sein, z.B. Verzicht oder Anerkenntnis gem. §§ 306 ff. ZPO, die Rücknahme einer Klage (§ 269 ZPO), eines Rechtsmittels (§ 515 ZPO) oder eines Insolvenzantrages (KPB-Ehricke § 129 Rn. 41), ein Geständnis (§ 288 ZPO) oder Vollstreckungshandlungen (BGH, ZInsO 2000, 333). Die Rechtskraft einer gerichtlichen Entscheidung steht der Anfechtung einer prozessualen Rechtshandlung gem. § 141 nicht entgegen. 13

ff) Unwirksame Rechtshandlungen

Nichtige und unwirksame Rechtshandlungen sind anfechtbar, wenn trotz der **Nichtigkeit/Unwirksamkeit** eine **Gläubigerbenachteiligung** vorliegt (HK-Thole, § 129 Rn. 27). Dies ist dann der 14

Fall, wenn die nichtige bzw. unwirksame Rechtshandlung, etwa durch Veränderung der formellen Rechtslage (z.B. Grundbucheintragungen, Abtretungsurkunden oder Besitzübergang), zu einer Erschwerung oder Gefährdung des Gläubigerzugriffes (etwa durch die Möglichkeit des gutgläubigen Erwerbes) geführt hat (BGHZ 141, 96, 105 f. = ZInsO 1999, 286). Anfechtbar sein kann z.B. der wegen der Rückschlagsperre gem. § 88 unwirksame Erwerb, das Scheingeschäft gem. § 117 BGB, das gem. §§ 119 ff. BGB angefochtene Rechtsgeschäft oder das Geschäft eines nicht voll Geschäftsfähigen oder eines Geschäftsunfähigen. Auch schwebend unwirksame Rechtshandlungen können bereits angefochten werden (BGH, WM 1958, 1417).

15 Die Anfechtung nach §§ 21 Abs. 2 Nr. 2, 24, 81, 82, 88 unwirksamer Rechtshandlungen ist stets möglich, rgm. aber nicht erforderlich, kann jedoch dann geboten sein, wenn der Nachweis der Unwirksamkeit Schwierigkeiten bereitet.

16 Die Anfechtung einer nichtigen/unwirksamen Rechtshandlung kann im Wege der Klagehäufung, z.B. durch Haupt- und Hilfsantrag, neben der Nichtigkeit geltend gemacht werden (BGH, ZIP 1996, 1516). Wird zunächst nur der Rückgewähranspruch aus Insolvenzanfechtung oder der sich aufgrund der Nichtigkeit ergebende Anspruch geltend gemacht, stellt der Übergang vom einen zum anderen Anspruch eine an §§ 263 ff. ZPO zu messende Klageänderung dar.

b) **Unterlassungen (Abs. 2)**

17 **Unterlassungen** stehen gem. Abs. 2 Rechtshandlungen gleich und sind somit anfechtbar, wenn in einer Situation, die naheliegenderweise rechtliche Konsequenzen auslöst, bewusst keine Veranlassungen getroffen werden (BGH, ZInsO 2006, 140).

Die Unterlassung muss **wissentlich** und **willentlich** erfolgen und für die Gläubigerbenachteiligung ursächlich sein, um anfechtungsrechtlich beachtlich zu sein (BGH, ZInsO 2011, 574). Nötig ist insoweit das Bewusstsein, dass die Unterlassung Rechtsfolgen auslöst (BGH a.a.O.). Irrtümer bei der Willensbildung schließen die Anfechtbarkeit jedoch nicht aus. Die Vorstellungen des Schuldners müssen sich auch nicht auf eine konkrete Rechtsfolge beziehen oder rechtlich zutreffend sein (BGH, ZInsO 2014, 293). Eine spezielle Handlungspflicht ist nicht erforderlich.

Grds. sind Unterlassungen nach allen Anfechtungsvorschriften anfechtbar, Einschränkungen erfährt diese Regel in §§ 132 Abs. 1, 133 Abs. 4.

18 **Anfechtbare materiell-rechtliche Unterlassungen** sind z.B. die Nichterhebung bestehender Einreden und Einwendungen wie z.B. der Verjährungseinrede, der Mängelrüge oder des Wechselprotests sowie die Nichtinanspruchnahme Dritter bei deren Haftung (OLG Brandenburg, ZInsO 2009, 330) oder die nicht erfolgte Anfechtung gem. §§ 119 ff. BGB.

19 Unterlässt der Schuldner einen ihm möglichen Erwerb, so ist dieses Unterlassen hingegen nicht anfechtbar, da es nicht zu einer Minderung des Schuldnervermögens führt, sondern lediglich dessen Mehrung verhindert (BGH, ZInsO 2016, 702). Daher ist auch der Nichteinsatz der Arbeitskraft des Schuldners nicht anfechtbar (BGH, ZInsO 2008, 801), da dessen Gläubiger keinen Anspruch auf Einsatz seiner Arbeitskraft haben. Dies hat auch nach Einführung des § 287b zu gelten, da diese Vorschrift lediglich eine während des laufenden Insolvenzverfahrens bestehende Obliegenheit des Schuldners als natürliche Person postuliert.

20 Anfechtbare **Unterlassungen auf prozessualem Gebiet** sind vor allem die Unterlassung von nicht von vornherein aussichtslosen Rechtsbehelfen (BGH, ZInsO 2011, 574, Unterlassen des Widerspruchs gegen einen Mahnbescheid oder Arrestbefehl, des Einspruches gegen ein Versäumnisurteil oder einen Vollstreckungsbescheid, die Ermöglichung eines Versäumnisurteils) oder das unterlassene oder verspätete Vorbringen bzw. Erheben von Sachvortrag oder Einreden (BGHZ 162, 143 = BGH, ZInsO 2005, 260). Zu den Rechtsfolgen eines derartigen Unterlassens vgl. § 143 Rdn. 51.

2. Handelnder

Soweit nichts anderes bestimmt ist (Einschränkungen in §§ 132, 133, 134 Abs. 1), muss die **Rechts-** 21
handlung nicht vom Schuldner vorgenommen worden sein. Eine Rechtshandlung des Schuldners kann auch dann vorliegen, wenn dieser lediglich an ihr beteiligt ist, sie also nicht allein ausführt (BGHZ 155, 75, 79 = ZInsO 2003, 764). Daher kann bei einer Vollstreckungshandlung eines Gläubigers zugleich eine mitwirkende Rechtshandlung des Schuldners als solche anfechtbar sein, wenn dieser die Voraussetzungen für den Erfolg der Vollstreckungshandlung schafft, indem er z.B. pfändbare Gegenstände einzelnen Gläubigern vorenthält, um sie für den Zugriff eines anderen Gläubigers bereit zu halten.

Auch **Verfügungen** eines Schuldners gemeinsam mit einem Mitberechtigten können anfechtbar 22
sein (BGH, ZInsO 2013, 2213).

Rechtshandlungen des Schuldners, denen ein **vorläufiger Insolvenzverwalter mit Zustimmungs-** 23
vorbehalt zugestimmt oder welche er genehmigt hat, soweit nicht ausnahmsweise der vorläufige Insolvenzverwalter durch sein Handeln bei dem Empfänger einen schutzwürdigen Vertrauenstatbestand geschaffen hat und dieser infolgedessen nach Treu und Glauben (§ 242 BGB) damit rechnen durfte, ein nicht mehr entziehbares Recht errungen zu haben (vgl. hierzu BGH, ZInsO 2013, 1077; BAG, ZInsO 2015, 344), stellen solche des Schuldners, nicht des vorläufigen Insolvenzverwalters, dar und sind somit grundsätzlich anfechtbar (BGH, ZInsO 2014, 598 m.w.N.; BAG, ZInsO 2005, 388).

Hat das Insolvenzgericht im Rahmen eines Eigenverwaltungseröffnungsverfahrens (§§ 270a oder 24
270b) und unter Bestellung eines **vorläufigen Sachwalters** eine Anordnung nach § 270b Abs. 3 getroffen oder eine Einzelermächtigung ausgesprochen und wird durch den Schuldner in Erfüllung diesbezüglicher Verbindlichkeiten geleistet, scheidet eine Anfechtbarkeit der Erfüllungshandlung nach den Grundsätzen, die für den vorläufigen Insolvenzverwalter mit Verfügungsmacht gelten (vgl. Rdn. 25), aus (BGH, ZInsO 2016, 1421); in allen anderen Fällen ist eine Anfechtbarkeit grundsätzlich gegeben.

Ist dem Schuldner ein **allgemeines Verfügungsverbot** gem. §§ 21 Abs. 2 Nr. 2, 22 Abs. 1 auferlegt 25
worden, entspricht die Rechtsstellung des **vorläufigen Insolvenzverwalters** weitgehend derjenigen des Insolvenzverwalters im eröffneten Verfahren, da die von ihm begründeten Verbindlichkeiten gem. § 55 Abs. 2 nach Verfahrenseröffnung als Masseverbindlichkeiten gelten. Dessen Rechtshandlungen sind demnach einer Anfechtung entzogen, soweit diese solche Masseverbindlichkeiten begründet haben (BGH, ZInsO 2014, 598). Gleiches gilt, wenn ein vorläufiger Insolvenzverwalter, auf den nicht die allgemeine Verwaltungs- und Verfügungsbefugnis übergegangen ist, in Ausführung einer gerichtlichen Einzelermächtigung zur Begründung von Masseverbindlichkeiten handelt (BGH a.a.O.). Anfechtbar bleibt allerdings stets die Erfüllung oder Sicherung von Gläubigerforderungen, die nach Verfahrenseröffnung nur Insolvenzforderungen darstellen würden (BGH a.a.O.; a.A. Jaeger-Gerhardt § 22 Rn. 229), so bspw. diejenigen i.S.d. § 55 Abs. 3 (dies gilt auch für den im Eigenverwaltungseröffnungsverfahren gem. § 270b Abs. 3 ermächtigten Schuldner (BGH, ZInsO 2016, 1421)).

Rechtshandlungen des **Insolvenzverwalters** sind nicht – wie es § 129 grds. verlangt (Ausnahme 26
§ 147) – vor Verfahrenseröffnung vorgenommen worden und selbst bei späterer Masselosigkeit oder -unzulänglichkeit unanfechtbar (MK-Kayser § 129 Rn. 42). Gegen die teilweise erwogene (vgl. hierzu Pape, ZIP 2001, 901, 902) analoge Anwendung spricht, dass der Gesetzgeber eine entsprechende Anwendung der Anfechtungsvorschriften trotz Diskussionen zu dieser Frage schon unter Geltung der KO nicht vorgesehen hatte (BT-Drucks. 12/2443 S. 219; BT-Drucks. 12/7302 S. 180). Ferner würde das Vertrauen in die Rechtshandlung von Insolvenzverwaltern untergraben, wenn die insoweit Betroffenen mit der (anschließenden) Anfechtung rechnen müssten; für fehlerhafte Maßnahmen kann der Insolvenzverwalter nach §§ 60, 61 haften. Eindeutig insolvenzzweckwidrige Handlungen können nach allg. Regeln nichtig sein.

27 Rechtshandlungen eines **Vertreters** mit Vertretungsmacht werden dem Vertretenen (Schuldner oder sonstigen Beteiligten) gem. §§ 164, 166 Abs. 1 BGB zugerechnet. Gleiches gilt nach einer Genehmigung gem. §§ 177, 180 BGB für Handlungen eines Vertreters ohne Vertretungsmacht, allerdings gilt hier die Rückwirkungsfiktion des § 184 BGB nicht, d.h. das Handeln des Vertretenen wird erst nach der Genehmigung zugerechnet.

28 Rechtshandlungen eines **Rechtsvorgängers** des Schuldners sind i.R.d. Insolvenzverfahrens über das Vermögen des Schuldners grds. **nicht anfechtbar** (Ausnahme in § 331). Erlischt jedoch eine Gesellschaft durch eine **Verschmelzung** mehrerer Gesellschaften, bei der der Rechtsvorgänger durch den Rechtsnachfolger übernommen wird, oder werden alle Gesellschaftsanteile einer Personenhandelsgesellschaft von einer Kapitalgesellschaft übernommen, so kann in einem späteren Insolvenzverfahren über das Vermögen dieser Gesellschaft der Insolvenzverwalter auch Rechtshandlungen der erloschenen Gesellschaft anfechten, soweit noch nicht befriedigte Gläubiger dieser Gesellschaft existieren. Die auf diese Weise in die Insolvenzmasse gelangenden Vermögenswerte sind in Form einer »Sondermasse« auf diese Gläubiger zu verteilen (BGHZ 71, 296, 304). Gleiches gilt, wenn ein Einzelkaufmann das Vermögen einer Personenhandelsgesellschaft mit allen Aktiva und Passiva übernimmt (MK-Kirchhof vor §§ 129–147 ff. Rn. 102).

29 Selbstständige Verwalter fremden Vermögens, z.B. **Testamentsvollstrecker**, handeln anfechtungsrechtlich für dieses.

30 Gläubigerhandlungen sind grds. nur nach §§ 130 bis 132 anfechtbar, soweit nicht der Schuldner mitgewirkt hat (vgl. Rdn. 21). Die Anfechtbarkeit der Rechtshandlung des Gläubigers entfällt im Hinblick auf § 141 nicht deshalb, weil sie sich auf einen Titel stützt.

31 Sofern ein **Dritter** Verbindlichkeiten des Schuldners auf dessen Anweisung hin ggü. Gläubigern befriedigt, ohne selbst Schuldner des Schuldners zu sein, kommt eine Anfechtung grds. nicht in Betracht (BGH, ZInsO 2008, 1200); vgl. aber Rdn. 72.

32 Rechtshandlungen von **uneigennützig mitwirkenden Behörden** (z.B. Grundbuchamt) oder eines Vollstreckungsorgans gelten als solche des Veranlassers; dessen Handlung ist maßgeblich. Vollstreckungshandlungen verwaltungseigener Vollziehungsbeauftragter werden der veranlassenden Behörde zugerechnet. Stellt ein Notar für Beteiligte grundbuch- oder registerliche Eintragungsanträge oder ergreift er sonstige betreuende Maßnahmen für sie, so ist er insoweit als ihr Stellvertreter zu behandeln (BGHZ 123, 1, 3 f.), die reine Beurkundungstätigkeit ist hingegen uneigennützig.

3. Mittelbare Zuwendungen

33 Anfechtbar sind nach std. höchstrichterlicher Rspr. auch **mittelbare Zuwendungen**, d.h. Rechtshandlungen, bei denen eine unmittelbare Leistung an den Empfänger, die ohne Weiteres anfechtbar wäre, durch Einschaltung eines Leistungsmittlers umgangen wird; solche sind zu behandeln, als habe der Begünstigte direkt von dem Schuldner erhalten (BGH, ZInsO 2016, 326; BAG, ZInsO 2015, 306). Hierzu gehören bspw. die Fälle, in denen der Schuldner Bestandteile seines Vermögens mithilfe einer Mittelsperson, die ihm ggü. zur Leistung verpflichtet ist, an einen Dritten verschiebt, ohne mit diesem in unmittelbare Rechtsbeziehungen zu treten (BGH, ZInsO 2016, 444). Im Rahmen der Deckungsanfechtung (§§ 130, 131) ist das gesamte Rechtsverhältnis so zu betrachten, als habe der Dritte unmittelbar vom Schuldner erworben (BGH, ZInsO 2012, 924), da wirtschaftlich letztendlich das Vermögen des Schuldners zugunsten dieses Dritten vermindert wird. Trotz Mithilfe der Mittelsperson gilt die Rechtshandlung als solche des Schuldners auch im Rahmen der Vorsatz- oder Schenkungsanfechtung (§§ 133, 134). **Eine Gutgläubigkeit** der eingeschalteten Mittelsperson steht der Anfechtbarkeit **nicht entgegen** (BGHZ 38, 44, 46).

Für den **Dritten** muss für die Annahme einer mittelbaren Zuwendung **erkennbar** gewesen sein, dass es sich um eine **Leistung des Schuldners** gehandelt hat (BGH, ZInsO 2009, 2060). Die Absicht zumindest des Schuldners muss darauf gerichtet sein, den Vermögenswert letztendlich gerade dem Dritten zuzuwenden; dass dies nur zufällig geschieht, genügt nicht. An dieser Voraussetzung fehlt es häufig, wenn der Schuldner eine eigene Verbindlichkeit tilgt, was gleichzeitig dazu führt, dass Mitverpflichtete aus ihrer Haftung entlassen werden.

Zu den mittelbaren Zuwendungen zählen **Gesamtvorgänge**, bei denen der Schuldner zunächst eine in seinem Vermögen befindliche Rechtsposition auf die Mittelsperson überträgt, die diese auf den Dritten weiter überträgt. Typische Anwendungsfälle hierfür sind Übertragungen von Vermögensgegenständen unter Zwischenerwerb eines Treuhänders mit zeitlicher Verzögerung auf den von Anfang an beabsichtigten Empfänger (hier kommt dann unter Umständen auch eine Vorsatzanfechtung gegenüber dem Treuhänder in Betracht). 34

Eine solche **mittelbare Zuwendung** liegt rgm. auch dann vor, wenn der Schuldner durch Überweisung, Scheckzahlung oder Lastschrift ein Bankguthaben auf einen Leistungsempfänger überträgt (BGH, ZInsO 2009, 2060); gleiches gilt für Zahlungen per Kreditkarte (BGH, ZInsO 2014, 2359). 35

Ein **direkter anfechtungsrechtlicher Durchgriff** vom Schuldner auf den Leistungsempfänger ist aber auch dann gerechtfertigt, wenn eine Zwischenperson auf Veranlassung des Schuldners durch eine **einheitliche Rechtshandlung** gleichzeitig sowohl das Schuldnervermögen mindert als auch das Vermögen des Dritten mehrt (BGH, ZInsO 2014, 2359), wobei für Letzteren erkennbar ist, dass er wirtschaftlich eine Leistung des Auftraggebers erhält (BGH, ZInsO 2009, 2060). Typisch sind hier die **Anweisungsfälle** (vgl. Rdn. 71), wenn also der Schuldner seinen Drittschuldner anweist, die von diesem geschuldete Leistung ggü. einem Gläubiger des Schuldners zu erbringen (BGH, ZInsO 2016, 326). Anfechtungsgegner im Rahmen der Deckungsanfechtung ist hier stets der begünstigte Dritte (BGH, ZInsO 2014, 2359). In solchen Fällen können aber Rückgewähransprüche auch gegen den Angewiesenen im Wege der Vorsatzanfechtung (§ 133) (BGH, ZInsO 2012, 924) und gegen den Zuwendungsempfänger nebeneinander bestehen; die Anfechtungsgegner haften dann u.U. als Gesamtschuldner (BGH, ZInsO 2012, 924). 36

Entsprechendes gilt auch im umgekehrten Fall, wenn also der Gläubiger den Schuldner anweist, eine Leistung nicht direkt an sich, den Gläubiger, sondern an eine Zwischenperson zu erbringen. Die Leistung des Schuldners gilt dann als Leistung direkt an den Gläubiger, wenn dieser durch sie einen Erstattungsanspruch gegen die Zwischenperson erlangt oder durch sie eine Schuld des Gläubigers ggü. der Zwischenperson getilgt wird (BGHZ 128, 196).

Auch der Abschluss eines **Vertrages zugunsten Dritter** (§ 328 Abs. 1 BGB) gehört grds. zu den mittelbaren Zuwendungen. Der Insolvenzverwalter des Versprechensempfängers kann deshalb ggf. ggü. dem Leistungsempfänger anfechten, derjenige des Versprechenden ggü. dem Versprechensempfänger (MK-Kayser § 129 Rn. 52). Wird dem Dritten das Bezugsrecht aus einem (Kapital- oder Risiko-) **Lebensversicherungsvertrag** innerhalb eines anfechtungsrechtlich relevanten Zeitraumes unwiderruflich eingeräumt, kommt eine mittelbare Zuwendung des Erblassers ebenfalls in Betracht (BGH, ZInsO 2016, 1069). Überträgt der Arbeitgeber innerhalb des anfechtungsrechtlich relevanten Zeitraumes seine Rechte als Versicherungsnehmer aus einer **Direktversicherung** auf den versicherten Arbeitnehmer, so stellt dies eine mittelbare Zuwendung dar, wenn dem Arbeitnehmer noch keine unverfallbare Anwartschaft i.S.d. Gesetzes zur Verbesserung der betrieblichen Altersversorgung zustand (BAG, ZInsO 2004, 284). Regelmäßig richtet sich die Anfechtung nach § 134. Zum Umfang des Rückgewähranspruches vgl. § 143 Rdn. 14. 37

Eine **mittelbare Zuwendung** kann auch vorliegen, ohne dass dem Schuldner gegen die Mittelsperson bereits ein Anspruch auf diejenige Leistung zustand, die in das Vermögen des begünstigten Dritten geflossen ist, z.B. wenn der spätere Insolvenzschuldner nach Eintritt seiner Zahlungsunfähigkeit durch Aufwendung eigener Mittel seiner Ehefrau zum Erwerb eines Grundstückes verhilft. Die Zahlungen des späteren Insolvenzschuldners an den Grundstücksverkäufer stellen dann mittelbare Zuwendungen an die **Ehefrau** dar (BGH, WM 1955, 407). 38

Auf Übertragung des Erlangten geht der Rückgewähranspruch nur dann, wenn der Schuldner selbst einen Anspruch gerade auf dasjenige hatte, was anfechtbar in das Vermögen des Anfech- 39 tungsgegners gelangt ist; i.Ü. ist Wertersatz zu leisten. Da die Vermögensverschiebung rgm. bereits mit der Weggabe des schuldnerischen Vermögens an die **Mittelperson** eintritt, muss diese Handlung die zeitlichen Voraussetzungen des geltend gemachten Anfechtungsgrundes erfüllen; dass die Mittelperson innerhalb der entsprechenden Fristen den Anfechtungsgegner befriedigt hat, genügt nicht. Die Handlung der Mittelperson kann auch nach Verfahrenseröffnung liegen, da ihr ggü. die §§ 80 ff., 89 nicht eingreifen. Tritt allerdings die Minderung des Schuldnervermögens ausnahmsweise erst zu einem späteren Zeitpunkt ein, so ist dieser maßgeblich.

40 Eine **mittelbare Zuwendung** scheidet demgegenüber **aus**, wenn der Leistungsmittler mit der Leistung an den Dritten zugleich eine eigene Verbindlichkeit zu tilgen sucht (BGH, ZInsO 2015, 1216). In diesen Fällen kommt lediglich eine Anfechtung im Rahmen der »Leistungskette« in Betracht (BGH, ZInsO 2016, 444).

4. Zeitpunkt

41 Anfechtbar gem. §§ 129 ff. sind grds. nur **vor Eröffnung des Insolvenzverfahrens** vorgenommene Rechtshandlungen; nach Verfahrenseröffnung vorgenommene Rechtshandlungen sind rgm. bereits gem. §§ 81 Abs. 1 Satz 1, 89 unwirksam. Gleiches gilt gem. § 91 Abs. 1 für vor Verfahrenseröffnung vorgenommene Rechtshandlungen, wenn sich der auf ihnen beruhende Erwerb ohne weitere Mitwirkung des Schuldners und ohne eine Zwangsvollstreckung des Insolvenzgläubigers erst nach Verfahrenseröffnung vollendet. Ist allerdings unklar, ob die insolvenzrechtlichen Verfügungsbeschränkungen eingreifen, sollte – ähnlich der Anfechtung nichtiger Rechtshandlungen – hilfsweise das Abstellen auf die Anfechtungsnormen zulässig sein (MK-Kayser § 129 Rn. 74), vgl. Rdn. 14. Der Zeitpunkt, in dem eine Rechtshandlung als vorgenommen gilt, richtet sich nach § 140.

Rechtshandlungen, die **nach Verfahrenseröffnung** erfolgten, können ausnahmsweise gem. § 147 anfechtbar sein, wenn sie zu einem Gutglaubenserwerb geführt haben.

Bezüglich des Zeitpunktes der Gläubigerbenachteiligung vgl. Rdn. 83, 88.

II. Gläubigerbenachteiligung

1. Allgemeines

42 Die für alle Anfechtungstatbestände erforderliche **Gläubigerbenachteiligung** liegt nach std. Rspr. des BGH vor, wenn die Rechtshandlung entweder die Schuldenmasse vermehrt oder die Aktivmasse verkürzt und dadurch den Zugriff auf das Schuldnervermögen vereitelt, erschwert oder verzögert hat (BGH, ZInsO 2016, 700 m.w.N.), sich also die **Befriedigungsmöglichkeiten der Insolvenzgläubiger ohne die Handlung** bei wirtschaftlicher Betrachtungsweise **günstiger** gestaltet hätten (BGH, ZInsO 2016, 444 m.w.N.). Zweck der Insolvenzanfechtung ist es demnach nicht, der Insolvenzmasse Vermögensvorteile zu verschaffen, die sie ohne die anfechtbare Rechtshandlung nicht erlangt hätte (BGH, ZInsO 2007, 600). Die Gesamtheit der nicht nachrangigen Insolvenzgläubiger muss benachteiligt sein; eine Gläubigerbenachteiligung liegt daher nicht vor, wenn durch Befriedigung und/oder Besicherung nicht nachrangiger Gläubiger (§ 38) ausschließlich nachrangige Gläubiger (§ 39) benachteiligt werden, bspw. weil die Insolvenzmasse ausreicht, alle nicht nachrangigen Gläubiger zu befriedigen (BGH, ZInsO 2013, 609). Ob die benachteiligten Gläubiger als solche bereits bei Vornahme der Rechtshandlung vorhanden sind, ist unerheblich (BGH, ZInsO 2009, 1909). Ein objektiv nachteiliger Erfolg reicht aus. Der Eintritt der Gläubigerbenachteiligung ist isoliert auf die konkret in Bezug genommene Minderung des Aktivvermögens oder die Vermehrung der Passiva des Schuldners zu beurteilen (BGH, ZInsO 2009, 2149). Vorsatz des Schuldners hinsichtl. der Benachteiligung ist außer bei § 133 nicht erforderlich. Unerheblich ist, ob die Rechtshandlung vom Standpunkt des Schuldners als vorteilhaftes oder als unvorteilhaftes Geschäft erscheint, da die Anfechtung nicht den persönlichen Belangen des Schuldners, sondern ausschließlich der Mehrung der Insolvenzmasse im Interesse der Insolvenzgläubiger dient (BGH, KTS 1956, 190). Eine Benachteiligung nur einzelner Gläubiger genügt daher nicht, selbst wenn das Verhalten des Schuldners Schadensersatzansprüche des geschädigten Gläubigers nach § 826

BGB auslöst (Uhlenbruck-Hirte/Ede § 129 Rn. 163). Auch die Befriedigung von Gläubigern, die nach Verfahrenseröffnung zu den Massegläubigern i.S.v. § 53 gehören würden, begründet mangels Benachteiligung der Insolvenzgläubiger keine Anfechtbarkeit (vgl. Rdn. 76).

Ein Vorteil für einzelne Insolvenzgläubiger schließt die Benachteiligung im insolvenzrechtlichen Sinne nicht aus; insb. sind die Insolvenzgläubiger im Allgemeinen auch dann benachteiligt, wenn einer von ihnen wegen einer berechtigten Insolvenzforderung volle Befriedigung oder eine Sicherheit erlangt, während für die anderen eine entsprechend geringere Quote verbleibt (BGH, ZIP 1991, 807). 43

Durch **Masseunzulänglichkeit** wird eine Gläubigerbenachteiligung nicht ausgeschlossen (BGH, ZInsO 2001, 904). Demgegenüber fehlt sie, wenn die Insolvenzmasse ausreicht, um alle Insolvenzgläubiger zu befriedigen (BGH, ZInsO 2014, 598). Eine Bereicherung des Anfechtungsgegners ist nicht erforderlich und allenfalls für den Umfang der Rückgewährpflicht relevant. 44

2. Beeinträchtigung der Befriedigungsaussicht der Insolvenzgläubiger

Die benachteiligende Rechtshandlung muss sich gerade auf Vermögensbestandteile beziehen, die in dem nach § 140 zu beurteilenden Zeitpunkt ihres Wirksamwerdens zu dem den (späteren) Insolvenzgläubigern haftenden **Schuldnervermögen** gehört haben (BGH, ZInsO 2016, 702). Rechtshandlungen, die ausschließlich schuldnerfremdes Vermögen betreffen, bewirken keine Gläubigerbenachteiligung (BGH, ZInsO 2016, 700, vgl. aber Rdn. 72). Hierbei ist der Begriff des »Vermögens« nicht wörtlich zu verstehen; entscheidend ist, was den Gläubigern als Haftungssubstrat zugewiesen ist (KPB-Ehricke § 129 Rn. 69). 45

In der Herausgabe einer Sache, die hätte **ausgesondert** werden können, liegt ebenso wenig eine Gläubigerbenachteiligung (BGH, ZInsO 2008, 558 zur Rückauflassungsvormerkung) wie in der **Ablösung eines Aus- oder Absonderungsrechtes** durch eine wertausgleichende Zahlung (BGH, ZInsO 2014, 1655; vgl. insoweit aber Rdn. 47) oder in der Herausgabe von **Treugut**, das dem Schuldner überlassen war und das materiell nicht zu seinem Vermögen gehörte (BGH, ZInsO 2004, 856). Gibt der Schuldner mit der fremden Sache allerdings eine ihm **eingeräumte Sicherheit auf**, so benachteiligt er damit seine Gläubiger. Dies gilt auch, wenn der Schuldner als Treunehmer/Verkaufskommissionär das Treugut/die Kommissionsware veräußert und den Erlös an den Treugeber/Kommittenten vor Verfahrenseröffnung auskehrt. Denn obgleich der Treugeber/Kommittent im Rahmen des Insolvenzverfahrens über das Vermögen des Treunehmers/Verkaufskommissionärs das Treugut/die Kommissionsware aussondern kann, steht ihm doch wegen des vom Schuldner vor Eröffnung des Verfahrens eingezogenen Erlöses nur eine einfache Insolvenzforderung zu (RGZ 94, 305, 308). 46

Bei der Beurteilung der Gläubigerbenachteiligung von Zahlungen zur Ablösung eines – nach Verfahrenseröffnung zur abgesonderten Befriedigung berechtigenden – Sicherungsrechts ist diese dann nicht ausgeschlossen, wenn die Zahlung den Betrag übersteigt, den der gesicherte Gläubiger bei einer Verwertung hätte erzielen können (BGH, ZInsO 2012, 1429) oder das Sicherungsrecht selbst in anfechtbarer Weise erlangt worden und somit Gegenstand einer eigenen Anfechtung ist (BGH, ZInsO 2009, 1585). Hat der Schuldner einem Dritten das Eigentum an einer ihm, dem Schuldner, unter **Eigentumsvorbehalt** gelieferten Sache verschafft, so sind die Insolvenzgläubiger nur dann benachteiligt, wenn der Wert der Sache größer war als der noch offene Teil des Kaufpreises, da der Schuldner dann nicht nur über fremdes Eigentum, sondern auch über die ihm zustehende Anwartschaft verfügt hat. Nicht gläubigerbenachteiligend ist grds. der **verlängerte Eigentumsvorbehalt**. In der Abtretung künftiger Forderungen, die an die Stelle des vereinbarten Eigentumsvorbehalts treten sollen, liegt keine Gläubigerbenachteiligung, wenn und soweit sich die Vorausabtretung auf das mit der unter Eigentumsvorbehalt gelieferten Ware Erlangte beschränkt (BGH, ZInsO 2011, 778).

Absonderungsrechte scheiden den Gegenstand nicht immer aus dem Schuldnervermögen aus (BGH, ZInsO 2003, 1101), sondern nur dann, wenn der **Gegenstand wertausschöpfend belastet** ist und eine Herausgabe nicht bewirkt, dass auch andere Teile des Schuldnervermögens nur weniger 47 günstig verwertet werden können, weil der »technisch-organisatorische Verbund des Schuldnervermögens« zerrissen wurde (HK-Thole § 129 Rn. 76). In diesem Fall ist die Veräußerung grds. nicht gläubigerbenachteiligend, weil der Gegenstand in der Insolvenz allein der abgesonderten Befriedigung der gesicherten Gläubiger gedient hätte. Die Herausgabe des (i.d.R. sicherungsübereigneten) Gegenstandes an den Sicherungsnehmer kann allein mit der Begründung, der Insolvenzmasse sei durch die Herausgabe die Feststellungskostenpauschale gem. §§ 170, 171 entgangen, nicht angefochten werden (BGH, ZInsO 2005, 148). Demgegenüber hat die Veräußerung bereits sicherungsübereigneter Gegenstände an Dritte bzw. der Einzug bereits sicherungshalber abgetretener Forderungen durch Dritte durchaus gläubigerbenachteiligende Wirkung, da hier ein – trotz des mit Verfahrenseröffnung entstehenden Absonderungsrechts – im Kern geschützter Vermögenswert der (zukünftigen) Insolvenzmasse der ausschließlichen (§ 166 InsO) Verwertungsbefugnis des Insolvenzverwalters entzogen wird (BGH, ZInsO 2011, 1979 m.w.N.). Eine Gläubigerbenachteiligung kann sich nach BGH, ZInsO 2007, 605 auch bereits daraus ergeben, dass – zusätzlich zum Verlust des Sicherungsguts aus dem schuldnerischen Vermögen – die Insolvenzmasse mit aufgrund Verwertung angefallener USt belastet wird.

Handelt es sich um die **Weggabe mehrerer Gegenstände**, kommt es darauf an, ob jeder Einzelne wertausschöpfend belastet ist. Ist dies nicht der Fall, ist insoweit eine Gläubigerbenachteiligung möglich (BGH, ZInsO 2009, 828).

48 Bei Übertragung wertausschöpfend grundpfandrechtlich belasteter Immobilien ist hinsichtlich einer hierdurch etwa eintretenden gläubigerbenachteiligenden Wirkung danach zu differenzieren, ob der in Frage kommende Anfechtungstatbestand eine unmittelbare Gläubigerbenachteiligung erfordert oder eine mittelbare Gläubigerbenachteiligung genügen lässt (BGH, ZInsO 2016, 1578; zur Differenzierung/Abgrenzung zwischen diesen Arten der Gläubigerbenachteiligung vgl. Rdn. 82 ff.). Sofern eine unmittelbare Gläubigerbenachteiligung erforderlich ist (so in §§ 132 Abs. 1, 133 Abs. 4) ist die Übertragung wertausschöpfend grundpfandrechtlich belasteter Immobilien lediglich dann gläubigerbenachteiligend, wenn der i.R.e. Zwangsversteigerungsverfahrens zu erzielende Verwertungserlös die vorrangigen Belastungen und die Kosten des Zwangsversteigerungsverfahrens übersteigen würde (BGH a.a.O.). Dies entspricht der std. Rspr. des BGH zur Gläubigerbenachteiligung in gleichgelagerten Fallkonstellationen im Rahmen der Einzelgläubigeranfechtung nach dem AnfG (vgl. insoweit BGH, ZInsO 2009, 1241). Ob eine wertausschöpfende Belastung vorliegt, ist durch Vergleich des Grundstückwerts mit der tatsächlichen Valuta der grundpfandrechtlich gesicherten Forderungen festzustellen (BGH, ZInsO 2007, 778 zum AnfG). Nicht zu berücksichtigen sind insoweit weitere dem Grundpfandrechtsgläubiger aus dem schuldnerischen Vermögen gestellte Sicherheiten, da es – jedenfalls rgm. – allein Sache des Gläubigers ist zu entscheiden, aus welcher ihm gestellten Sicherheit er Befriedigung sucht (so unter Hinweis auf § 16 Abs. 2 AGB-Banken BGH, ZInsO 2007, 101 [zum AnfG]). Sofern jedoch eine mittelbare Gläubigerbenachteiligung ausreichend ist (so in §§ 130, 131, 133 Abs. 1 bis 3, 134) ist die Übertragung wertausschöpfend grundpfandrechtlich belasteter Immobilien auch dann gläubigerbenachteiligend, wenn zwar nicht notwendigerweise im Rahmen eines gerichtlichen Zwangsversteigerungsverfahrens, jedoch im Wege einer freihändigen Verwertung durch den Insolvenzverwalter ein die tatsächliche Valuta der grundpfandrechtlich gesicherten Verbindlichkeiten übersteigender Erlös hätte erzielt werden können (BGH, ZInsO 2016, 1578). Aufgrund des Verbots der Berücksichtigung hypothetischer Kausalverläufe ist auf die tatsächliche Möglichkeit einer Verwertung durch den Insolvenzverwalter abzustellen, welche vor Verfahrenseröffnung – also rgm. dem Zeitpunkt des Wirksamwerdens der anzufechtenden Übertragungs(rechts)handlung – naturgemäß nicht besteht und welche daher nur bei Ausreichen einer mittelbaren Gläubigerbenachteiligung hinreichend ist (BGH a.a.O.). Steigt der Wert des Grundstückes nach Vornahme der anfechtbaren Rechtshandlung, so ist dies, sofern eine mittelbare Benachteiligung der Insolvenzgläubiger genügt, zugunsten des Anfechtenden zu berücksichtigen. Beruht die Wertsteigerung auf dem Einsatz von Mitteln des Anfechtungsgegners, so steht diesem lediglich ein Aufwendungsersatzanspruch gem. § 143 Abs. 1 Satz 2 zu (BGH, ZIP 1996, 1907). Hat der Anfechtungsgegner das anfechtbar erworbene Grundstück selbst weiter

belastet, bleiben diese Belastungen bei der Beurteilung der Wertausschöpfung unberücksichtigt, da der Anfechtungsgegner diese Belastungen ohnehin zu entfernen hat (Huber, EWiR 2004, 361).

Die Übertragung oder weitere dingliche Belastung nicht vollständig wertausschöpfend grundpfandrechtlich belasteter Immobilien ist nach den unter Rdn. 47, 48 dargestellten Grundsätzen gläubigerbenachteiligend.

Ist ein Grundstück bereits wertausschöpfend belastet, begründet die **unentgeltliche Einräumung einer nachrangigen Grundschuld** dennoch eine Gläubigerbenachteiligung, wenn diese Grundschuldbestellung die freihändige Verwertung erschwert und der an sich wertlosen Grundschuld einen »**Lästigkeitswert**« gibt, dessen Realisierung der Insolvenzmasse zusteht. Aus der bloß formalen, bezogen auf vorrangige Grundstücksbelastungen an sich nicht werthaltigen, Grundschuldposition lässt sich ein nicht unbeträchtlicher Wert realisieren, wenn andere Grundpfandrechtgläubiger im Interesse einer schnelleren freihändigen Verwertung des Grundstückes bereit sind, dem Grundschuldgläubiger seine Zustimmung »abzukaufen« (OLG Hamburg, ZIP 2001, 1332).

Bei den Fallkonstellationen mit **sicherungshalber erfolgter Vorausabtretung von Forderungen** 49 (bspw. im Rahmen einer **Globalzession**) ist zu unterscheiden: Ist die Abtretung der Forderung(en) als solche auch im Hinblick auf § 140 Abs. 1 anfechtungsfest, gewährt diese im Insolvenzverfahren über das Vermögen des Sicherungsgebers ein Recht des Sicherungsnehmers auf abgesonderte Befriedigung, sodass der Ausgleich der gesicherten Forderung des Sicherungsnehmers durch die abgetretenen Forderungen nicht gläubigerbenachteiligend wirkt. Eine Gläubigerbenachteiligung kann sich jedoch auch hier ergeben, wenn die anfechtungsfest abgetretene Forderung in anfechtbarer Weise »werthaltig« wurde. Ist allerdings das Sicherungsrecht vor der Befriedigung des gesicherten Gläubigers bereits erloschen – bspw. weil die abgetretene Forderung durch den Drittschuldner ggü. dem zur Einziehung berechtigten Sicherungsgeber befriedigt wird – und führt der Sicherungsgeber den berechtigt vereinnahmten Betrag anschließend an den Sicherungsnehmer ab, benachteiligt dies die Gesamtheit der Gläubiger (sog. »Weiterleitungsfälle«: BGH, ZInsO 2006, 493; ZInsO 2006, 544).

Die **Gläubigerbenachteiligung entfällt** jedoch auch bei Befriedigung eines Gläubigers aus wirksam 50 und anfechtungsfest abgetretenen Forderungen **nicht**, wenn die **Forderungen zugunsten eines Dritten abgetreten** waren. Sofern sich daher mehrere Kreditgeber zu einem Pool zusammenschließen und im Rahmen dieses Pools vereinbaren, dass die einem einzelnen Mitglied gestellten Sicherungen durch ein anderes Poolmitglied treuhänderisch zu verwerten und dann innerhalb des Pools weiterzuleiten sind, steht dem treuhänderisch verwertenden Poolmitglied mangels dinglicher Zuordnung kein zur Absonderung berechtigendes eigenes Sicherungsrecht zu (OLG Köln, ZIP 2007, 391).

Da der die – zukünftigen – Miet- oder Pachtforderungen umfassende grundpfandrechtliche Haftungsverband i.S.d. §§ 1123, 1124 BGB lediglich eine »potentielle Haftung« (BGH, NJW – RR 1989, 200) begründet, welche erst durch Anordnung der Zwangsverwaltung zur voll wirksamen Haftung der Mietforderungen erstarkt, sind diese vor entsprechender Anordnung weder der Verfügung des Schuldners noch dem Zugriff seiner Gläubiger entzogen; insb. ist der Grundpfandrechtsgläubiger an diesen nicht vorrangig gesichert. Rechtshandlungen in Bezug auf zukünftige Mietforderungen sind daher bis zur Anordnung der Zwangsverwaltung grds. gläubigerbenachteiligend (BGH, ZInsO 2010, 43).

Verkauft der Schuldner ohne vorherige Verpflichtung im anfechtungsrechtlich relevanten Zeitraum 51 an einen Insolvenzgläubiger Gegenstände, die er einem anderen Gläubiger zur Sicherheit übereignet hatte und die dieser zur Veräußerung nur an diesen Gläubiger »freigibt«, so werden die Insolvenzgläubiger im Allgemeinen durch die dadurch zugunsten des Käufers hergestellte Aufrechnungslage benachteiligt (BGH, ZInsO 2003, 1101).

Wird ein Gläubiger, der zuvor wirksam und anfechtungsfest die Ansprüche des Schuldners gegen dessen kontoführendes Kreditinstitut gepfändet hatte, durch Zahlung von dem bei diesem Kreditinstitut im Guthaben geführten Konto befriedigt, fehlt es wegen des durch Pfändung erlangten insolvenzfesten Sicherungsrechts (§ 50 Abs. 1) an einer Gläubigerbenachteiligung (BGH,

ZIP 2008, 131). Die Zahlung eines Schuldners von einem Konto, welches zuvor gepfändet war, der Pfändungsgläubiger die Vollziehung dieser Zwangsvollstreckungsmaßnahme jedoch ausgesetzt hatte, benachteiligt demgegenüber die Gläubiger insgesamt jedenfalls dann, wenn die Zahlung zugunsten eines weiteren Gläubigers erfolgt (BGH, ZInsO 2009, 31).

Bei **nachträglichem Wegfall einer Belastung** kann aus den §§ 129 ff. nur angefochten werden, soweit eine mittelbare Gläubigerbenachteiligung (vgl. Rdn. 88) ausreicht.

52 Gibt der Insolvenzverwalter einen Gegenstand wegen wertausschöpfender Belastung frei, kann er die Belastung nachträglich nicht mehr anfechten, weil es infolge der Freigabe an der Gläubigerbenachteiligung fehlt. Er kann sich aber bei der Freigabe eines Grundstückes das Recht der Anfechtung einer hypothekarischen Belastung vorbehalten, um sie für den Fall, dass sie erfolgreich ist, als Eigentümergrundschuld für die Masse in Anspruch nehmen zu können (Uhlenbruck-Hirte/Ede § 129 Rn. 171).

Nicht gläubigerbenachteiligend wirkt der **bloße Austausch** gleichwertiger Sicherheiten (BGHZ 147, 233, 239) oder Gegenstände, der Austausch einer gesicherten Forderung gegen eine nicht höhere andere, die Ersetzung eines Sicherungsvertrages durch einen anderen mit nicht nachteiligeren Bedingungen (für den Schuldner), die Ablösung eines vollwertigen Pfandrechts (solange der Pfandgegenstand beim Schuldner verbleibt) oder die Zahlung des Schuldners auf insolvenz- und anfechtungsfestes Pfändungspfandrecht (std. Rspr., BGH, ZInsO 2010, 43 m.w.N.) und die Übertragung einer Eigentumsanwartschaft an einem Gegenstand, dessen Wert nicht höher ist als der noch offene Kaufpreis

53 Bestimmte Bestandteile des Schuldnervermögens können aufgrund besonderer Gesetzesvorschriften **zweckbestimmt** sein. Das gilt bspw. in der Insolvenz einer Hypothekenbank. Nach § 35 Abs. 1 HypBG fallen die im Hypothekenregister eingetragenen Werte nicht in die Insolvenzmasse. Die Forderungen der Pfandbriefgläubiger sind aus den eingetragenen Werten (Sondermasse) voll zu befriedigen. Hieraus folgt, dass eine Gläubigerbenachteiligung kraft gesetzlicher Zweckbestimmung ausscheidet, da die Insolvenzgläubiger in ihrer Gesamtheit nicht benachteiligt werden können.

Dies gilt jedoch nicht, wenn die gesetzliche Zweckbestimmung mit Eröffnung des Insolvenzverfahrens endet. Nach OLG Hamm, ZInsO 2007, 331 tritt eine solche Beendigung der gesetzlichen Zweckbestimmung bei der Verwendungspflicht des § 1 Abs. 1 GSB mit Verfahrenseröffnung ein, sodass Rechtshandlungen, die **Baugeld** betreffen, die Gesamtheit der Insolvenzgläubiger benachteiligen können. Die Pfändung auf dem Konto des Schuldners befindlicher Baugeldbeträge i.S.d. GSB durch den Baugeldberechtigten führt demnach zu einer Benachteiligung der übrigen Gläubiger (OLG Hamm a.a.O.).

54 Nicht gläubigerbenachteiligend sind wegen § 36 rgm. Rechtshandlungen mit Bezug auf das **unpfändbare Vermögen**. Zahlungen, die der Schuldner aus seinem unpfändbaren Vermögen leistet, bewirken somit keine Gläubigerbenachteiligung (BGH, ZInsO 2016, 1206). Die Pfändbarkeit richtet sich allein nach den gesetzlichen Bestimmungen; vertragliche Regelungen sind unmaßgeblich, wenn die in ihr enthaltene Zweckbindung allein den Interessen des Dritten dient (BGH, DZWIR 2001, 460). Keine Gläubigerbenachteiligung wird demnach durch Zahlungen bewirkt, die der Schuldner von einem Konto i.S.d. § 850k ZPO bewirkt (BGH, ZInsO 2016, 1206). Nicht gläubigerbenachteiligend ist auch der Verzicht des Schuldners auf ein dingliches Wohnrecht. **Entfällt die Unpfändbarkeit** nach Vornahme der Rechtshandlung, können die Gläubiger – mittelbar – benachteiligt sein. Dies gilt z.B. für Pflichtteilsansprüche, die zwar uneingeschränkt erst pfändbar sind, wenn sie anerkannt oder rechtshängig gemacht sind (§ 852 Abs. 1 ZPO), jedoch schon vorher als in ihrer Verwertbarkeit durch die Voraussetzungen des § 852 Abs. 1 ZPO aufschiebend bedingten Anspruch übertragen und verpfändet werden können (§ 2317 Abs. 2 BGB). Die Abtretung eines Pflichtteilsanspruches ist daher bereits vor dessen Pfändbarkeit möglich (BGHZ 123, 183, 186 ff.). Ungeachtet ihrer grds. Unabtretbarkeit hat der BGH die Pfändbarkeit von Gebührenforderungen der **Steuerberater** bejaht (BGHZ 141, 173, 176 = ZInsO 1999, 280). Gleiches wird für die Honorarforderungen der **Rechtsanwälte und Notare** gelten müssen.

Gläubigerbenacheiligend ist eine Rechtshandlung aber dann, wenn gerade durch sie erst die 55
Unpfändbarkeit begründet wird (BGHZ 130, 314, 320). Weiterhin können auch **zukünftiges
Schuldnervermögen** betreffende Rechtshandlungen durchaus gläubigerbenachteiligend sein. So ist
bspw. die **Wahl einer ungünstigen Steuerklasse** durch den Schuldner durchaus gläubigerbenachteiligend und als Rechtshandlung somit grds. anfechtbar (BGH, ZInsO 2005, 1212 zu § 850 ZPO).
Insoweit ist jedoch zu beachten, dass das Unterlassen eines möglichen Erwerbs nicht gläubigerbenachteiligend wirkt (vgl. Rdn. 19).

Nicht gläubigerbenachteiligend sind Rechtshandlungen, die reine **Persönlichkeitsrechte des** 56
Schuldners betreffen, da diese nicht Vermögensbestandteile sind.

Nicht gläubigerbenachteiligend sind ferner **Änderungen des Personenstandes** des Schuldners, 57
selbst wenn diese durch die Entstehung von Unterhaltsverpflichtungen mittelbar wirtschaftliche
Benachteiligungen bewirken. Selbstständige Unterhaltsvereinbarungen sind hingegen anfechtbar. Während die Umwandlung des Güterstandes selbst nicht anfechtbar ist, kann die anschließende Auseinandersetzung der Zugewinngemeinschaft eine anfechtbare Rechtshandlung sein
(BGHZ 57, 123, 126 ff.).

Zur Unanfechtbarkeit der Annahme/**Ausschlagung** einer **Erbschaft** oder eines **Vermächtnisses** vgl. 58
Rdn. 10.

Die bloße **Aufgabe** einer **freiberuflichen Praxis** ist, da diese auf der persönlichen Arbeitskraft des 59
Schuldners (vgl. insoweit Rdn. 19) beruht, nicht gläubigerbenachteiligend (RGZ 70, 226, 228 f.).
Demgegenüber kann die **Veräußerung der Praxis** gläubigerbenachteiligend sein. Soweit die Rückgewähr in Natur wegen der erforderlichen Zustimmung der Patienten bzw. Klienten und des
Schuldners nicht möglich ist, ist Wertersatz zu leisten (MK-Kayser § 129 Rn. 93).

Nicht anfechtbar ist auch das **Ausscheiden** des Schuldners aus einer **Gesellschaft**. Als gläubigerbenachteiligende Rechtshandlung kommt jedoch die gesellschaftsvertragliche Vereinbarung einer
Lösungsklausel grds. in Betracht (BGH, ZInsO 2007, 213).

Nach h.M. in der Lit. (MK-Kayser § 129 Rn. 94 m.w.N.) ist die **Veräußerung eines kaufmänni-** 60
schen Unternehmens als Ganzes, nicht allein der einzelnen übertragenen Bestandteile gläubigerbenachteiligend, wenngleich dieses nicht lediglich pfändbare Gegenstände, sondern darüber hinaus
rein tatsächliche Werte, die gem. §§ 803 ff. ZPO nicht der Einzelzwangsvollstreckung unterliegen,
enthält. Wie §§ 22 Abs. 2 Satz 2 Nr. 2, 36 Abs. 2 voraussetzen, gehören nämlich trotz § 36 Abs. 1
auch diese tatsächlichen Werte zur Insolvenzmasse, sodass ihre Weggabe die Gläubigergesamtheit
benachteiligt (OLG Saarbrücken, ZInsO 2001, 132).

Auch die selbstständige Aufgabe einer **Firma** (§ 23 HGB) kann, soweit das unter ihr betriebene 61
Unternehmen in die Insolvenzmasse fällt, gläubigerbenachteiligend wirken, wenn durch die Aufgabe die Unternehmensfortführung erschwert wird (OLG Düsseldorf, ZIP 1989, 457).

Nach § 29 Abs. 3 MarkenG gehören geschäftliche **Marken** zur Insolvenzmasse, sodass auch deren 62
Aufgabe oder Veräußerung gläubigerbenachteiligend wirken kann.

Immaterialgüterrechte, z.B. Patente (BGHZ 125, 334, 337), Geschmacks- und Gebrauchsmuster 63
sowie ausschließliche Lizenzen des Schuldners sind nicht höchstpersönlich, weshalb auf sie bezogene Rechtshandlungen gläubigerbenachteiligend sein können. Bei einfachen Lizenzen gehören die
durch sie begründeten schuldrechtlichen Ansprüche ebenfalls zum insolvenzrechtlich geschützten
Vermögen (RGZ 134, 91, 95 ff.).

Urheberrechte sind gem. § 113 UrhG allein wegen ihres Nutzungswertes pfändbar. Diese Pfän- 64
dung ist nur mit Einwilligung des Urhebers möglich, weshalb auch die Anfechtung der Einräumung oder Veränderung eines Urheberrechtes nur mit der Zustimmung des Urhebers anfechtbar
ist. Rechtshandlungen der **Inhaber von Nutzungsrechten i.S.d. § 31 UrhG** können dagegen in der
Insolvenz des Inhabers wie solche über Lizenzen (vgl. Rdn. 63) angefochten werden (MK-Kayser
§ 129 Rn. 98).

65 Der **arbeitsvertragliche Anspruch** eines Schuldners auf Leistung seiner Arbeitnehmer hat einen – auch anfechtungsrechtlich relevanten – Vermögenswert, sodass durch die Inanspruchnahme solcher Leistungen eine Gläubigerbenachteiligung entstehen kann (BGH, ZInsO 2008, 801).

66 Bei der **Zahlung von Sozialversicherungsbeiträgen** (vgl. insgesamt zur Anfechtbarkeit abgeführter Sozialversicherungsbeiträge die zusammenfassende Bestätigung der Rspr. bei BGH, ZInsO 2006, 94) wirkt diese auch nach Inkrafttreten der Änderungen zu § 28e Abs. 1 Satz 2 SGB IV insgesamt – also auch hinsichtl. des »Arbeitnehmeranteils« – gläubigerbenachteiligend und kann – wegen des »Arbeitnehmeranteils« als mittelbare Zuwendung an die Einzugsstelle – in vollem Umfang angefochten werden (BGH, ZInsO 2009, 2293).

67 Bei der **Abführung von Lohnsteuer** an das Finanzamt zahlt der Schuldner bis auf Ausnahmefälle, in denen eine Treuhandabrede zwischen Arbeitgeber und Arbeitnehmer vorliegt, aus seinem eigenen Vermögen. Zwar ist Steuerschuldner – anders als bei den Sozialversicherungsbeiträgen – allein der Arbeitnehmer (§ 38 Abs. 2 Satz 1 EStG). Der Arbeitnehmer hat gegen seinen Arbeitgeber jedoch lediglich einen **schuldrechtlichen Anspruch** auf Leistung des ihm rechtlich zustehenden Lohns sowie auf Abführung des gesetzlich vorgeschriebenen Anteils an das Finanzamt. Vor der vom Arbeitgeber an das Finanzamt zu erbringenden Zahlung wird allein durch die Führung von Lohnkonten eine treuhänderische Berechtigung des Arbeitnehmers nicht begründet (BGHZ 157, 350, 359 = ZInsO 2004, 270). Führt der Schuldner (Arbeitgeber) die Lohnsteuer nicht innerhalb der gesetzlich vorgeschriebenen Frist (§§ 41a Abs. 1 und 2, 42d Abs. 1 Nr. 1 EStG) ab, haftet er ggü. dem Finanzamt, das den Arbeitnehmer nur noch in den Ausnahmefällen des § 42d Abs. 3 Satz 4 EStG in Anspruch nehmen kann, für die einbehaltenen und abzuführenden Lohnsteuern. Zahlt der Schuldner (Arbeitgeber) später doch noch an das Finanzamt, so leistet er zur Erfüllung seiner eigenen Haftungsschuld. Ohne diese Befriedigung könnte das Finanzamt die Haftungsschuld nur als Insolvenzgläubigerin gem. § 38 geltend machen.

68 Die Zahlung **der Umsatzsteuer kann** nach std. Rspr. des BGH gegenüber dem Empfänger als gläubigerbenachteiligende Rechtshandlung angefochten werden (BGH, ZInsO 2016, 341 m.w.N.; vgl. insoweit jedoch § 143 Rdn. 42).

69 Ist der Schuldner Mitinhaber eines sog. »**Oder-Kontos**« und werden von diesem Konto Zahlungen vorgenommen, liegt ungeachtet der Mitberechtigung weiterer Kontoinhaber eine Benachteiligung der Gläubiger auch und gerade des Schuldners vor (OLG Hamburg, ZIP 2008, 88). Unbeachtlich ist insoweit, ob und ggf. inwieweit dem Schuldner im Innenverhältnis der Mitinhaber das Kontoguthaben zustand (OLG Hamburg a.a.O.). Zahlungen, die der Schuldner aus **darlehensweise** in Anspruch genommenen Mitteln bewirkt, sind gläubigerbenachteiligend, selbst wenn dem Schuldner kein pfändbarer Anspruch auf Auszahlung der Darlehensvaluta zugestanden hat (BGH, ZInsO 2009, 2060) und die Darlehensmittel von dem Darlehensgeber ohne in das schuldnerische Vermögen gelangt zu sein direkt und entsprechend einer vereinbarten Zweckbindung zur Gläubigerbefriedigung verwendet werden (BGH, ZInsO 2016, 444 m.w.N.). Zahlungen unter Ausnutzung einer **nicht ausgeschöpften Kreditlinie sind** stets gläubigerbenachteiligend, da der Anspruch auf Auszahlung der Kreditmittel i.H.d. eingeräumten Kreditlinie pfändbar und der Einzelzwangsvollstreckung unterworfen ist (BGH, ZInsO 2002, 276). Dies gilt sogar dann, wenn der **Kredit zweckgebunden** gewährt worden ist, sofern sich aus der Zweckvereinbarung nicht eine bloß treuhänderische Verfügungsberechtigung des Schuldners ergibt (BGHZ 155, 75 = ZInsO 2003, 764). Zahlungen, die der Schuldner unter Inanspruchnahme einer lediglich **geduldeten Kontoüberziehung** leistet, wirken als **mittelbare Zuwendung** (vgl. Rdn. 33 ff.) gläubigerbenachteiligend (BGH, ZInsO 2016, 700). Dies gilt entgegen früherer Rspr. des BGH unabhängig davon, ob durch die Gewährleistung der Überziehungskreditlinie ein pfändbarer Anspruch gegen das Kreditinstitut entsteht oder durch die Inanspruchnahme Sicherheitenrückübertragungsansprüche aufgrund der Valutierung verloren gehen. Werden Zahlungen eines Schuldners von einem debitorisch geführten Konto auf ein anderes, bei demselben Kreditinstitut ebenfalls debitorisch geführten Konto des Schuldners gebucht, ist dies nur gläubigerbenachteiligend, wenn das Konto, dessen debitorischer Saldo verringert wurde, schlechter gesichert – Drittsicherheiten und Bürgschaften Drit-

ter bleiben außer Betracht – ist, als das Konto, dessen debitorischer Saldo erhöht wurde (BGH, ZIP 2008, 1695).

Reicht ein Gläubiger des Schuldners **Lastschriften** des Letzteren bei seiner Hausbank zum Einzug im **Abbuchungsauftragsverfahren** ein und schreibt das Kreditinstitut den Gegenwert vorläufig gut, so wird die Gutschrift endgültig, wenn die Schuldnerbank die Lastschrift nicht rechtzeitig zurückgibt. Steht der Belastung des schuldnerischen Kontos durch die Schuldnerbank bereits ein Veräußerungsverbot (§§ 24, 81, 82) entgegen, so tritt eine Beeinträchtigung des Schuldnervermögens nicht ein. Der Gläubiger hat die Befriedigung seiner Forderung vielmehr bereits durch die Kreditgewährung seitens seiner eigenen Bank erhalten, der er zur Abdeckung die Lastschriften übergeben und die ihnen zugrunde liegenden Forderungen gegen den Schuldner abgetreten hatte. Die Abdeckung dieses Kredites erfolgte schließlich dadurch, dass die Schuldnerbank die von der Gläubigerbank eingereichten Lastschriften nicht rechtzeitig zurückgab (BGH, ZIP 1980, 425).

Die Zahlung von **Versicherungsprämien** auf für den Schuldner bestehende Versicherungsverträge wirkt auch dann gläubigerbenachteiligend, wenn es sich um Pflichtversicherungen und/oder um solche Versicherungsvertragsverhältnisse handelt, die nach Eröffnung eines Insolvenzverfahrens nicht von § 103 erfasst sind (BGH, ZInsO 2016, 1206 zur **privaten Krankenversicherung**); die Zahlung von Versicherungsprämien auf durch den Schuldner bei ihm beschäftigte Arbeitnehmer abgeschlossene **Direktversicherungen** i.S.d. BetrAVG wirkt – wie das OLG Karlsruhe zutreffend ausführt (ZIP 2007, 286) – auch dann gläubigerbenachteiligend, wenn den versicherten Arbeitnehmern unwiderrufliche Bezugsrechte eingeräumt waren (vgl. zur Anfechtung bei Direktversicherung auch Rdn. 37). 70

Bei Ausgleich von Verbindlichkeiten des Schuldners durch Dritte ist nach Rspr. des BGH (ZInsO 2016, 444 m.w.N.) hinsichtlich der Gläubigerbenachteiligung zwischen der **Anweisung auf Schuld** und der **Anweisung auf Kredit** zu unterscheiden. Bei der – gläubigerbenachteiligenden – Anweisung auf Schuld tilgt der Angewiesene mit der Zahlung an den Empfänger eine eigene gegenüber dem Anweisenden bestehende Verbindlichkeit, während bei der – nicht gläubigerbenachteiligenden – Anweisung auf Kredit ohne Pflicht des Angewiesenen gezahlt wird. 71

Zahlungen eines persönlich haftenden Gesellschafters der Schuldnerin als Gesellschaft ohne Rechtspersönlichkeit aus seinem Vermögen an einzelne Gesellschaftsgläubiger können in dem anschließend eröffneten Insolvenzverfahren über das Vermögen der Schuldnerin gläubigerbenachteiligend i.S.d. § 129 wirken (BGH, ZInsO 2008, 1275; vgl. § 143 Rdn. 99). 72

Solche Zahlungen eines nicht persönlich haftenden Gesellschafters sind grds. als nicht gläubigerbenachteiligend anzusehen (BGH, ZInsO 2012, 1425). 73

Zu Leistungen, die durch Ehegatten/nichteheliche Lebensgefährten/Lebenspartner des Schuldners an den Gläubiger erbracht werden vgl. Heitsch, ZInsO 2011, 1533.

Zuwendungen aus dem Gesellschaftsvermögen einer Personengesellschaft an einen der Gesellschafter oder aus dem ehelichen Gesamtgut in das Vorbehaltsgut eines Ehegatten werden durch die jeweilige persönliche Haftung des Begünstigten im Rahmen des Insolvenzverfahrens über das Vermögen einer Personengesellschaft oder des Gesamtgutes wegen der Konkurrenz mit den Eigengläubigern des Begünstigten nicht ausgeglichen (MK-Kayser § 129 Rn. 110a) und wirken somit gläubigerbenachteiligend im Verfahren über das Vermögen einer Personengesellschaft.. 74

Übernimmt ein Dritter neben dem **Vermögen** des Schuldners auch dessen sämtliche Verbindlichkeiten **befreiend** (§§ 414, 415 BGB), so fehlt es an einer Gläubigerbenachteiligung. Demgegenüber schließt der Schuldbeitritt oder die Erfüllungsübernahme im Innenverhältnis eine Gläubigerbenachteiligung nicht grds. aus, da in diesen Fällen die Gläubiger des Übernehmers mit denen des Insolvenzschuldners in Konkurrenz treten, ohne dass die Wertbeständigkeit des übernommenen Vermögens in der Person des Übernehmers gesichert wäre (MK-Kayser § 129 Rn. 110a). 75

76 Keine Gläubigerbenachteiligung liegt vor, wenn vor Verfahrenseröffnung Ansprüche befriedigt werden, die der Insolvenzverwalter ebenso als sonstige Masseverbindlichkeit i.S.v. § 55 hätte befriedigen müssen (BGH, ZInsO 2016, 1421). Damit wirkt der Ausgleich von bspw. Umsatzsteuerverbindlichkeiten, sofern diese von einem vorläufigen Insolvenzverwalter oder mit dessen Zustimmung begründet worden sind, nach Einführung von § 55 Abs. 4 ebensowenig gläubigerbenachteiligend, wie der Ausgleich von Verbindlichkeiten i.S.d. § 55 Abs. 2.

77 An einer Benachteiligung der Insolvenzgläubiger fehlt es darüber hinaus bei der Vornahme von für die Insolvenzmasse **wirtschaftlich neutralen Rechtshandlungen**. Hierzu gehört der Austausch eines Insolvenzgläubigers gegen einen – gleichrangigen, gleich gesicherten – anderen Insolvenzgläubiger (BGH, ZInsO 2009, 2060). Für den umgekehrten Fall des Austausches zweier Drittschuldner des Schuldners gilt dies nicht unbedingt, da auch die Bonität dieser Drittschuldner zu berücksichtigen ist.

Stehen der Insolvenzmasse aus Anlass der anfechtbaren Handlung, die die Haftungsmasse selbst verkürzt hat, auch Ansprüche gegen Dritte zu, so schließt dies die Gläubigerbenachteiligung grds. **nicht** aus. Bestehen z.B. aufgrund der Leistung an den Anfechtungsgegner Ansprüche gem. § 64 GmbHG gegen den Geschäftsführer der Schuldnerin, können diese mit anfechtungsrechtlichen Ansprüchen gegen den Leistungsempfänger konkurrieren; der Insolvenzverwalter hat die Wahl, gegen wen er die Ansprüche der Insolvenzmasse geltend machen will (vgl. § 143 Rdn. 124)

78 Durch Rechtshandlungen, die für die Insolvenzmasse **wirtschaftlich wertlose** Gegenstände betreffen, z.B. nicht gebrauchsfähige Sachen, tritt eine Gläubigerbenachteiligung nicht ein (BGH, ZInsO 2014, 1655). Ist die Übertragung von Vermögensgütern des Schuldners rechtsunwirksam, so benachteiligt sie rgm. die Insolvenzgläubiger nicht; vgl. zur Anfechtbarkeit nichtiger Rechtshandlungen jedoch oben Rdn. 14.

79 Ob die in anfechtungsrechtlich relevanter Weise erlangten Vermögensbestandteile des Schuldners zuvor durch diesen **durch Straftaten erlangt** worden sind, ist anfechtungsrechtlich irrelevant (OLG Hamm, ZInsO 2006, 717).

80 Da die Beeinträchtigung nach § 129 nur Voraussetzung der Anfechtung ist, nicht jedoch deren Umfang bestimmt, sind benachteiligende Rechtshandlungen grds. **insgesamt** anfechtbar, auch wenn sie die Gläubiger nur in geringem Umfang beeinträchtigen. Hat der Anfechtungsgegner eine Gegenleistung erbracht, so wird diese nach Maßgabe des § 144 berücksichtigt, i.Ü. wird er auf eine Insolvenzforderung verwiesen.

81 Eine zunächst eingetretene Gläubigerbenachteiligung kann nachträglich wegfallen, wenn der aus der anfechtbaren Rechtshandlung Begünstigte das anfechtbar Erlangte – oder dessen vollen Wert – mit dem Zweck, die Verkürzung des Schuldnervermögens wieder zu beseitigen, noch vor Eröffnung des Insolvenzverfahrens wieder in das Vermögen des Schuldners zurückführt, also praktisch den späteren Rückgewähranspruch vorab befriedigt (BGH, ZInsO 2015, 2181). Hieran fehlt es jedoch, wenn das anfechtbar Erlangte – oder dessen voller Wert – in einer Art in das schuldnerische Vermögen zurückgewährt wird (bspw. als Barzahlung), die auch weiterhin die Befriedigungsaussichten der Insolvenzgläubiger zumindest erschwert oder verzögert (BGH a.a.O).

3. Arten der Gläubigerbenachteiligung

82 Die InsO unterscheidet zwischen unmittelbarer und mittelbarer Gläubigerbenachteiligung. Soweit eine unmittelbare Gläubigerbenachteiligung erforderlich ist (§§ 132 Abs. 1, 133 Abs. 4) findet dies in den entsprechenden Vorschriften ausdrückliche Erwähnung.

a) Unmittelbar

83 **Unmittelbar** ist eine Benachteiligung, wenn die Rechtshandlung – **ohne Hinzutreten weiterer Umstände** – als solche schon mit der Vornahme die Befriedigungsmöglichkeiten (zukünftiger) Gläubiger **beeinträchtigt** hat (BGH, ZInsO 2016, 1578). **Maßgeblicher Zeitpunkt** ist derjenige

der Vollendung der Rechtshandlung (BGH a.a.O.), ohne dass jedoch in diesem Zeitpunkt bereits Insolvenzgläubiger vorhanden sein müssen. Zweck des Erfordernisses der Unmittelbarkeit ist, denjenigen Nachteil als unbeachtlich auszuschließen, der durch den späteren (Wert-) Verlust der Gegenleistung beim Schuldner eintritt. Eine unmittelbare Gläubigerbenachteiligung liegt immer vor bei einseitigen Vermögensopfern des Schuldners, wenn er also für seine Leistung keine ausgleichende Gegenleistung erhält. Demgegenüber fehlt es an einer unmittelbaren Gläubigerbenachteiligung, wenn für die Leistung des Schuldners eine Gegenleistung in sein Vermögen gelangt, die den Insolvenzgläubigern eine gleichwertige Befriedigungsmöglichkeit bietet, was insb. beim Austausch gleichwertiger Leistungen der Fall ist (BGH a.a.O.). Bei Vorliegen einer gleichwertigen Gegenleistung tritt eine unmittelbare – im Gegensatz zur mittelbaren – Gläubigerbenachteiligung auch dann nicht ein, wenn die Gegenleistung sofort verbraucht oder anderweitig im schuldnerischen Vermögen entwertet wird (BGH, ZInsO 2014, 1602) oder wenn der Vertragspartner vorgeleistet hat und seine Leistung schon verbraucht war, bevor die Leistung des Schuldners erfolgte (BGH, a.a.O.). Zwar entfällt bei einem Bargeschäft stets die unmittelbare Gläubigerbenachteiligung, weil definitionsgemäß eine gleichwertige Gegenleistung in das Schuldnervermögen gelangen muss. Allerdings ist für das Fehlen einer unmittelbaren Gläubigerbenachteiligung das Vorliegen eines Bargeschäfts nicht erforderlich, da es an einer derartigen Gläubigerbenachteiligung auch dann fehlen kann, wenn sich der Austausch der gleichwertigen Leistungen über einen längeren Zeitraum hinzieht.

Bei **Leistungen im Dreiecksverhältnis** ist entscheidend, ob im selben Zusammenhang eine ausgleichende Gegenleistung ins Schuldnervermögen zurückgelangt. 84

Für die Bestimmung einer Benachteiligung ist das **Wertverhältnis** zwischen Leistung und Gegenleistung allein nach **objektiven wirtschaftlichen Maßstäben** zu ermitteln (MK-Kayser § 129 Rn. 117). 85

Das Vorliegen einer unmittelbaren Gläubigerbenachteiligung ist ausschließlich mit Bezug auf das **Wertverhältnis** zwischen den konkret ausgetauschten Leistungen zu beurteilen (BGHZ 154, 190, 195 = ZInsO 2003, 417). Erhält der Schuldner etwas, das zwar keine Gegenleistung darstellt, sich aber in anderer Weise als zumindest gleichwertiger Vorteil erweist, kommt es darauf an, ob der Vorteil unmittelbar mit dem Vermögensopfer zusammenhängt. Das ist nicht schon dann der Fall, wenn das Vermögensopfer gezielt eingesetzt wird, um den Vorteil zu erreichen. Daher ist es zugunsten des Anfechtungsgegners **nicht berücksichtigungsfähig**, dass erst dessen von der Bezahlung von Altforderungen abhängig gemachte Bereitschaft, eine vor Antragstellung mit dem Schuldner verabredete Leistung an diesen zu erbringen, einen neuen Kredit auszureichen oder neue Verträge mit dem Schuldner abzuschließen, die Fortführung des Schuldnerbetriebes ermöglicht hat (BGH, ZInsO 2003, 417). 86

Unmittelbar gläubigerbenachteiligend wirkt insb. der **Kauf zu überhöhtem Preis** oder der **Verkauf unter Wert**. Ob zu überhöhtem Preis ge- oder unter Wert verkauft wird, richtet sich nach dem objektiv zu ermittelnden normalen Marktpreis. Kaufverträge, die einen angemessenen Kaufpreis vorsehen, dem Käufer jedoch die **Aufrechnung** mit einer eigenen Forderung ermöglichen, können zwar hierdurch die Insolvenzgläubiger benachteiligen, jedoch wird diese Benachteiligung nicht schon unmittelbar durch den Vertragsschluss, sondern erst mittelbar durch die Insolvenzeröffnung verursacht. Jedoch kann die durch die Aufrechnungslage geschaffene Sicherung anfechtbar sein.

Auch die **Einräumung langfristiger Rechte**, etwa durch Miet- oder Pachtvertrag, kann eine unmittelbare Gläubigerbenachteiligung bedeuten, wenn der Insolvenzverwalter nach Maßgabe der §§ 103 ff. an den Vertragsschluss gebunden ist (Uhlenbruck-Ede/Hirte § 129 Rn. 337). 87

Risikoverträge wie Versicherungsverträge sind, wenn der Umfang der Leistungspflicht nicht bereits festgelegt ist, nur dann unmittelbar nachteilig, wenn sich die Leistungsdisparität zulasten des Schuldners bereits bei Vertragsschluss erkennen lässt (KPB-Schoppmeyer § 132 Rn. 32).

b) Mittelbar

88 Für die **mittelbare Gläubigerbenachteiligung** genügt es, wenn zwar die maßgebliche Rechtshandlung **allein** noch **keinen Nachteil** für die Insolvenzgläubiger bewirkt, aber die Grundlage für einen weiteren gläubigerbenachteiligenden Ablauf bildet (BGH, ZInsO 2012, 1127 m.w.N.). Nicht erforderlich ist, dass die hinzutretenden weiteren Ursachen selbst auch durch die angefochtene Rechtshandlung verursacht wurden (BGHZ 143, 246, 254 = ZInsO 2000, 117). **Maßgeblicher Zeitpunkt** für die Beurteilung, ob eine mittelbare Gläubigerbenachteiligung eingetreten ist, ist derjenige der letzten mündlichen Verhandlung der Tatsacheninstanz (BGH, ZInsO 2012, 1127). **Wertsteigerungen** einer Sicherheit, die infolge des Wegfalls vorrangiger Sicherungsrechte bis zur Verhandlung eintreten, sind zu berücksichtigen (BGH, ZIP 1993, 271).

89 Sofern für die Anfechtbarkeit einer Rechtshandlung Zahlungsunfähigkeit (§ 17) des (späteren) Insolvenzschuldners tatbestandlich vorausgesetzt wird (so in § 130 Abs. 1 Nr. 1, § 131 Abs. 1 Nr. 2) kann demnach eine mittelbare Gläubigerbenachteiligung auch gegeben sein, wenn der zum Zeitpunkt der Rechtshandlung (§ 140) zahlungsunfähige (spätere) Insolvenzschuldner vor dem Eintritt des zur Eröffnung des Insolvenzverfahrens maßgeblichen Eröffnungsgrundes seine Zahlungsunfähigkeit vorübergehend wiedererlangt hat (BGH, ZInsO 2016, 2393). Eine mittelbare Gläubigerbenachteiligung setzt also nicht eine durchgängige Zahlungsunfähigkeit des (späteren) Insolvenzschuldners voraus (BGH, a.a.O.).

III. Kausalität

90 Zwischen der angefochtenen Rechtshandlung und der Gläubigerbenachteiligung muss ein ursächlicher Zusammenhang bestehen. Es ist – auf der Grundlage des **realen Geschehens** (BGH, ZInsO 2016, 1578) – zu prüfen, ob die Befriedigung der Insolvenzgläubiger ohne die Rechtshandlung günstiger gewesen wäre (BGH, ZInsO 2015, 2374). Dies ist nicht der Fall, wenn z.B. der Schuldner auf dem Grundstück des Anfechtungsgegners Bauleistungen erbracht hat, die sich jedoch auf den für das Grundstück erzielten Kaufpreis nicht ausgewirkt haben (BGH, ZIP 1980, 250). Ist ein Betrieb des Schuldners nur mit der Zustimmung eines Lieferanten günstig zu verwerten und macht dieser seine Zustimmung davon abhängig, dass ihm ggü. bestehende Verbindlichkeiten des Schuldners ausgeglichen werden, so benachteiligt diese Schuldentilgung die anderen Insolvenzgläubiger nicht, wenn der Betrieb ohne die »erkaufte« Zustimmung weniger wert gewesen wäre als der tatsächlich erzielte Kaufpreis abzgl. der Tilgungsleistungen. Ein Erwerb im Wege der **Zwangsvollstreckung** beruht nur dann auf einem **Unterlassen** im anfechtungsrechtlichen Sinne (Abs. 2), wenn der Gläubiger bei Vornahme der dem Schuldner möglichen und von ihm bewusst vermiedenen Rechtshandlung den zwangsweise erworbenen Gegenstand nicht erlangt hätte oder ihn vor Insolvenzverfahrenseröffnung hätte zurückgewähren müssen (BGH, ZInsO 2005, 260). Das Unterlassen von Handlungen, die nicht geeignet sind, dem Gläubiger das zwangsweise erwirkte Recht zu entziehen, ist nicht anfechtbar, da es keine Gläubigerbenachteiligung bewirkt. Zu derartigen unanfechtbaren Unterlassungen zählt auch die Verzögerung des Insolvenzantrages, da sich diese Verzögerung anfechtungsrechtlich allein auf den Fristablauf auswirkt und hierbei alle Gläubiger in gleicher Weise trifft (BGH a.a.O.).

Hypothetische Kausalverläufe vermögen rgm. die Ursächlichkeit einer Rechtshandlung für die Gläubigerbenachteiligung nicht zu beeinflussen (std. Rspr., vgl. BGH, ZInsO 1016, 1578 m.w.N.). Für die Berücksichtigung solcher nur gedachter Geschehensabläufe ist jedenfalls solange kein Raum, wie sich der weggegebene Gegenstand oder ein Surrogat noch im Vermögen des Anfechtungsgegners befindet (BGH, ZInsO 2002, 276). Unerheblich ist daher z.B., ob der Schuldner über den fraglichen Gegenstand auch unanfechtbar hätte verfügen können (BGHZ 130, 314), ob andere Gläubiger unanfechtbar auf den Gegenstand zugegriffen hätten (BGH a.a.O.), ob der begünstigte Gläubiger hätte vollstrecken können anstatt gegen Sicherheit die Forderung zu stunden, ob der Gläubiger einen Vertrag mit dem Schuldner nicht geschlossen hätte, wenn nicht dadurch Aufrechnungsmöglichkeiten begründet worden wären (BGH, ZInsO 2005, 884) oder ob der Gegenstand mutmaßlich beim Schuldner durch einen Brand zerstört worden wäre, wenn dieser ihn nicht vorher weggegeben hätte (Gerhardt, ZIP 1984, 397).

Soweit der Anfechtungsgegner statt des ursprünglich empfangenen Gegenstandes **Wertersatz** zu leisten hat, schränkt § 143 Abs. 1 Satz 2 bzw. Abs. 2 die Haftung für die Unmöglichkeit der Herausgabe ein. Hierbei können ausnahmsweise auch hypothetische Ursachen zu berücksichtigen sein. Hat z.B. der Anfechtungsgegner das ihm Zugewandte zu demselben Zweck verwendet, zu dem es auch der Schuldner hätte verwenden müssen, oder zu einem Zweck, der in vollem Umfang der Gläubigergesamtheit zugutegekommen ist, so ist Rückgewähr durch Wertersatz ausgeschlossen, da den Insolvenzgläubigern jedenfalls der Wert des Geleisteten nicht verloren gegangen ist (MK-Kayser § 129 Rn. 183). 91

Nicht erforderlich ist, dass die anzufechtende Rechtshandlung die einzige Ursache für eine mittelbare Gläubigerbenachteiligung gewesen ist. Zuzurechnen sind auch solche Vermögenszuwendungen, die erst dadurch endgültig werden, dass der Insolvenzverwalter die Leistung des Schuldners an einen Dritten genehmigt.

Die schadenersatzrechtlichen Grundsätze der **Vorteilsausgleichung** greifen nicht ein (BGH, ZInsO 2016, 444). Die §§ 143, 144 regeln selbstständig, inwieweit mögliche ausgleichende Vorteile zu berücksichtigen sind. 92

Sobald der Insolvenzverwalter den anfechtbar entäußerten Gegenstand rechtswirksam aus der Insolvenzmasse **freigibt**, entfällt das Recht zur Insolvenzanfechtung (MK-Kayser § 129 Rn. 184). Vor masseschädigenden Freigabeerklärungen schützt nicht das Anfechtungsrecht, sondern § 60. 93

B. Verfahrensfragen

I. Prüfung jeder einzelnen Rechtshandlung

Grds. ist jede Rechtshandlung selbstständig auf ihre Ursächlichkeit für die konkret gläubigerbenachteiligende Folge zu überprüfen, da jede anfechtbare Rechtshandlung ein eigenes **selbstständiges Rückgewährschuldverhältnis** begründet (BGH, ZInsO 2016, 444). Anfechtungsrechtlich selbstständig zu erfassen sind auch mehrere Rechtshandlungen, die gleichzeitig vorgenommen werden oder sich wirtschaftlich ergänzen (BGH, ZInsO 2007, 1107). Demgegenüber stellen dinglich wirkende Übertragungen von Vermögensgütern, die rechtlich in mehreren Einzelakten verwirklicht werden (z.B. Einigung und Übergabe bei Übereignung oder Verpfändung) stets eine einzige Rechtshandlung im anfechtungsrechtlichen Sinne dar. Wirtschaftliche Erwägungen rechtfertigen es allenfalls unter besonderen, als zusätzliche Klammern wirkenden rechtlichen Voraussetzungen (insb. im Fall mittelbarer Zuwendungen), mehrere Rechtshandlungen zu einer Einheit zu verbinden. Dazu genügt es bspw. nicht allein, dass der Schuldner einen Kredit nur aufgenommen hat, um eine bestimmte Schuld zu tilgen (BGH, ZInsO 2002, 276; 2009, 1585). Auch Forderungspfändung oder anderweitige Sicherheitengestellung/-erlangung und die nachfolgende Zahlung des Drittschuldners bzw. Ablösung durch den Schuldner sind zwei selbstständig anfechtbare Rechtshandlungen und stellen keinen einheitlichen, mehraktigen Erwerbsvorgang dar (BGH, ZInsO 2000, 333). Allerdings braucht in derartigen Fällen die Anfechtung beider Rechtshandlungen nicht ausdrücklich zu erfolgen, sondern es genügt, wenn Klagantrag und der vorgetragene Sachverhalt erkennen lassen, dass es dem Insolvenzverwalter um die Herausgabe des aus der Forderungspfändung erlangten Vorteils geht (OLG Hamm, ZInsO 2002, 132). 94

Auch **Grund- und Erfüllungsgeschäft** sind hinsichtl. ihrer Anfechtbarkeit gesondert zu betrachten (BGH, ZInsO 2007, 269). Ist allerdings das Grundgeschäft anfechtbar, so folgt daraus grds. auch die Anfechtbarkeit des Erfüllungsgeschäftes (RGZ 20, 180, 182). Bei unanfechtbarem oder nicht angefochtenem Grundgeschäft ist das der Verpflichtung entsprechende Erfüllungsgeschäft kongruent i.S.v. § 130 und daher nur unter erschwerten Voraussetzungen anfechtbar. Ist allein das Erfüllungsgeschäft angefochten, bleibt die Insolvenzmasse gem. § 144 Abs. 1 aus dem Kausalgeschäft mit einer Insolvenzforderung des Vertragspartners belastet. 95

96 Werden Vermögensverschiebungen derart in mehrere rechtlich selbstständige Einzelakte zerlegt, dass erst der **Gesamtvorgang** die Insolvenzgläubiger wirtschaftlich benachteiligt, und beruht dieses Vorgehen auf einem vorgefassten Plan, ist es zulässig und geboten, den Gesamtvorgang im Hinblick auf das beabsichtigte Ergebnis unter wirtschaftlichen Gesichtspunkten als einheitliche Rechtshandlung zu erfassen (BGH, ZIP 1992, 124). Anhaltspunkt für einen derartigen Plan des Schuldners ist es, wenn verständige Beteiligte, die keine Vermögensverschiebung beabsichtigen, den Vorgang als rechtlich einheitlich gestalten würden (MK-Kayser § 129 Rn. 65). Hauptanwendungsfall ist die mittelbare Zuwendung (vgl. Rdn. 33 ff.), bei der die Anfechtung gegen denjenigen zu richten ist, der letztendlich den wirtschaftlichen Vorteil aus der Transaktion erlangt hat. Erlangt die Mittelperson selbst Vorteile aus dem Geschäft, kann es insoweit auch ihr ggü. anfechtbar sein.

Zur Anfechtung der einzelnen Rechtshandlungen bei der Übertragung eines wertausschöpfend belasteten Grundstücks bei gleichzeitiger weiterer Verpflichtung des Schuldners vgl. BGH, ZInsO 2007, 778.

II. Darlegungs- und Beweislast

97 Darlegungs- und Beweislast hinsichtlich des Vorliegens einer **Rechtshandlung**, der **Gläubigerbenachteiligung** und – soweit erforderlich – ihrer **Unmittelbarkeit** liegen rgm. bei dem Insolvenzverwalter (BGH, ZInsO 2012, 1318). Dieser Obliegenheit genügt er, wenn er das Fehlen einer Gegenleistung des Anfechtungsgegners bzw. – soweit mittelbare Benachteiligung genügt – darlegt/beweist, dass eine erbrachte Gegenleistung im Zeitpunkt der letzten mündlichen Verhandlung in der Tatsacheninstanz nicht mehr vorhanden oder dass sie nicht gleichwertig ist (BGH, ZIP 1999, 196). Bei Eröffnung des Insolvenzverfahrens wegen **Überschuldung** (§ 19) spricht bereits der Anschein dafür, dass die Insolvenzmasse nicht zur Befriedigung aller Gläubiger ausreicht. Dieses hat der Anfechtungsgegner zu entkräften (BGH, ZInsO 2014, 598). Daher trägt der Insolvenzverwalter nur im Fall der Verfahrenseröffnung wegen **(drohender) Zahlungsunfähigkeit** (§§ 17, 18) die Beweislast für die nicht zur Vollbefriedigung der Insolvenzgläubiger ausreichende Insolvenzmasse. Bei der Prüfung der Vermögensunzulänglichkeit sind angemeldete aber bislang nicht zur Tabelle festgestellte Insolvenzforderungen zu berücksichtigen, deren Feststellung noch möglich ist (BGH, ZInsO 2014, 598).

98 Den Anfechtungsgegner trifft hinsichtlich etwa geltend zu machender Gegenrechte eine sekundäre Darlegungslast (BGH, ZInsO 2015, 1497). Erst wenn er solche Rechte vorträgt, muss der Insolvenzverwalter darlegen und beweisen, dass diese Rechte nicht bestehen oder ihrerseits anfechtbar sind (BGH a.a.O.).

99 Den Beweis der nicht wertausschöpfenden Belastung eines weggegebenen Gegenstandes/Rechts hat der Insolvenzverwalter zu führen (KG, ZInsO 2005, 656 zum AnfG); dabei ist für die Behauptung, der Erlös eines Grundstückes bei der Zwangsversteigerung reiche nicht zur Befriedigung aller Grundpfandrechtsgläubiger aus, grds. durch Sachverständige und nicht durch Zeugenbeweis anzutreten (BGH, ZInsO 2006, 151). Beruft sich der Anfechtungsgegner auf wertausschöpfende Belastung eines Grundstücks im Zeitpunkt der Vornahme der angefochtenen Rechtshandlung, trifft ihn eine sekundäre Darlegungslast bzgl. der zu diesem Zeitpunkt valutierenden grundpfandrechtlichen Belastungen (BGH a.a.O.).

100 Verteidigt sich der Anfechtungsgegner mit einem anfechtungsfest erworbenen Absonderungsrecht, muss der Insolvenzverwalter eine etwaige anfechtbare Wertschöpfung des Sicherungsgutes darlegen und beweisen (BGH, ZInsO 2015, 1497).

101 Zur schlüssigen Darlegung der Gläubigerbenachteiligung gehört nicht, dass der Insolvenzverwalter nachweist, dass angefochtene Zahlungen aus dem der Pfändung unterworfenen schuldnerischen Vermögen stammen (BGH, ZInsO 2009, 2060).

102 Zu weiteren verfahrens- und prozessrechtlichen Fragen vgl. § 143 Rdn. 101 ff.

§ 130 Kongruente Deckung

(1) ¹Anfechtbar ist eine Rechtshandlung, die einem Insolvenzgläubiger eine Sicherung oder Befriedigung gewährt oder ermöglicht hat,
1. wenn sie in den letzten drei Monaten vor dem Antrag auf Eröffnung des Insolvenzverfahrens vorgenommen worden ist, wenn zur Zeit der Handlung der Schuldner zahlungsunfähig war und wenn der Gläubiger zu dieser Zeit die Zahlungsunfähigkeit kannte oder
2. wenn sie nach dem Eröffnungsantrag vorgenommen worden ist und wenn der Gläubiger zur Zeit der Handlung die Zahlungsunfähigkeit oder den Eröffnungsantrag kannte.

²Dies gilt nicht, soweit die Rechtshandlung auf einer Sicherungsvereinbarung beruht, die die Verpflichtung enthält, eine Finanzsicherheit, eine andere oder eine zusätzliche Finanzsicherheit im Sinne des § 1 Abs. 17 des Kreditwesengesetzes zu bestellen, um das in der Sicherungsvereinbarung festgelegte Verhältnis zwischen dem Wert der gesicherten Verbindlichkeiten und dem Wert der geleisteten Sicherheiten wiederherzustellen (Margensicherheit).

(2) Der Kenntnis der Zahlungsunfähigkeit oder des Eröffnungsantrags steht die Kenntnis von Umständen gleich, die zwingend auf die Zahlungsunfähigkeit oder den Eröffnungsantrag schließen lassen.

(3) Gegenüber einer Person, die dem Schuldner zur Zeit der Handlung nahestand (§ 138), wird vermutet, daß sie die Zahlungsunfähigkeit oder den Eröffnungsantrag kannte.

1 Die Vorschrift ist durch das Gesetz zur Verbesserung der Rechtssicherheit bei Anfechtungen nach der Insolvenzordnung und nach dem Anfechtungsgesetz vom 29.03.2017 (BGBl. I 2017, 654) nicht geändert worden.

§ 131 Inkongruente Deckung

(1) Anfechtbar ist eine Rechtshandlung, die einem Insolvenzgläubiger eine Sicherung oder Befriedigung gewährt oder ermöglicht hat, die er nicht oder nicht in der Art oder nicht zu der Zeit zu beanspruchen hatte,
1. wenn die Handlung im letzten Monat vor dem Antrag auf Eröffnung des Insolvenzverfahrens oder nach diesem Antrag vorgenommen worden ist,
2. wenn die Handlung innerhalb des zweiten oder dritten Monats vor dem Eröffnungsantrag vorgenommen worden ist und der Schuldner zur Zeit der Handlung zahlungsunfähig war oder
3. wenn die Handlung innerhalb des zweiten oder dritten Monats vor dem Eröffnungsantrag vorgenommen worden ist und dem Gläubiger zur Zeit der Handlung bekannt war, daß sie die Insolvenzgläubiger benachteiligte.

(2) ¹Für die Anwendung des Absatzes 1 Nr. 3 steht der Kenntnis der Benachteiligung der Insolvenzgläubiger die Kenntnis von Umständen gleich, die zwingend auf die Benachteiligung schließen lassen. ²Gegenüber einer Person, die dem Schuldner zur Zeit der Handlung nahestand (§ 138), wird vermutet, daß sie die Benachteiligung der Insolvenzgläubiger kannte.

1 Der Regierungsentwurf des Gesetzes zur Verbesserung der Rechtssicherheit bei Anfechtungen nach der Insolvenzordnung und nach dem Anfechtungsgesetz vom 16. Dezember 2015 (BT-Drs. 18/7054) sah noch eine – bereits in der Vergangenheit vielfach diskutierte – Änderung der Vorschrift dahingehend vor, dass in Abs. 1 ein Satz 2 »Eine Rechtshandlung wird nicht allein dadurch zu einer solchen nach Satz 1, dass die Sicherung oder Befriedigung durch Zwangsvollstre-

ckung erwirkt oder zu deren Abwendung bewirkt worden ist.« neu eingefügt werden sollte; diese beabsichtigte Neufassung ist auf einhellige Kritik gestoßen und letztlich unter anderem mit der Begründung nicht Gesetz worden, dass sie auf eine faktische Privilegierung der »selbsttitulierenden« Gläubiger hinauslaufen würde (Hirte, Rede im Dt. Bundestag vom 17. Februar 2017, abgedruckt in ZInsO 2017, 592). Die Vorschrift ist durch das Gesetz zur Verbesserung der Rechtssicherheit bei Anfechtungen nach der Insolvenzordnung und nach dem Anfechtungsgesetz vom 29.03.2017 (BGBl. I 2017, 654) letztlich daher nicht geändert worden.

§ 132 Unmittelbar nachteilige Rechtshandlungen

(1) Anfechtbar ist ein Rechtsgeschäft des Schuldners, das die Insolvenzgläubiger unmittelbar benachteiligt,
1. wenn es in den letzten drei Monaten vor dem Antrag auf Eröffnung des Insolvenzverfahrens vorgenommen worden ist, wenn zur Zeit des Rechtsgeschäfts der Schuldner zahlungsunfähig war und wenn der andere Teil zu dieser Zeit die Zahlungsunfähigkeit kannte oder
2. wenn es nach dem Eröffnungsantrag vorgenommen worden ist und wenn der andere Teil zur Zeit des Rechtsgeschäfts die Zahlungsunfähigkeit oder den Eröffnungsantrag kannte.

(2) Einem Rechtsgeschäft, das die Insolvenzgläubiger unmittelbar benachteiligt, steht eine andere Rechtshandlung des Schuldners gleich, durch die der Schuldner ein Recht verliert oder nicht mehr geltend machen kann oder durch die ein vermögensrechtlicher Anspruch gegen ihn erhalten oder durchsetzbar wird.

(3) § 130 Abs. 2 und 3 gilt entsprechend.

1 Die Vorschrift ist durch das Gesetz zur Verbesserung der Rechtssicherheit bei Anfechtungen nach der Insolvenzordnung und nach dem Anfechtungsgesetz vom 29.03.2017 (BGBl. I 2017, 654) nicht geändert worden.

§ 133 Vorsätzliche Benachteiligung

(1) [1]Anfechtbar ist eine Rechtshandlung, die der Schuldner in den letzten zehn Jahren vor dem Antrag auf Eröffnung des Insolvenzverfahrens oder nach diesem Antrag mit dem Vorsatz, seine Gläubiger zu benachteiligen, vorgenommen hat, wenn der andere Teil zur Zeit der Handlung den Vorsatz des Schuldners kannte. [2]Diese Kenntnis wird vermutet, wenn der andere Teil wusste, daß die Zahlungsunfähigkeit des Schuldners drohte und dass die Handlung die Gläubiger benachteiligte.

(2) Hat die Rechtshandlung dem anderen Teil eine Sicherung oder Befriedigung gewährt oder ermöglicht, beträgt der Zeitraum nach Absatz 1 Satz 1 vier Jahre.

(3) [1]Hat die Rechtshandlung dem anderen Teil eine Sicherung oder Befriedigung gewährt oder ermöglicht, welche dieser in der Art und zu der Zeit beanspruchen konnte, tritt an die Stelle der drohenden Zahlungsunfähigkeit des Schuldners nach Absatz 1 Satz 2 die eingetretene. [2]Hatte der andere Teil mit dem Schuldner eine Zahlungsvereinbarung getroffen oder diesem in sonstiger Weise eine Zahlungserleichterung gewährt, wird vermutet, dass er zur Zeit der Handlung die Zahlungsunfähigkeit des Schuldners nicht kannte.

(4) [1]Anfechtbar ist ein vom Schuldner mit einer nahestehenden Person (§ 138) geschlossener entgeltlicher Vertrag, durch den die Insolvenzgläubiger unmittelbar benachteiligt werden. [2]Die Anfechtung ist ausgeschlossen, wenn der Vertrag früher als zwei Jahre vor dem Eröffnungsantrag geschlossen worden ist oder wenn dem anderen Teil zur Zeit des Vertragsschlusses ein Vorsatz des Schuldners, die Gläubiger zu benachteiligen, nicht bekannt war.

§ 133 a.F. Vorsätzliche Benachteiligung

(1) ¹Anfechtbar ist eine Rechtshandlung, die der Schuldner in den letzten zehn Jahren vor dem Antrag auf Eröffnung des Insolvenzverfahrens oder nach diesem Antrag mit dem Vorsatz, seine Gläubiger zu benachteiligen, vorgenommen hat, wenn der andere Teil zur Zeit der Handlung den Vorsatz des Schuldners kannte. ²Diese Kenntnis wird vermutet, wenn der andere Teil wußte, daß die Zahlungsunfähigkeit des Schuldners drohte und daß die Handlung die Gläubiger benachteiligte.

(2) ¹Anfechtbar ist ein vom Schuldner mit einer nahestehenden Person (§ 138) geschlossener entgeltlicher Vertrag, durch den die Insolvenzgläubiger unmittelbar benachteiligt werden. ²Die Anfechtung ist ausgeschlossen, wenn der Vertrag früher als zwei Jahre vor dem Eröffnungsantrag geschlossen worden ist oder wenn dem anderen Teil zur Zeit des Vertragsschlusses ein Vorsatz des Schuldners, die Gläubiger zu benachteiligen, nicht bekannt war.

Übersicht

	Rdn.
A. Norminhalt	1
I. Gläubigerbenachteiligende Rechtshandlung	2
II. Abs. 4	13
1. Entgeltlicher Vertrag	14
2. Nahestehende Personen	15
3. Unmittelbare Gläubigerbenachteiligung	16
III. Zeitrahmen	17
IV. Gläubigerbenachteiligungsvorsatz	18
V. Kenntnis des anderen Teils	29
B. Verfahrensfragen	34
I. Darlegungs- und Beweislast	34
II. Besonderheiten der Beweislastverteilung	37
1. Abs. 1	37
a) Kenntnis von (drohender) Zahlungsunfähigkeit und Gläubigerbenachteiligung	37
b) Tatsächliche Beweisanzeichen	52
2. Abs. 2	66
3. Abs. 3	67
a) Kenntnis von eingetretener Zahlungsunfähigkeit und Gläubigerbenachteiligung	67
b) Vermutung der Unkenntnis von Zahlungsunfähigkeit	70
4. Abs. 4	73
III. Weitere Verfahrensfragen	74
C. Ausblick	75

A. Norminhalt

§ 133 regelt die sog. **Vorsatzanfechtung**. Die Vorschrift ist durch das Gesetz zur Verbesserung 1 der Rechtssicherheit bei Anfechtungen nach der Insolvenzordnung und nach dem Anfechtungsgesetz vom 29.03.2017 (BGBl. I 2017, 654), in Kraft getreten am 05.04.2017, insoweit neugefasst worden, als dass die Abs. 2 und 3 neu eingeführt worden sind; Abs. 1 ist unverändert geblieben und der bisherige Abs. 2 ist nunmehr – inhaltlich unverändert – Abs. 4. Die Neuregelung beansprucht Gültigkeit für Insolvenzverfahren, die nach dem 04.04.2017 eröffnet worden sind, Art. 103j Abs. 1 EG-InsO. Der **Regelfall** der **Vorsatzanfechtung** ist in Abs. 1 Satz 1 normiert. Bei Vorliegen bestimmter weiterer Voraussetzungen greift die **Beweislastumkehr** des Abs. 1 Satz 2 ein. Abs. 2 (n.F.) verkürzt die Frist, binnen derer die anfechtbare Rechtshandlung vorgenommen worden sein muss, sofern es sich bei dieser Rechtshandlung um eine sog. **Deckungshandlung** gehandelt hat; Abs. 3 (n.F.) enthält eine zu der in Abs. 1 Satz 2 vorgenommenen Beweislastumkehr gegenteilige gesetzliche Vermutung für den Fall, dass es sich bei der anfechtbaren Rechtshandlung um eine **kongruente Deckungshandlung** gehandelt hat.

I. Gläubigerbenachteiligende Rechtshandlung

Zu den Begriffen der **Gläubigerbenachteiligung** und der **Rechtshandlung** vgl. § 129; eine **mittel-** 2 **bare** Gläubigerbenachteiligung ist im Rahmen der Abs. 1 bis 3 ausreichend.

Abs. 1 Satz 1 erfasst alle Rechtshandlungen im Sinne des § 129, soweit sie **vom Schuldner** willensgeleitet und verantwortungsgesteuert (BGH, ZInsO 2014, 293) vorgenommen wurden. Demgegenüber sind Abs. 2 und 3 nur einschlägig, sofern die anfechtbare Rechtshandlung des Schuldners in einer sog. **Deckungshandlung** bestanden hat (zur Abgrenzung vgl. Rdn. 8).

Erfasst sind in allen Fällen der Abs. 1 bis 3 auch solche Rechtshandlungen, die unter Abs. 4 fallen (vgl. aber Rdn. 13).

Das Handeln eines **Stellvertreters** oder einer angewiesenen Zwischenperson wird dem Schuldner nach allg. Grundsätzen als eigenes Handeln zugerechnet; Gleiches gilt bei **mittelbaren Zuwendungen** (vgl. § 129 Rdn. 33 ff.) unter Einschaltung eines Dritten.

Eine Rechtshandlung des Schuldners liegt daher auch bei Zahlung mittels **Banküberweisung** (BGH, ZInsO 2016, 628) oder **Lastschrift** (BGH, ZInsO 2013, 1077)vor, wenn sich der Schuldner des für ihn kontoführenden Kreditinstitutes als »Zahlungs- und Verrechnungsstelle« bedient und die vereinbarten und üblichen Regeln eingehalten werden (BGH, ZInsO 2013, 1077). Demnach kann auch das für den Schuldner kontoführende Kreditinstitut als »Leistungsmittler« nach den Grundsätzen der **mittelbaren Zuwendung** (im Wege der Vorsatzanfechtung) durchaus gesamtschuldnerisch mit dem Leistungsempfänger (im Wege der Deckungsanfechtung) Anfechtungsgegner sein (BGH, ZInsO 2013, 384).

3   Auch Verfügungen eines Schuldners gemeinsam mit einem **Mitberechtigten** können nach Abs. 1 bis 3 anfechtbar sein (BGH, ZInsO 2015, 2181).

4   Rechtshandlungen **Dritter** sind grds. nicht nach Abs. 1 bis 3 anfechtbar. Es ist jedoch nicht erforderlich, dass die Initiative zu dem die Gläubiger benachteiligenden Handeln vom Schuldner ausgeht (BGHZ 162, 143 = ZInsO 2005, 260). Eine Rechtshandlung des **Schuldners** liegt deshalb bereits dann vor, wenn dieser lediglich an ihr beteiligt ist, sie also nicht allein ausführt (BGHZ 155, 75, 79 = ZInsO 2003, 764).

5   Rechtshandlungen Dritter genügen daher den Anforderungen der Abs. 1 bis 3, wenn sie im einverständlichen **Zusammenwirken** mit dem Schuldner erfolgen. Eine ausdrückliche Verabredung zwischen Schuldner und Anfechtungsgegner ist nicht erforderlich, vielmehr genügt aufseiten des Schuldners eine mitwirkende Rechtshandlung (BGH, ZInsO 2015, 2180) oder gar bewusstes und willentliches Unterlassen (§ 129 Abs. 2), wenn daraus auf einen Gläubigerbenachteiligungsvorsatz zu schließen ist (BGH, ZInsO 2011, 574).

6   **Zwangsvollstreckungsmaßnahmen** von Gläubigern unterliegen grds. nicht der Anfechtung nach § 133, sondern nur ausnahmsweise dann, wenn Rechtshandlungen des Schuldners oder diesen gleichstehende Unterlassungen zum Erfolg der Vollstreckungsmaßnahme beigetragen haben (BGH, ZInsO 2014, 293 m.w.N.), wenn also der Schuldner den Vollstreckungserfolg aktiv fördert (BGH, ZInsO 2011, 574) oder willentlich mitschafft, indem er z.B. durch Einzahlung auf ein debitorisches Konto ein an diesem erwirktes Pfandrecht werthaltig macht (BGH, ZInsO 2013, 2213) oder pfändbare Gegenstände einzelnen Gläubigern vorenthält, um sie für den Zugriff eines anderen Gläubigers bereit zu halten (BGH, ZIP 1986, 926). Anfechtbar kann ggf. jedoch nicht der hoheitliche Eigentumserwerb durch Zuschlag in der Zwangsversteigerung sein (BGH, ZIP 2004, 1619), da es insoweit an einer (Mitwirkungs)Handlung des Schuldners fehlt. Hat der Anfechtungsgegner den fraglichen Gegenstand zunächst rechtsgeschäftlich erworben und wird er ihm später im Rahmen einer seitens eines Gläubigers des Schuldners eingeleiteten Zwangsvollstreckung erneut zugeschlagen, ist allein der vorangehende rechtsgeschäftliche Erwerb maßgeblich (BGHZ 159, 397 zu § 11 AnfG m. Anm. Stickelbrock, EWiR 2005, 53).

7   Leistet der Schuldner unter dem Druck oder zur Abwendung der **angedrohten Zwangsvollstreckung**, so liegt eine Handlung des Schuldners vor, soweit der Schuldner bei Vornahme noch die Möglichkeit hatte, darüber zu entscheiden, ob er die angeforderte Leistung zu erbringen oder zu verweigern hat. Dies ist der Fall, wenn der Schuldner zur Abwendung der ihm angedrohten, demnächst zu erwartenden Vollstreckung leistet (BGH, ZInsO 2015, 1262 m.w.N.). Hat er dagegen

nur noch die Wahl, die geforderte Zahlung sofort zu leisten oder die Vollstreckung durch die bereits anwesende Vollziehungsperson zu dulden, ist jede Möglichkeit zu einem selbstbestimmten Handeln ausgeschaltet, weshalb es an einer in Abs. 1 bis 3 tatbestandlichen willensgeleiteten Rechtshandlung des Schuldners fehlt (BGH, ZInsO 2012, 2244 m.w.N.). Sofern die Vollstreckung voraussichtlich fruchtlos verlaufen würde und der Schuldner dennoch per Scheck an die bereits anwesende Vollziehungsperson leistet, handelt es sich um eine Handlung des Schuldners (BGH, ZInsO 2012, 1318). Gleiches gilt für Zahlungen des Schuldners an die in dessen Wohnung erschienene und zur Vollstreckung bereite Vollziehungsperson, wenn weder eine richterliche Anordnung i.S.d. § 758a ZPO vorliegt, noch der Schuldner einer Durchsuchung zustimmt. In solchen Fällen besteht mangels Duldungspflicht noch die Möglichkeit zur willensgeleiteten Handlung (BGH, ZInsO 2011, 574; vgl. jedoch insoweit § 287 Abs. 4 Satz 2 AO). Auch die (Teil-) Zahlung eines Schuldners auf eine durch das Vollstreckungsorgan nach fruchtlosem Zwangsvollstreckungsversuch herbeigeführte Ratenzahlungsvereinbarung stellt schuldnerisches Handeln dar (BGH, ZInsO 2010, 226).

Wird ein Darlehensanspruch des Schuldners – bspw. aus Dispositionskredit – gepfändet und überweist daraufhin der Schuldner aus den darlehensweise in Anspruch genommenen Mitteln an den Pfändungsgläubiger, liegt eine **schuldnerische** Handlung schon aufgrund der höchstpersönlichen Natur des Darlehensabrufs vor (BGH, ZInsO 2011, 1350).

Während Abs. 1 auch in der nunmehr geänderten Fassung des § 133 den Regelfall der Vorsatzanfechtung darstellt, haben die in Abs. 2 und 3 vorgesehenen Einschränkungen gesetzessystematischen Ausnahmecharakter; tatsächlich dürfte sich in der Praxis dieses Regel-Ausnahmeverhältnis aber umgekehrt darstellen. Die Anwendbarkeit des Abs. 1 wird – entsprechend dem ausdrücklichen gesetzgeberischen Willen – zukünftig auf reine **Vermögensverschiebungshandlungen** des Schuldners beschränkt sein, während die Anfechtung nach Abs. 2 und 3 nur möglich sein wird, wenn es sich bei der anfechtbaren Rechtshandlung des Schuldners um eine **Deckungshandlung** gehandelt hat. Eine schuldnerische Deckungshandlung liegt vor, wenn durch die Rechtshandlung einem anderen hinsichtlich seines gegen den (späteren) Insolvenzschuldner gerichteten Anspruchs eine Sicherung oder Befriedigung gewährt oder ermöglicht worden ist, der andere Teil also zum Zeitpunkt der Vornahme der Rechtshandlung (§ 140) jedenfalls insoweit Gläubiger des (späteren) Insolvenzschuldners gewesen ist. Ob der Anspruch des Gläubigers zu diesem Zeitpunkt durchsetzbar gewesen ist, ist für die Klassifizierung der schuldnerischen Rechtshandlung als Deckungshandlung irrelevant und lediglich für deren Beurteilung als kongruent oder inkongruent erheblich; maßgeblich für die Klassifizierung als Deckungshandlung ist lediglich, ob der Anspruch bereits zumindest dem Grunde nach entstanden gewesen ist. Vermögensverschiebungshandlungen liegen – in Abgrenzung zur Deckungshandlung – vor, wenn der andere Teil, also der durch die anfechtbare Rechtshandlung des Schuldners Begünstigte, zum Zeitpunkt der Rechtshandlung (§ 140) gar keinen Anspruch auf das Erlangte gehabt hat, also nicht Gläubiger des (späteren) Insolvenzschuldners gewesen ist. Hatte der insoweit Begünstigte demgegenüber einen lediglich nicht durchsetzbaren Anspruch – bspw. aus unvollkommener Verbindlichkeit oder auf Grund bestehender Einreden gegen den Anspruch oder mangels Fälligkeit des Anspruchs – stellt die den Anspruch befriedigende (oder sichernde) Rechtshandlung des Schuldners eine (inkongruente) Deckungshandlung dar. Soweit Thole (ZIP 2017, 401) grundsätzlich zutreffend darauf hinweist, dass es somit dem Gestaltungsgeschick des (späteren) Insolvenzschuldners obliege, eine beabsichtigte Vermögensverschiebung durch vorherige Begründung einer diesbzgl. vertraglichen Pflicht (bspw. Schenkungsvertrag) zu einer Deckungshandlung umzugestalten und somit die Vorzüge der nach Abs. 2 und 3 gegenüber Abs. 1 eingeschränkten Anfechtungsmöglichkeit zu genießen, ist dem entgegen zu halten, dass in solchen Fällen allerdings stets die Begründung der zu der Deckungshandlung führenden (vertraglichen) Verpflichtung selbst als schuldnerische (Vorbereitungs-)Rechtshandlung nach Abs. 1 anfechtbar sein wird, wodurch der Klassifizierung der – zeitlich nachfolgenden – (Befriedigungs- oder Sicherungs-)Rechtshandlung als Deckungshandlung die (Rechts-)Grundlage entzogen wird.

9 Anders als die §§ 130, 131 differenziert Abs. 2 nicht danach, ob die Sicherung oder Befriedigung (Deckungshandlung) durch den anderen Teil überhaupt, in der Art und zu der Zeit zu beanspruchen war – also kongruent – oder nicht – also inkongruent – gewesen ist. Abs. 2 gilt somit sowohl für kongruente Deckungshandlungen i.S.d. § 130, als auch für inkongruente Deckungshandlungen i.S.d. § 131. Letztere liegen vor, wenn ein Gläubiger eine Leistung, die er nicht (bspw. weil ihr eine Einrede entgegengestanden hat), nicht in der Art (bspw. bei Erfüllungssurrogaten; ganz allgemein bei nicht verkehrsüblicher Abweichung von geschuldeter Leistungsart) oder nicht zu der Zeit (bspw. vor Fälligkeit) beanspruchen konnte, erhält. Nach std. höchstrichterlicher Rspr. stellen Sicherungen und Befriedigungen, die im Wege der Zwangsvollstreckung erlangt worden sind, inkongruente Deckungen (»nicht in der Art«) dar (BGH, ZInsO 2008, 806; BAG, ZInsO 2011, 1560), sofern sie binnen des durch § 131 erfassten Zeitraums erfolgt sind; gleiches gilt – ohne die zeitliche Beschränkung – für unter dem Druck und/oder zur Erledigung eines angedrohten oder bereits gestellten Antrags auf Eröffnung des Insolvenzverfahrens über das Vermögen des (späteren) Insolvenzschuldners gewährte derartige Deckungen (BGH, ZInsO 2004, 145; BAG, ZInsO 2014, 1386).

10 Abs. 3 übernimmt demgegenüber die Formulierung aus § 130 und betrifft somit ausschließlich kongruente Deckungshandlungen. Solche liegen vor, wenn der Gläubiger einer Leistung diese durch seinen Schuldner exakt so wie geschuldet erhält. Völlig unerhebliche Abweichungen von der geschuldeten Leistungsart bleiben bei der Beurteilung aber außer Betracht und führen nicht zur Inkongruenz der Deckungshandlung.

11 Lediglich im Rahmen des Abs. 1 ist nicht erforderlich, dass die Rechtshandlung einem Insolvenzgläubiger zugutekommt. Tatsächlich ist eine drittbegünstigende Wirkung der schuldnerischen Rechtshandlung für die Anwendbarkeit des Abs. 1 überhaupt nicht erforderlich (BFH, ZIP 2010, 1356 zu dem wortlautgleichen § 3 Abs. 1 AnfG). Der Wortlaut der Vorschrift (»wenn der andere Teil«) beschränkt ihren Anwendungsbereich insoweit nicht; vielmehr erschöpft sich die Bedeutung des Abs. 1 Satz 1 HS 2 darin, den gutgläubigen Erwerber in Fällen der Drittbegünstigung zu schützen (BFH a.a.O.). Im Fall der Selbstbegünstigung einer schuldnerischen Rechtshandlung geht der Konditionalsatz ins Leere (BFH a.a.O.).

Demgegenüber muss die anfechtbare Rechtshandlung des (späteren) Insolvenzschuldners für eine Anwendbarkeit der Abs. 2 und/oder 3, da es sich hier um eine Deckungshandlung (vgl. Rdn. 8) handeln muss, gerade einem Insolvenzgläubiger (bzw. demjenigen, der ohne die anfechtbare Rechtshandlung ein solcher wäre) zugutekommen.

12 Die Tatsache, dass es sich bei der schuldnerischen Rechtshandlung um den Bestandteil eines **Bargeschäfts** (§ 142) handelt, schließt die Anfechtung gem. Abs. 1 bis 3 nicht aus, sofern der Schuldner bei Vornahme der Rechtshandlung unlauter gehandelt und der andere Teil dies erkannt hat (vgl. § 142 Rdn. 17 ff.).

II. Abs. 4

13 Abs. 4 enthält einen Unterfall des Tatbestandsmerkmals »vorsätzliche Benachteiligung« aus Abs. 1 Satz 1 (BGH, ZInsO 2010, 1489) und bewirkt für den Fall, dass der Schuldner mit Gläubigerbenachteiligungsvorsatz mit einer nahestehenden Person (§ 138) einen entgeltlichen Vertrag abgeschlossen hat, durch den die Insolvenzgläubiger unmittelbar benachteiligt werden, eine teilweise Beweislastumkehr. Abs. 4 verdrängt bei Anwendbarkeit Abs. 3 (Thole, ZIP 2107, 401); liegt demgegenüber lediglich eine mittelbare Gläubigerbenachteiligung vor und/oder ist der zeitliche Anwendungsbereich des Abs. 4 überschritten, sind Abs. 1 bis 3 anwendbar.

1. Entgeltlicher Vertrag

Der Begriff des Vertrags in Abs. 4 ist weit auszulegen (BGH, ZInsO 2016, 1578). Erfasst sind neben allen schuld- und sachenrechtlichen zweiseitigen rechtsgeschäftlichen Absprachen i.S.d. §§ 145 ff. BGB auch nicht rechtsgeschäftliche Erwerbsvorgänge, die auf wechselseitiger Willensübereinstimmung beruhen (MK-Kayser § 133 Rn. 40), z.B. das Einräumen eines Grundpfandrechts (BGH a.a.O.). Selbst reine Erfüllungsgeschäfte zählen hierzu (BGH, ZInsO 2014, 1603). **14**

Entgeltlich sind Verträge, bei denen der Leistung des Schuldners eine ausgleichende Gegenleistung der ihm nahestehenden Person gegenübersteht und beide rechtlich voneinander abhängen (BGH, ZInsO 2016, 1578). Jeder wirtschaftliche Vorteil des Schuldners kann ausreichend sein. Hierzu zählen auch güterrechtliche Vereinbarungen zwischen Ehegatten bzw. hieraus resultierende Auseinandersetzungsvereinbarungen (BGH, ZInsO 2010, 1489) oder unterhaltsberechtigende Vereinbarungen (BGH, ZInsO 2013, 337). In Betracht kommen weiterhin z.B. Kreditgewährungen, Stundungen oder Zahlungserleichterungen. Auch insoweit sind reine Erfüllungsgeschäfte erfasst; das Entgelt liegt hierbei in der Schuldbefreiung (BGH, ZInsO 2016, 1578). Bedeutet die Erfüllung einer Verbindlichkeit eine entgeltliche Leistung, hat dies ebenso für ihre (bspw. grundpfandrechtliche) Sicherung zu gelten (BGH a.a.O.).

Die Tilgung einer durch einen entgeltlichen Vertrag begründeten Verbindlichkeit des Schuldners ist ihrerseits entgeltlich, während die Befriedigung einer durch einen unentgeltlichen Vertrag begründeten Verbindlichkeit wiederum unentgeltlich ist. Um einen entgeltlichen Vertrag handelt es sich z.B. auch bei der Abrede der Verrechnung gegenseitiger Forderungen (BGH, ZInsO 2004, 1028).

2. Nahestehende Personen

Der Vertrag muss mit einer nahestehenden Person abgeschlossen worden sein. Abs. 4 verweist insoweit auf § 138. Stellvertretung ist nach den allg. Regeln möglich und für die Anfechtbarkeit unerheblich. **15**

3. Unmittelbare Gläubigerbenachteiligung

Die Anfechtung gem. Abs. 4 setzt voraus, dass die Gläubigergesamtheit unmittelbar durch die fragliche Rechtshandlung benachteiligt worden ist (vgl. zur unmittelbaren Gläubigerbenachteiligung § 129 Rdn. 83 ff., zum erforderlichen Zurechnungszusammenhang vgl. § 129 Rdn. 90 f.). **16**

Nicht erforderlich ist – wie im Rahmen der Anfechtung nach Abs. 1 – auch hier, dass der Schuldner bereits im Zeitpunkt des Vertragsschlusses Gläubiger hatte (MK-Kayser § 133 Rn. 44a).

III. Zeitrahmen

Die Rechtshandlung muss im Rahmen des Abs. 1 innerhalb von **10 Jahren** und bei der in Abs. 2 und 3 geregelten Vorsatzanfechtung von Deckungshandlungen innerhalb von 4 Jahren vor dem Eröffnungsantrag oder nach diesem aber vor Verfahrenseröffnung vorgenommen worden sein (vgl. jedoch Art. 106 EGInsO). Bei der Anfechtung entgeltlicher Verträge mit nahestehenden Personen nach Abs. 4 muss der entgeltliche Vertrag binnen der letzten zwei Jahre vor dem Eröffnungsantrag oder nach diesem geschlossen worden sein. Die Fristberechnung richtet sich stets nach § 139. Der Zeitpunkt, in dem die Rechtshandlung als vorgenommen gilt, richtet sich jedenfalls nach § 140. In diesem Zeitpunkt müssen auch (erst) die subjektiven Voraussetzungen des § 133 erfüllt sein. **17**

IV. Gläubigerbenachteiligungsvorsatz

Der im Rahmen des gesamten § 133 stets erforderliche **Gläubigerbenachteiligungsvorsatz** des Schuldners ist gegeben, wenn dieser bei Vornahme der Rechtshandlung (§ 140) die Benachtei- **18** ligung der Gläubiger im Allgemeinen als Erfolg seiner Handlung **gewollt** oder als mutmaßliche Folge – sei es auch als unvermeidliche Nebenfolge eines an sich erstrebten anderen Vorteils – **erkannt und gebilligt** hat (BGH, ZInsO 2016, 910). Das gleiche gilt im Rahmen von gem. § 129 Abs. 2 gleichgestellten Unterlassungen; solche können nicht Anknüpfungspunkt einer Vorsatzanfechtung sein, wenn sie ohne schuldnerisches Bewusstsein hins. der Möglichkeit um eine die Vermögensverlagerung verhindernden Rechtshandlung erfolgen (BGH, ZInsO 2011, 574). Der Vorsatz eines für ihn handelnden **Stellvertreters** oder einer sonstigen Hilfsperson ist dem Schuldner gem. § 166 Abs. 1 BGB (analog) zuzurechnen. Handelt der Vertreter nach bestimmter Weisung des Schuldners, gilt § 166 Abs. 2 BGB. Ist die Schuldnerin eine juristische Person, hat diese eine Rechtshandlung auch dann mit Gläubigerbenachteiligungsvorsatz vorgenommen, wenn ihr Alleingesellschafter das Vertretungsorgan zu der Rechtshandlung angewiesen und dabei mit Gläubigerbenachteiligungsvorsatz gehandelt hat (BGH, ZInsO 2004, 548 für die GmbH). Handeln für den Schuldner **mehrere Personen gemeinschaftlich**, z.B. mehrere Geschäftsführer einer GmbH, genügt es, wenn eine von ihnen mit Gläubigerbenachteiligungsvorsatz handelte; auch insoweit gelten die Grundsätze über die Kenntnis auf Seiten des anderen Teils entsprechend.

19 Nicht erforderlich ist eine Absicht des Schuldners im engeren Sinne. Verlangt wird lediglich ein auf den Erfolg der Gläubigerbenachteiligung gerichteter bestimmter Wille, wobei – auch im Fall einer kongruenten Deckung (BGHZ 155, 75, 84 = ZInsO 2003, 764) – ein **bedingter Vorsatz** ausreichend ist. Ein solcher bedingter Vorsatz liegt vor, wenn der Schuldner bei Vornahme der anfechtbaren Rechtshandlung das Bewusstsein hat, seine Handlung könnte sich zum Nachteil der Gläubiger in ihrer Gesamtheit auswirken, und diese Auswirkung als notwendige Nebenfolge **billigend mit in Kauf nimmt** (std. Rspr. seit BGHZ 155, 75, 84 = ZInsO 2003, 764), sei es auch als unvermeidliche Nebenfolge eines an sich erstrebten anderen Vorteils (BGH, ZInsO 2011, 1410).

20 Dabei reicht es aus, wenn der Schuldner die Benachteiligung seiner Gläubiger im **wirtschaftlichen Sinne** erkennt und in Kauf nimmt. Ein Schuldner, der zahlungsunfähig ist und seine Zahlungsunfähigkeit kennt, handelt rgm. mit Gläubigerbenachteiligungsvorsatz (std. Rspr. des BGH, vgl. ZInsO 2016, 628). Gläubigerbenachteiligungsvorsatz ist daher rgm. gegeben, wenn der Schuldner seine – auch bloß drohende – Zahlungsunfähigkeit kennt (BGHZ 167, 190 = ZInsO 2006, 712; BGH, ZInsO 2012, 1318). Eine zutreffende rechtliche Bewertung der Situation durch den Schuldner ist nicht erforderlich (BGH, ZInsO 2004, 616). Ebenso wenig erforderlich ist, dass die Gläubigerbenachteiligung der Beweggrund oder vorrangige Zweck des schuldnerischen Handelns ist (BGH, ZInsO 2008, 738 zur Zahlung einer Geldauflage gem. § 153a StPO) oder dass gerade diejenige Gläubigerbenachteiligung eintritt, die der Schuldner gewollt hat.

21 Erst recht nicht erforderlich ist ein unlauteres Handeln des Schuldners (BGH, ZInsO 2004, 859) oder gar ein unlauteres Zusammenwirken zwischen Schuldner und Anfechtungsgegner (BGH, ZInsO 2008, 738), vgl. hierzu allerdings § 142 Rdn. 17 ff.

22 Es genügt für alle Anfechtungstatbestände des § 133, wenn sich der Benachteiligungsvorsatz gegen unbestimmte zukünftige Insolvenzgläubiger richtet. Daher ist die Anfechtung – allerdings ausschließlich – gem. § 133 Abs. 1 und 4 auch dann möglich, wenn der Schuldner z.Zt. der fraglichen Rechtshandlung noch gar **keine Gläubiger** hatte (BGH, ZInsO 2012, 971); die im Rahmen der Abs. 2 und 3 vorausgesetzte Deckungshandlung setzt bereits denklogisch voraus, dass zum Zeitpunkt der Vornahme der Rechtshandlung zumindest ein Gläubiger – nämlich der Begünstigte – existiert.

23 Nicht erforderlich ist, dass sich die tatsächlich eingetretene Benachteiligung mit der vom Vorsatz umfassten deckt (BGH, NZI 2008, 233).

24 Ein Gläubigerbenachteiligungsvorsatz ist rgm. dann nicht anzunehmen, wenn der Schuldner für die von ihm empfangene Leistung eines Dritten eine kongruente Gegenleistung erbringt, welche

auch zur Fortführung seines Unternehmens erforderlich ist (BGH, ZInsO 2010, 87; vgl. insgesamt sehr instruktiv hierzu Kayser in FS Fischer, S. 267).

Der Gläubigerbenachteiligungsvorsatz fehlt weiterhin, wenn der Schuldner aufgrund konkreter Umstände davon überzeugt sein konnte, in naher Zukunft alle Insolvenzgläubiger in angemessener Zeit befriedigen zu können (BGH, ZInsO 2016, 507). So kann es dem Schuldner z.B. an dem Bewusstsein der Gläubigerbenachteiligung fehlen, wenn er sein Unternehmen in der festen Überzeugung und mit dem Willen veräußert, aus dem Erlös alle Gläubiger befriedigen zu können (MK-Kayser § 133 Rn. 15). Demgegenüber fehlt der Gläubigerbenachteiligungsvorsatz nicht, wenn die Zurverfügungstellung ausreichender Mittel zwar erhofft oder erwartet wird, jedoch nicht gewährleistet ist (BGH, ZInsO 2006, 712). 25

Allerdings ist der Gläubigerbenachteiligungsvorsatz nicht allein deswegen ausgeschlossen, weil der Schuldner davon überzeugt ist, die Gesamtheit seiner Aktiva übersteige die Passiva, da es allein auf solche Vermögenswerte ankommt, die in absehbarer Zeit in Zahlungsmittel umwandelbar sind (BGH, ZInsO 1999, 107). Die Hoffnung auf eine künftige Verbesserung der Geschäftszahlen bzw. Einkommenssituation schließt ebenso wenig das Vorhandensein eines Benachteiligungsvorsatzes aus, wenn der Schuldner im vollen Bewusstsein handelt, möglicherweise seinen künftigen Zahlungsverpflichtungen nicht nachkommen zu können (BGH, ZIP 1995, 297).

Ein ernsthaftes, wenngleich letztendlich erfolgloses **Sanierungsbemühen** kann (BGH, ZInsO 2012, 171) den Gläubigerbenachteiligungsvorsatz ausschließen. Dieser kann insb. dann fehlen, wenn der Sanierungsversuch zwar – für den Schuldner erkennbar – mit Risiken behaftet war, die Bemühungen um eine Rettung des Unternehmens jedoch ganz im Vordergrund standen und aufgrund konkret benennbarer Umstände eine positive Prognose nachvollziehbar und vertretbar erschien (BGH, ZInsO 2007, 819; MK-Kayser § 133 Rn. 37). Regelmäßig ist ein in sich schlüssiges, von den tatsächlichen Gegebenheiten ausgehendes und auf den Einzelfall bezogenes Sanierungskonzept vorauszusetzen, dessen Umsetzung bereits begonnen haben muss und infolgedessen aufseiten des Schuldners z.Zt. der Rechtshandlung die ernsthafte und begründete Aussicht auf Erfolg zu rechtfertigen ist (BGH, ZInsO 2016, 217; 2012, 171 m.w.N.). Dabei ist sowohl für die Frage der Erkennbarkeit der Ausgangslage als auch für die Prognose der Durchführbarkeit auf die Beurteilung eines unvoreingenommenen – nicht notwendigerweise unbeteiligten – branchenkundigen Fachmanns abzustellen, dem die vorgeschriebenen und/oder üblichen Buchhaltungsunterlagen vorgelegen haben. Das Ausmaß der Prüfung kann dem Umfang des schuldnerischen Unternehmens angepasst werden; in jedem Fall muss die Prüfung unter Berücksichtigung der verfügbaren Zeit die wirtschaftliche Lage des Schuldners im Rahmen seiner Branche analysieren und Krisenursachen ebenso wie Vermögens-, Ertrags- und Finanzlage erfassen (BGH a.a.O.). 26

Eine nicht fachgerechte Einleitung eines Sanierungsversuches kann Rückschlüsse auf eine mangelnde Ernsthaftigkeit der Sanierung zulassen, jedoch kann selbst in einem derartigen Fall der Gläubigerbenachteiligungsvorsatz fehlen, wenn der Schuldner aufgrund konkreter Umstände davon überzeugt war, dass die Sanierung erfolgreich sein werde (BGH, ZIP 1998, 218).

Die so entwickelten Grundsätze zur Feststellung eines Gläubigerbenachteiligungsvorsatzes im Rahmen von Sanierungsbemühungen lassen sich auf wirtschaftliche Neugründungen und »Anschubfinanzierungen« nicht ohne Weiteres übertragen (BGH, ZInsO 2009, 873).

Irrtümer können dem Vorliegen der subjektiven Voraussetzungen des § 133 entgegenstehen. Ein **Irrtum** allein in der rechtlichen Bewertung der bekannten Tatsachen ist allerdings unerheblich (BGH, ZInsO 2004, 616). 27

Sofern die Anfechtung ggü. einem Angewiesenen und einem Zuwendungsempfänger in Betracht kommt (vgl. Rdn. 2), kann der Gläubigerbenachteiligungsvorsatz des Schuldners nur einheitlich festgestellt werden (BGH, ZInsO 2012, 924). Zu beachten ist insoweit, dass tatsächliche 28

Beweisanzeichen im Dreiecksverhältnis u.U. andere Berücksichtigung erfahren als in Zwei-Personen-Konstellationen (vgl. Rdn. 53).

Der Gläubigerbenachteiligungsvorsatz muss im **Zeitpunkt der Vornahme** der Rechtshandlung (§ 140) vorliegen (BGH, ZInsO 2008, 814).

V. Kenntnis des anderen Teils

29 Der **andere Teil**, d.h. derjenige, der den zum Nachteil der Gläubigergesamtheit weggegebenen Vermögenswert erlangt hat und dabei – nur i.R.d. Abs. 1 – **nicht notwendig Insolvenzgläubiger** sein muss, muss im Zeitpunkt der Vornahme der Rechtshandlung (§ 140) Kenntnis von dem Benachteiligungsvorsatz des Schuldners haben (BGH, ZInsO 2014, 495). Kenntnis in diesem Sinne meint positives Wissen (BGH, ZInsO 2013, 179), wobei sich dieses nicht auf Einzelheiten zu erstrecken braucht; Kenntnis von dem Benachteiligungsvorsatz im Allgemeinen ist ausreichend (BGH, ZInsO 2013, 2378). Kennen müssen (auch im Sinne grober Fahrlässigkeit) genügt demgegenüber nicht (Uhlenbruck-Ede/Hirte § 133 Rn. 51). Ein eigener Benachteiligungsvorsatz des Anfechtungsgegners ist weder erforderlich noch ausreichend (BGH, ZInsO 2011, 1453).

30 Die Kenntnis von dem Gläubigerbenachteiligungsvorsatz wird gem. Abs. 1 Satz 2 vermutet, wenn der andere Teil wusste, dass die Zahlungsunfähigkeit (§ 17) des Schuldners (zumindest) drohte (§ 18) und dass die Handlung die Gläubiger benachteiligte. Zahlungsunfähigkeit liegt vor, wenn der Schuldner wenigstens 10% seiner fälligen Gesamtverbindlichkeiten länger als 3 Wochen nicht erfüllen kann, sofern nicht ausnahmsweise mit an Sicherheit grenzender Wahrscheinlichkeit zu erwarten ist, dass die Liquiditätslücke demnächst (fast) vollständig beseitigt wird und den Gläubigern ein Zuwarten nach den besonderen Umständen des Einzelfalls zuzumuten ist (BGH, ZInsO 2005, 807). Die drohende Zahlungsunfähigkeit ist in § 18 Abs. 2 definiert.

Die aus § 17 Abs. 2 Satz 2 resultierende Vermutung der Zahlungsunfähigkeit bei Zahlungseinstellung gilt auch im Rahmen des § 133 Abs. 1 Satz 2 (BGH, ZInsO 2014, 1004 m.w.N.). Die **Kenntnis von Umständen**, die zwingend auf eine (drohende) Zahlungsunfähigkeit schließen lassen, steht auch im Rahmen des § 133 Abs. 1 der Kenntnis der – zumindest – drohenden Zahlungsunfähigkeit und der Gläubigerbenachteiligung gleich (BGH, ZInsO 2016, 1749). Kennt der andere Teil die Zahlungsunfähigkeit des Schuldners, so weiß er auch, dass Leistungen aus dessen Vermögen die Befriedigungsaussichten der Gesamtheit der Gläubiger zumindest erschweren (BGH, ZInsO 2016, 1251). Es genügt daher, dass der Anfechtungsgegner die tatsächlichen Umstände kennt, aus denen bei zutreffender rechtlicher Bewertung die (drohende) Zahlungsunfähigkeit folgt um seine Kenntnis von dem schuldnerischen Gläubigerbenachteiligungsvorsatz anzunehmen (BGH, ZInsO 2016, 1357).

31 Ist der Anfechtungsgegner jedoch selbst nicht Begünstigter, sondern im Rahmen einer **mittelbaren Zuwendung** lediglich Leistungsmittler, ist nach seiner Funktion bei der Leistungsvermittlung zu differenzieren: wird er als bloße Zahlstelle nur in technischer Funktion und in gesetzlicher Verpflichtung zur Ausführung der Leistungsvermittlung tätig – wie bspw. Kreditinstitute bei der Ausführung von Zahlungsaufträgen – kann auch bei Kenntnis von Zahlungsunfähigkeit des Schuldners oder sogar einem Insolvenzantrag nicht auf Kenntnis vom Benachteiligungsvorsatz geschlossen werden; solche kann sogar nur ausnahmsweise angenommen werden (BGH, ZInsO 2013, 1077).

32 Die Kenntnis durch den Anfechtungsgegner eingeschalteter Dritter ist diesem nach den Grundsätzen des § 166 BGB zuzurechnen (BGH, ZInsO 2015, 299; BGH, ZInsO 2013, 179 zu durch den Anfechtungsgegner mandatierten Rechtsanwälten; BGH, ZInsO 2014, 1004 zu durch den Anfechtungsgegner eingeschaltetem Inkassounternehmen).

33 Hinsichtlich etwaiger **Irrtümer** des Anfechtungsgegners gelten die unter Rdn. 27 dargestellten Grundsätze sinngemäß.

B. Verfahrensfragen

I. Darlegungs- und Beweislast

Darlegungs- und Beweislast für die gläubigerbenachteiligende Rechtshandlung des (späteren) 34
Insolvenzschuldners, deren Zeitpunkt, den Gläubigerbenachteiligungsvorsatz des (späteren)
Insolvenzschuldners und die Kenntnis des anderen Teils hiervon liegen rgm. bei dem **Insolvenzverwalter**; demgegenüber liegen Darlegungs- und Beweislast dafür, dass es sich bei der angefochtenen Rechtshandlung um eine Deckungshandlung im Sinne der Abs. 2 und 3 gehandelt hat, bei dem Anfechtungsgegner. Gleiches gilt für die Kongruenz dieser Deckungshandlung, sowie etwaige Vereinbarungen i.S.d. Abs. 3 Satz 2.

Soweit die Zahlungsunfähigkeit des Schuldners zum Zeitpunkt der angefochtenen Handlung für 35
die Anfechtung maßgeblich ist, genügt es, wenn der Insolvenzverwalter die Zahlungseinstellung i.S.d. § 17 Abs. 2 Satz 2 darlegt und ggf. beweist, da diese eine – widerlegbare – gesetzliche Vermutung der Zahlungsunfähigkeit begründet (BGH, ZInsO 2016, 507). Die Zahlungseinstellung kann aus einzelnen, aber auch aus einer Gesamtschau mehrerer darauf hindeutender Beweisanzeichen gefolgert werden (BGH, ZInsO 2012, 976); einer darüber hinausgehenden Darlegung der genauen Höhe der Verbindlichkeiten bedarf es dann nicht (BGH, ZInsO 2016, 507). Für den Fall, dass die Zahlungsunfähigkeit auf die widerlegbare gesetzliche Vermutung aus § 17 Abs. 2 Satz 2 gestützt wird, bleibt es aber dem Anfechtungsgegner unbenommen, der Annahme durch Beweisantrag auf Erstellung einer Liquiditätsbilanz entgegenzutreten, um die gesetzliche Vermutung zu widerlegen (BGH, ZInsO 2015, 1056).

Falls eine Zahlungseinstellung i.S.d. § 17 Abs. 2 Satz 2 nicht festgestellt werden kann, ist die Zahlungsunfähigkeit i.S.d. § 17 Abs. 2 Satz 1 darzulegen und ggf. zu beweisen. Die Erstellung einer Liquiditätsbilanz kann hierfür erforderlich sein, wenn prognostische Gesichtspunkte in die Beurteilung der wirtschaftlichen Situation einzufließen haben. Eine solche Liquiditätsbilanz ist in aller Regel keinesfalls mit der Handelsbilanz gleichzusetzen, sondern bedarf eigener insolvenzrechtlicher Feststellungen (BGH, ZInsO 2015, 841). Eine Liquiditätsbilanz ist jedoch auch dann zur Darlegung der Zahlungsunfähigkeit nicht erforderlich, wenn zum fraglichen Zeitpunkt fällige Verbindlichkeiten bestanden haben, die bis zur Verfahrenseröffnung nicht zum Ausgleich gebracht worden sind (BGH, ZInsO 2006, 1210). In diesen Fällen ist rgm. von Zahlungsunfähigkeit bereits zum fraglichen Zeitpunkt auszugehen (BGH a.a.O.).

Eine einmal eingetretene Zahlungseinstellung (§ 17 Abs. 2 Satz 2) wirkt grds. fort und kann nur dadurch beseitigt werden, dass die Zahlungen des Schuldners im Allgemeinen wieder aufgenommen werden (BGHZ 149, 178, 188 = ZInsO 2002, 29). Hat der Insolvenzverwalter für einen bestimmten Zeitpunkt die Zahlungsunfähigkeit bewiesen, muss der Anfechtungsgegner deren nachträglichen Wegfall beweisen (BGH, ZInsO 2016, 628).

Beruft sich der Anfechtungsgegner darauf, eine vor der Rechtshandlung bei ihm gegebene Kenntnis von der Zahlungsunfähigkeit bzw. von für eine solche sprechender Umständen sei aufgrund neuer Tatsachen bis zum maßgeblichen Zeitpunkt weggefallen, hat er dies zu beweisen (BGH, ZInsO 2016, 1427). Der Beweis ist erbracht, wenn feststeht, dass der Anfechtungsgegner infolge der neuen Tatsachen ernste Zweifel am Fortbestand der Zahlungsunfähigkeit hatte (BGH, ZIP 2008, 930).

Die subjektiven Tatbestandsvoraussetzungen hat der Tatrichter gem. § 286 ZPO unter freier 36
Würdigung aller maßgeblichen Umstände des Einzelfalls auf der Grundlage der Verhandlung und etwaigen Beweisaufnahme zu prüfen (std. Rspr. seit BGHZ 131, 189). Die subjektiven Tatbestandsmerkmale können als »innere Tatsachen« nur mittelbar aus objektiven Tatsachen hergeleitet werden (BGH, ZInsO 2016, 910). Soweit dabei Rechtsbegriffe – bspw. Zahlungsunfähigkeit – betroffen sind, muss diesbezügliche Kenntnis häufig aus der Kenntnis von Anknüpfungstatsachen erschlossen werden (BGH, ZInsO 2016, 1749). Die durch die Rspr. insoweit entwickelten Erfahrungssätze und Beweisanzeichen dürfen hierbei nicht schematisch im Sinne

einer zu widerlegenden Tatsache angewendet werden, denn solche machen eine Gesamtwürdigung nicht entbehrlich (BGH, ZInsO 2009, 2149). Grundlage für die **Feststellung der subjektiven Voraussetzungen**, also des Gläubigerbenachteiligungsvorsatzes und der Kenntnis hiervon, ist die Feststellung, welche objektiv maßgeblichen Tatsachen der Schuldner bzw. Anfechtungsgegner im Zeitpunkt der Vornahme der Rechtshandlung (§ 140) kannte. Soll der Gläubigerbenachteiligungsvorsatz aus einer dem Schuldner bekannten Zahlungsunfähigkeit gefolgert werden, muss also die Zahlungsunfähigkeit nicht nur durch den Insolvenzverwalter dargelegt, sondern durch das Prozessgericht festgestellt sein (BGH, ZInsO 2015, 1056). Insb. kann im Einzelfall aus dem festgestellten Bewusstsein des Schuldners, dass die Gläubigerbenachteiligung die nahezu zwingende Folge seines Handelns ist, auf einen auf diese Folge gerichteten Willen geschlossen werden (BGH, ZIP 1997, 423). Auch daraus, dass die Rechtshandlung in **besonderer Eile** – vor allem im zeitlichen Zusammenhang mit einer sich abzeichnenden wirtschaftlichen Krise des Schuldners – vorgenommen wurde, können Rückschlüsse auf eine erkannte und gewollte Gläubigerbenachteiligung gezogen werden. Liegt der Eintritt einer objektiven Gläubigerbenachteiligung eher fern, spricht dies gegen einen hierauf gerichteten Vorsatz.

II. Besonderheiten der Beweislastverteilung

1. Abs. 1

a) Kenntnis von (drohender) Zahlungsunfähigkeit und Gläubigerbenachteiligung

37 Die Kenntnis des Anfechtungsgegners von dem schuldnerischen Gläubigerbenachteiligungsvorsatz wird gem. Abs. 1 Satz 2 unter den dort genannten Voraussetzungen vermutet. Abs. 1 Satz 2 bewirkt daher eine Beweislastumkehr zulasten des Anfechtungsgegners insoweit, als die – wohl nur äußerst selten tatsächlich nachweisbare – positive Kenntnis von dem Gläubigerbenachteiligungsvorsatz **vermutet** wird, wenn der Anfechtungsgegner wusste, dass die Zahlungsunfähigkeit des Schuldners bereits eingetreten war (§ 17) oder jedenfalls drohte (§ 18) und dass die Handlung die Gläubiger benachteiligte (§ 129). Es handelt sich insoweit um eine gesetzliche Vermutung i.S.d. § 292 ZPO, bei der der Beweis des Gegenteils zulässig ist. Liegen die Voraussetzungen des Abs. 1 Satz 2 vor, muss der Anfechtungsgegner konkrete Umstände **darlegen und beweisen**, die es naheliegend erscheinen lassen, dass er keine Kenntnis hatte (BGH, ZInsO 2007, 819).

38 Kann der Insolvenzverwalter die Kenntnis des Anfechtungsgegners von einer (drohenden) Zahlungsunfähigkeit des Schuldners beweisen, ist rgm. **zugleich** die Kenntnis des Anfechtungsgegners von einer Gläubigerbenachteiligung bewiesen (BGHZ 155, 75 = ZInsO 2003, 764). Anders kann dies bei Bargeschäften oder kongruenten Deckungen sein, weil der Anfechtungsgegner hier rgm. glaubt, eine ausgleichende Gegenleistung in das schuldnerische Vermögen erbracht zu haben bzw. zu erbringen.

39 Kenntnis von der Zahlungsunfähigkeit liegt (bereits) dann vor, wenn der (spätere) Anfechtungsgegner die Liquidität oder das Zahlungsverhalten des Schuldners wenigstens laienhaft als Zahlungsunfähigkeit wertet. Hierfür genügt es, wenn der Anfechtungsgegner aus den ihm bekannten Tatsachen und dem Schuldnerverhalten bei natürlicher Betrachtungsweise selbst den zutreffenden Schluss zieht, dass jener wesentliche Teile seiner fälligen und ernsthaft eingeforderten Verbindlichkeiten innerhalb der nächsten 3 Wochen nicht wird tilgen können (BGH, ZInsO 2016, 1427). Die Kenntnis von der Zahlungseinstellung steht der Kenntnis der Zahlungsunfähigkeit gleich; die in § 17 Abs. 2 Satz 2 formulierte Vermutung gilt auch im Insolvenzanfechtungsrecht (BGH, ZInsO a.a.O.). Hat demnach der Anfechtungsgegner positive Kenntnis davon, dass der Schuldner seine Zahlungen im wesentlichen eingestellt hat, weiß er um dessen Zahlungsunfähigkeit im Sinne der Vorschrift. Positive Kenntnis von der Zahlungsunfähigkeit hat z.B. der Rechtsanwalt, der den Schuldner bis wenige Tage vor Antragstellung beraten und selbst ggü. den Gläubigern die Zahlungsunfähigkeit des Schuldners dargelegt hatte (AG Hannover, ZInsO 2002, 89). Gleiches hat auch für Unternehmensberater, Wirtschaftsprüfer, Steuerberater etc. zu gelten.

Die positive Kenntnis von einer lediglich **drohenden Zahlungsunfähigkeit** (§ 18) genügt i.R.d. 40
Anfechtung nach Abs. 1 und 2, nicht jedoch bei Abs. 3. Niemals ausreichend ist die Kenntnis von
Zahlungsstockungen oder dem allgemeinen Vermögensverfall des Schuldners. Auch die Kenntnis von einer **Überschuldung** i.S.d. § 19 genügt nicht.

Nach std. Rspr. des BGH (ZInsO 2016, 507 m.w.N.) greift Abs. 1 Satz 2 in erweiternder Ausle- 41
gung bereits dann ein, wenn der (spätere) Anfechtungsgegner **Umstände** kannte, **die zwingend
auf eine drohende (oder bereits eingetretene) Zahlungsunfähigkeit hindeuten**. Es genügt daher,
dass der Anfechtungsgegner die tatsächlichen Umstände kennt, aus denen bei zutreffender rechtlicher Würdigung die (drohende) Zahlungsunfähigkeit folgt (BGH, ZInsO 2016, 1357).

Die Kenntnis solcher Umstände ist rgm. dort zu bejahen, wo ein Gläubiger des Schuldners in ver- 42
kehrsunüblichem Rahmen auf die Befriedigung seiner unstreitigen Ansprüche zu warten gezwungen wird. Ist der Schuldner unternehmerisch tätig, muss der bediente institutionelle Gläubiger immer damit rechnen, dass jedenfalls Arbeitnehmer, Sozialversicherungsträger und/oder der Fiskus als weitere Gläubiger vorhanden sind (BGH, ZInsO 2016, 628 m.w.N.). Allerdings reicht auch bei institutionellen Gläubigern für die Annahme der Kenntnis um eine (drohende) Zahlungsunfähigkeit nicht allein aus, dass Beitragsforderungen in zunehmendem Umfang nicht ausgeglichen werden, sofern keine fruchtlosen Maßnahmen zur Forderungseinziehung oder ähnliches hinzutreten (BGH, ZInsO 2014, 1057).

Eigene Erklärungen des Schuldners, fällige Verbindlichkeiten nicht begleichen zu können, deuten – auch wenn sie mit Stundungsbitte verbunden sind – auf eine Zahlungseinstellung hin (BGH, ZInsO 2016, 1749). Weniger gewichtig als Indiz werden solche Erklärungen des Schuldners allerdings dann, wenn sie nicht als Reaktion auf eine Zahlungsaufforderung erfolgen und sie keine eindeutige Beurteilung der Liquidität des Schuldners gestatten (BGH, ZInsO 2016, 1749). Zu Beweisanzeichen für das Vorliegen der Kenntnis des Anfechtungsgegners vgl. Rdn. 52 ff. Zum Eingreifen des § 817 Satz 1 BGB neben § 133 vgl. § 143 Rdn. 118.

Für die Feststellung der Kenntnis des Anfechtungsgegners von Umständen, die zwingend auf eine 43
Zahlungsunfähigkeit des Schuldners schließen lassen, genügt es nach std. Rspr. des BGH z.B.,
wenn ein (Groß-) Gläubiger vor oder bei Empfang der angefochtenen Leistung seine unstreitigen Ansprüche über einen längeren (mehrmonatigen) Zeitraum **vergeblich eingefordert** hat,
diese verhältnismäßig hoch sind und er keine greifbare Grundlage für die Annahme hat, dass
der Schuldner genügend flüssige Geldmittel zur Verfügung haben wird, um die Forderung fristgerecht erfüllen zu können (BGH, ZInsO 2003, 180; 2016, 628). Es ist ausreichend, wenn die
Zahlungsunfähigkeit lediglich ggü. demjenigen Gläubiger zum Ausdruck kommt, der zugleich
der Anfechtungsgegner ist (BGH, ZInsO 2010, 673). Da der Gläubiger rgm. keine Kenntnis
von dem Gesamtvolumen der fälligen Verbindlichkeiten des Schuldners hat, muss – soweit die
Kenntnis von der Zahlungsunfähigkeit des Schuldners oder von diese belegenden Umständen zu
beurteilen ist – darauf abgestellt werden, ob sich die schleppende oder ausbleibende Tilgung seiner Forderung bei einer Gesamtbetrachtung der für den Gläubiger erkennbaren Umstände, insb.
unter Berücksichtigung der Art der Forderung, der Person des Schuldners und des Zuschnitts
seines Geschäftsbetriebes, als ausreichendes Indiz der Zahlungsunfähigkeit darstellt (BGH,
ZInsO 2010, 1598). Auch die Tatsache, dass ein **Scheck** über einen relativ geringen Betrag nicht
eingelöst werden konnte, stellt einen Umstand dar, der – i.V.m. anderen Faktoren – die Annahme
der Kenntnis von Umständen, die zwingend auf die Zahlungsunfähigkeit schließen lassen, rechtfertigen kann (BGH, ZInsO 2001, 1049); gleiches gilt für die Rückgabe von Lastschriften (BGH,
ZInsO 2010, 1598).

Derartige Umstände sind ferner anzunehmen, wenn der Schuldner dem Gläubiger – z.B. i.R.d. 44
Bemühungen um einen außergerichtlichen **Sanierungsvergleich** – erklärt, dass er nicht dazu
in der Lage sei, wesentliche Teile seiner fälligen Verbindlichkeiten kurzfristig zu tilgen, oder
wenn der Schuldner dem Gläubiger einer verhältnismäßig hohen Geldforderung auf dessen
Zahlungsaufforderung hin erklärt, dass er nicht zahlen, aber die Abtretung einer Kundenfor-

derung anbieten könne (BGH, ZIP 1997, 1926). Für eine der Zahlungsunfähigkeit gleichgestellte Zahlungseinstellung sprechende Umstände sind auch mehrmonatige Reaktionslosigkeit eines Schuldners auf Mahnungen seines Gläubigers (BGH, ZInsO 2016, 628), ein stetiges mehrmonatiges Anwachsen von Verbindlichkeiten ohne nennenswerte Tilgung (BGH, ZInsO 2016, 1427), nicht eingehaltene Zahlungszusagen des bereits in Verzug befindlichen Schuldners (BGH, ZInsO 2016, 1357) und/oder eine dauerhaft schleppende Zahlungsweise des Schuldners gegenüber einem zur Aufrechterhaltung des schuldnerischen Geschäftsbetriebes unentbehrlichen Lieferanten oder Leistungsgläubigers (BGH a.a.O.).

45 Nach allgemeinem Erfahrungssatz werden Träger der Sozialversicherung auch noch in der Krise des Schuldners vor anderen Gläubigern bedient (BGH, ZInsO 2010, 1598). Die Nichtzahlung der geschuldeten **Sozialversicherungsbeiträge** deutet daher auf Zahlungsunfähigkeit hin, da solche nur dann nicht ausgeglichen werden, wenn keine Mittel mehr vorhanden sind (BGH, ZInsO 2010, 1324). Hat der Schuldner bereits ein halbes Jahr Sozialversicherungsbeiträge nicht abgeführt, so kennt der Sozialversicherungsträger Umstände, aus denen er zwingend auf die Zahlungsunfähigkeit schließen muss, da es ein Schuldner – nicht zuletzt wegen der Strafvorschrift des § 266a StGB (BGH, ZInsO 2015, 1262) – erfahrungsgemäß zu solchen Rückständen nicht kommen lässt, wenn er dies unschwer vermeiden könnte (BGHZ 149, 178 = ZInsO 2002, 29). Bei Hinzutreten weiterer Umstände, wie z.B. ein weiteres Anwachsen der Rückstände trotz bereits gestelltem Insolvenzantrag oder »vertröstendes« Verhalten des Schuldners, liegen bereits bei einem Zahlungsrückstand von weniger als sechs Monatsbeiträgen Umstände vor, aus denen der Sozialversicherungsträger auf die eingetretene Zahlungsunfähigkeit schließen muss (BGH a.a.O.).

46 Kenntnis des Gläubigers von Umständen, die auf eine Zahlungsunfähigkeit des Schuldners schließen lassen, ist auch anzunehmen, wenn der Schuldner, der mit seinen laufenden (**steuerlichen**) Verbindlichkeiten seit mehreren Monaten zunehmend in Rückstand geraten ist, lediglich eine Teilzahlung leistet und keine konkreten Anhaltspunkte dafür bestehen, dass er in Zukunft die fälligen Forderungen alsbald erfüllt (BGH, ZInsO 2003, 180) oder wenn der Gläubiger nach monatelang anwachsenden, nicht unwesentlichen Rückständen des Schuldners und fruchtlosen Vollstreckungsversuchen die Eröffnung des Insolvenzverfahrens wegen Zahlungseinstellung beantragt und daraufhin Zahlungen des Schuldners erhält, die zur Antragsrücknahme führen (BGH, ZInsO 1999, 712).

47 Gleiches gilt, wenn die **Hausbank** des Schuldners, die anhand der Buchhaltungsunterlagen über dessen wirtschaftlichen Verhältnisse informiert ist, alle ihm gewährten Kredite zur sofortigen Rückzahlung fällig stellt, weil sie ihn für nicht mehr kreditwürdig hält, und anschließend Zahlungseingänge mit dem Sollsaldo verrechnet, der den größten Teil der schuldnerischen Verbindlichkeiten ausmacht (BGH, ZInsO 2001, 318), oder wenn ihr innerhalb kurzer Zeit mehrere Pfändungs- und Überweisungsbeschlüsse als Drittschuldnerin zugestellt werden (KG, ZInsO 2004, 394). Demgegenüber genügt es als Zurechnungsgrundlage grds. nicht, wenn die Hausbank (ohne das Hinzutreten weiterer Indizien) keine Belastungen auf dem schuldnerischen Girokonto mehr zulässt (BGHZ 138, 40) oder die gewährten Kredite kündigt, ohne deren Rückführung zu verlangen (BGHZ 118, 171, 175).

48 Hinsichtlich der Kenntnis von Arbeitnehmern bzgl. der Zahlungsunfähigkeit ihres Arbeitgebers bzw. hierfür sprechende Umstände hat der BGH die Anforderungen konkretisiert und auf die Erkenntnismöglichkeit des einzelnen Arbeitnehmers durch Einsichtnahme in die Finanzbuchhaltung des Arbeitgebers und/oder die Wahrnehmung kaufmännischer Leitungsaufgaben abgestellt (BGH, ZInsO 2009, 515; 2009, 2244; vgl. jedoch die insoweit arbeitnehmergewogenere Auffassung des BAG, ZInsO 2012, 271 und 834). Demnach reicht bei einem Arbeitnehmer ohne diese Erkenntnismöglichkeiten die bloße Kenntnis von eigenen fälligen und über sogar mehrmonatigen Zeitraum unbefriedigten Arbeitsentgeltansprüchen selbst dann nicht aus, eine Kenntnis von der arbeitgeberseitigen Zahlungsunfähigkeit bzw. hierfür sprechender Umstände anzunehmen, wenn gleichzeitig in den Medien negative Berichterstattung über die wirtschaftli-

che Situation des Arbeitgebers stattfindet (BGH, ZInsO 2009, 515). Eine Erkundigungs- oder Nachforschungspflicht trifft den Arbeitnehmer nicht (BGH a.a.O.). Bei Erkenntnismöglichkeit eines Arbeitnehmers hinsichtlich der gesamtwirtschaftlichen Situation seines Arbeitgebers (sog. »Insiderkenntnisse«) sind an die Vermutung der Kenntnis von der arbeitgeberseitigen Zahlungsunfähigkeit bzw. hierfür sprechender Umstände demgegenüber deutlich geringere Anforderungen zu stellen (BGH, ZInsO 2009, 2244).

Für die Kenntnis von **drohender Zahlungsunfähigkeit** ist ebenfalls nach dem Wortlaut des Abs. 1 Satz 2 positives Wissen erforderlich (vgl. aber Rdn. 41). Da Außenstehende von einer erst drohenden Zahlungsunfähigkeit nur selten Kenntnis haben, wird Abs. 1 Satz 2 seinem Wortlaut nach praktisch nur für solche Anfechtungsgegner relevant, die Einblick in die wirtschaftlichen Verhältnisse des Schuldners haben (vgl. aber Rdn. 41). Kenntnis von der drohenden Zahlungsunfähigkeit des Schuldners und der nachteiligen Auswirkungen der Rechtshandlung auf die Befriedigungsaussichten der Gläubigergesamtheit ist daher vergleichsweise häufiger nachweisbar bei institutionellen Gläubigern wie den Finanzämtern und Sozialversicherungsträgern oder bei Kreditinstituten, da all diese insb. aufgrund der häufig langjährigen und weitreichenden Beziehung zum Schuldner bessere Einblickmöglichkeiten in dessen wirtschaftliche Situation haben. Zum Indiz der Nichtabführung von Sozialversicherungsbeiträgen vgl. Rdn. 43. 49

Kenntnis von der **objektiven Gläubigerbenachteiligung** hat derjenige, der weiß, dass durch die Leistung werthaltiges Schuldnervermögen, welches den Gläubigern des Schuldners für ihre Ansprüche haftet, verringert oder durch eine anderweitige Rechtshandlung die Schuldenmasse vergrößert wird (BGH, ZInsO 2016, 2395). Kenntnis von der Benachteiligung ist daher jedenfalls dann gegeben, wenn der Anfechtungsgegner die (drohende) Zahlungsunfähigkeit des Schuldners oder für diese sprechende Umstände gekannt hat. Im Normalfall benachteiligt jede Zahlung, die ein (demnächst) zahlungsunfähiger Schuldner vornimmt, seine Gläubiger (Uhlenbruck-Ede/Hirte § 133 Rn. 76). Daher ist Kenntnis von der Gläubigerbenachteiligung jedenfalls dann anzunehmen, wenn der Anfechtungsgegner von weiteren unbefriedigten Verbindlichkeiten des Schuldners wusste (BGH, ZInsO 2010, 807), also bei unternehmerisch tätigen Schuldnern rgm. (BGH, ZInsO 2016, 628). 50

Nach dem Wortlaut gilt die **Vermutung aus Abs. 1 Satz 2** nicht für das Vorliegen des **Benachteiligungsvorsatzes** des Schuldners; nach der Rspr. des BGH (ZInsO 2006, 712) erstreckt sie sich allerdings auf diesen. Der BGH hat hierzu ausgeführt, Gläubigerbenachteiligungsvorsatz des Schuldners sei »schon dann zu vermuten, wenn der Schuldner seine drohende Zahlungsunfähigkeit kennt. Dies ergibt sich mittelbar aus § 133 Abs. 1 Satz 2 InsO«. Hinsichtlich der diesbzgl. Geltung für Abs. 3 Satz 2 vgl. Rdn. 72. 51

b) Tatsächliche Beweisanzeichen

Die subjektiven Tatbestandsmerkmale der Vorsatzanfechtung können – da es sich um innere, dem Beweis nur eingeschränkt zugängliche Tatsachen handelt – häufig nur mittelbar aus objektiven Tatsachen hergeleitet werden (BGH, ZInsO 2016, 628). Auch unterhalb der Schwelle der Beweislastumkehr finden sich zahlreiche Erfahrungswerte, welche Beweisanzeichen für das Vorliegen eines Benachteiligungsvorsatzes bzw. die entsprechende Kenntnis des Anfechtungsgegners darstellen und bei der lebensnahen Beweiswürdigung gem. § 286 ZPO zu berücksichtigen sind (vgl. aber Rdn. 36). 52

Insbesondere bedeutet eine **inkongruente Deckung** i.S.d. § 131 (zur Zwangsvollstreckung außerhalb der Frist des § 131 vgl. Rdn. 56) ein starkes Beweisanzeichen für das Vorliegen sowohl des Gläubigerbenachteiligungsvorsatzes als auch der entsprechenden Kenntnis des Anfechtungsgegners (std. Rspr: BGH, ZInsO 2013, 2376 m.w.N.), soweit der jeweilige Beteiligte die Inkongruenz erkannt hat (Huber FS Kirchhof S. 247, 255 f.). Dabei genügt es, wenn er die Umstände kennt, bei deren Vorliegen der Rechtsbegriff der Inkongruenz erfüllt ist (BGH, ZInsO 2004, 616). Ferner muss zumindest der Anfechtungsgegner im Zeitpunkt der Vornahme der Rechts- 53 handlung (§ 140) Anlass gehabt haben, an der Liquidität des Schuldners zu zweifeln (BGH, ZInsO 2012, 2244). Wenn dieses Beweisanzeichen nicht durch andere vom Anfechtungsgegner zu beweisende Umstände entkräftet wird, ist es für den Nachweis des Benachteiligungsvorsatzes ausreichend (BGH, ZInsO 2004, 803).

Zu beachten ist insoweit, dass im **Dreiecksverhältnis** der Kenntnis des Anfechtungsgegners von der Inkongruenz nicht die ihr sonst innewohnende Indizwirkung zukommt (BGH, ZInsO 2009, 143). Wenn sich der Benachteiligungsvorsatz des Schuldners aus der Inkongruenz seiner Rechtshandlung im **Deckungsverhältnis** herleiten soll, reicht nicht aus, dass der lediglich im Valutaverhältnis zu dem Schuldner stehende Dritte die Inkongruenz kennt; dessen Kenntnis muss sich der Anfechtungsgegner nicht zurechnen lassen (BGH a.a.O.).

§ 131 Abs. 1 Nr. 3 stellt keine das Beweisanzeichen der Inkongruenz verdrängende Sonderregelung dar (BGH, ZInsO 2010, 807), insb. hindert er nicht daran, das Beweisanzeichen der **Inkongruenz** für Zeiträume anzuwenden, die **länger als 3 Monate** vor einem Eröffnungsantrag liegen (MK-Kayser § 133 Rn. 30). Das Beweisanzeichen der Inkongruenz ergibt sich aus der Erfahrung, dass Schuldner im Allgemeinen nicht dazu bereit sind, etwas anderes oder mehr bzw. früher zu leisten, als sie verpflichtet sind. Tun sie es – ggf. auf Drängen des Gläubigers (BGH, ZInsO 2004, 740) – dennoch, liegt der Verdacht nahe, der Leistungsempfänger solle zum Nachteil der anderen Gläubiger begünstigt werden (BGH, ZIP 1997, 513). Nicht erforderlich ist, dass im Zeitpunkt der Vornahme der Rechtshandlung (§ 140) bereits eine Liquiditätskrise oder gar die Zahlungsunfähigkeit eingetreten ist. Es **genügt das ernsthafte Risiko bevorstehender Zahlungsstörungen** oder -stockungen, weil sich damit die Gefährdung der anderen Gläubiger aufdrängt (BGH, ZInsO 2004, 739 zu § 10 GesO). Verdächtig wird die Inkongruenz also bereits dann, wenn erste, ernsthafte Zweifel an der Zahlungsfähigkeit des Schuldners auftreten (HK-Thole § 133 Rn. 25).

54 Je geringer die Inkongruenz ist, desto geringer wird im Einzelfall auch ihre Bedeutung als Beweisanzeichen. Z.B. ist die **Indizwirkung** der Annahme einer Leistung an Erfüllungs statt geringer als diejenige der Annahme einer infolge Drohung mit Zwangsvollstreckungsmaßnahmen angebotenen Sicherheit (Bork ZIP 2004, 1684, 1690). Ist der schuldnerische Bauunternehmer dem **Sicherungsverlangen** eines Subunternehmers **nach § 648a BGB a.F.** nachgekommen, indem er sich dem Subunternehmer ggü. in der Höhe von dessen Forderung zur Abtretung von Teilen seines Werklohnanspruches gegen den Bauherrn verpflichtet hat, ist die Inkongruenz der Sicherungsvereinbarung so schwach, dass daraus ein starkes Beweisanzeichen für einen Gläubigerbenachteiligungsvorsatz des Schuldners nicht abgeleitet werden kann (BGH, ZInsO 2005, 439). Das Beweisanzeichen der Inkongruenz ist **entkräftet**, wenn Umstände feststehen, die den Benachteiligungsvorsatz ernsthaft infrage stellen, weil sie auf einen anfechtungsrechtlich unbedenklichen Willen hinweisen und das Bewusstsein der Benachteiligung anderer Gläubiger infolgedessen zurücktritt (BGH, ZInsO 2004, 548). Dies kann z.B. der Fall sein, wenn die Gewährung einer inkongruenten Deckung Bestandteil eines ernsthaften, aber letztendlich fehlgeschlagenen Sanierungsversuches ist (BGH, ZInsO 2012, 172 m.w.N.). Zu den Anforderungen an einen solchen Sanierungsversuch vgl. Rdn. 26. Ferner kann das Beweisanzeichen entkräftet sein, wenn der Schuldner davon überzeugt war, in absehbarer Zeit alle seine Gläubiger befriedigen zu können (vgl. Rdn. 25).

55 Das Vorliegen einer **kongruenten Deckung** schließt einen Benachteiligungsvorsatz nicht aus, an dessen Nachweis sind jedoch erhöhte Anforderungen zu stellen, da der Schuldner in solchen Fällen rgm. nur seine Verbindlichkeiten ausgleichen will (BGH, ZInsO 2007, 819). Nachzuweisen ist dann, dass es dem Schuldner weniger auf die Erfüllung seiner Vertragspflichten als vielmehr auf die Schädigung der anderen Insolvenzgläubiger durch Beseitigung von Zugriffsobjekten oder auf die Begünstigung des Anfechtungsgegners auf Kosten anderer Insolvenzgläubiger ankam (BGH, ZInsO 2013, 179). Der Wille, vorrangig den Anfechtungsgegner auf Kosten anderer Gläubiger zu befriedigen, liegt z.B. vor, wenn der Schuldner sich von der kongruenten Deckung der Forderungen einzelner Gläubiger Vorteile für die Zeit nach der Insolvenzverfahrenseröffnung verspricht, z.B. im Zusammenhang mit der Gründung einer neuen Existenz oder wenn der Leis-

tungsempfänger wirtschaftlich dem Schuldner selbst gehört (OLG Karlsruhe, ZIP 1980, 260; vgl. insgesamt zu der Problematik kongruenter Deckung i.R.d. § 133 Fischer NZI 2008, 588).

Durch (angedrohte) **Einzelzwangsvollstreckungsmaßnahmen** erlangte Deckungen, die **außerhalb des durch** § 131 erfassten Zeitraums erlangt wurden, sind nach der Rspr. des BGH als kongruent anzusehen (BGH, ZInsO 2009, 1394). Nur für den Drei-Monats-Zeitraum werde durch § 131 der die Einzelzwangsvollstreckung beherrschende Prioritätsgrundsatz zugunsten der Gleichbehandlung der Gläubiger verdrängt. Dennoch kann die Tatsache, dass die anzufechtende Leistung zur Abwendung unmittelbar bevorstehender Zwangsvollstreckungsmaßnahmen erbracht wurde, bei Kenntnis der Möglichkeit einer Gläubigerbenachteiligung deren billigende Inkaufnahme auch dann indizieren, wenn die Zahlung außerhalb der in § 131 genannten Fristen vorgenommen wurde (BGH, a.a.O.). Denn wenn der Schuldner zur Vermeidung einer unmittelbar bevorstehenden Zwangsvollstreckung an einen einzelnen Gläubiger leistet, obwohl er weiß, dass er nicht mehr alle seine Gläubiger befriedigen kann und infolge der Zahlung an einen einzelnen Gläubiger andere Gläubiger benachteiligt werden, ist in aller Regel die Annahme gerechtfertigt, dass es dem Schuldner nicht in erster Linie auf die Erfüllung seiner vertraglichen oder gesetzlichen Pflichten, sondern auf die Bevorzugung dieses einzelnen Gläubigers ankommt (BGH, ZInsO 2004, 859), sofern nicht der »Vollstreckungsdruck« bestimmend ist (BGH, ZInsO 2009, 1394). 56

Zahlungen zur Abwendung eines **angedrohten oder bereits gestellten Insolvenzantrages** bewirken nach std. Rspr. (vgl. BGH, ZInsO 2012, 2244 m.w.N.) auch bei Vornahme außerhalb der Fristen des § 131 mit der entsprechenden Indizwirkung eine inkongruente Deckung, da der Insolvenzantrag zu keinem Zeitpunkt und unter keinen Umständen ein von der Rechtsordnung anerkanntes Mittel zur Durchsetzung persönlicher Ansprüche gegen den Schuldner ist (BGH a.a.O.). Bei der so begründeten Inkongruenz bleibt es i.Ü. auch dann, wenn neben der Drohung mit einem Insolvenzantrag Einzelzwangsvollstreckungsmaßnahmen außerhalb des Drei-Monats-Zeitraums ausgebracht waren. Eine Überlagerung der Drohung mit einem Insolvenzantrag durch die Einzelzwangsvollstreckung findet gerade nicht statt, da hierdurch das Mittel der Drohung mit dem Insolvenzantrag nicht weniger rechtsmissbräuchlich in o.g. Sinne wird. 57

Wie im Fall der kongruenten Deckung ist der Nachweis des Benachteiligungsvorsatzes erschwert, wenn der Schuldner die Rechtshandlung aufgrund ähnlicher, objektiver **Pflichtenkollisionen** vorgenommen hat. So kann es am Benachteiligungsvorsatz fehlen, wenn der Schuldner durch einen Notverkauf den **notwendigen Unterhalt** für sich und seine Familie beschaffen wollte (MK-Kayser § 133 Rn. 35). Ferner fehlt es rgm. am Benachteiligungsvorsatz, wenn der Schuldner für die Ausarbeitung eines Insolvenzplanes oder Sanierungskonzepts (vgl. insoweit aber Rdn. 26) das angemessene Honorar bezahlt (Uhlenbruck-Ede/Hirte § 133 Rn. 95). 58

Die Tatsache, dass die anzufechtende Rechtshandlung eine **unmittelbare Gläubigerbenachteiligung** bewirkt hat, stellt lediglich ein Beweisanzeichen geringerer Wirkung dar (BGH, ZIP 1998, 248), aus dem rgm. noch nicht auf einen Gläubigerbenachteiligungsvorsatz des Schuldners geschlossen werden kann. Unentgeltliche Zuwendungen (BGH, ZIP 2002, 85) oder Verträge, bei denen der Leistung des Schuldners lediglich eine offensichtlich nicht gleichwertige Leistung des Anfechtungsgegners gegenübersteht (**Verschleuderungsverträge**), können jedoch Beweisanzeichen darstellen (MK-Kayser § 133 Rn. 32). 59

Bei Sicherheitenbestellungen unter der **aufschiebenden Bedingung** des Eintritts der **Insolvenz** haben die Vertragsparteien von vornherein den Willen, im Fall des Eintrittes der Bedingung die Insolvenzmasse um das Sicherungsgut weiter zu verringern. Gleichzeitig müssen sie damit rechnen, dass im Fall der Insolvenz das verbleibende Vermögen nicht mehr zur Befriedigung aller übrigen Gläubiger ausreicht. Für die Hoffnung, das Vermögen werde doch noch ausreichen, bleibt in derartigen Fällen nahezu kein Raum. Für Gläubigerbenachteiligungsvorsatz und Kenntnis des Gläubigers hiervon spricht daher jedenfalls ein Anscheinsbeweis (BGH, ZInsO 2013, 2376). Gleiches gilt für andere Vereinbarungen, die Nachteile für das Schuldnervermögen 60 gerade für den Insolvenzfall begründen (BGH, ZInsO 2012, 971 m.w.N.). Dementsprechend ist die erbbaurechtsvertragliche Regelung eines Heimfalls der Erbbaurechte in der Insolvenz des Erbbauberechtigten nach § 133 anfechtbar (BGH, ZInsO 2007, 600).

Die nachträgliche Bestellung einer Sicherheit ohne entsprechende Verpflichtung stellt eine inkongruente Sicherung und somit ein Beweisanzeichen für den Gläubigerbenachteiligungsvorsatz des Schuldners dar (BGH, ZInsO 2010, 807).

Auf mit Begründung einer Verbindlichkeit wirksam werdende Sicherheiten sind die vorgenannten Grundsätze hingegen **nicht anwendbar**. Allein der Umstand, dass alle Sicherheiten insb. vor einer Insolvenz des Sicherungsgebers schützen sollen, genügt nicht zur Konkretisierung eines Vorsatzes und der entsprechenden Kenntnis des Anfechtungsgegners (BGH, ZIP 1997, 1596).

61 Weitere Beweisanzeichen für das Vorliegen des Benachteiligungsvorsatzes – sowie der Kenntnis hiervon – sind der Umstand, dass ein in Deutschland geschäftsansässiger und geschäftlich tätiger Schuldner nicht über ein für ihn geführtes Konto verfügt (OLG Hamburg, ZInsO 2016, 1262), Vereinbarungen von **Scheingeschäften** (BGH, ZIP 1996, 1516) sowie allg. das **kollusive Zusammenwirken** in dem Bestreben, anderen Gläubigern Zugriffsobjekte zu entziehen.

Auch die Übertragung eines zunächst im Eigentum des Schuldners stehenden Grundstückes mit gleichzeitiger **Vormerkung eines Rückauflassungsanspruches** deutet auf einen Gläubigerbenachteiligungsvorsatz hin (MK-Kayser § 133 Rn. 27).

62 Die Kenntnis von der (drohenden) Zahlungsunfähigkeit kann ihre Bedeutung als Beweisanzeichen für den Benachteiligungsvorsatz und die Kenntnis des anderen Teils hiervon verlieren, wenn die angefochtene Rechtshandlung Bestandteil ernsthafter Sanierungsbemühungen (vgl. Rdn. 26) ist, da in solchen Fällen die Rechtshandlung von einem anfechtungsrechtlich unbedenklichen Willen geleitet ist und das Bewusstsein um die Gläubigerbenachteiligung in den Hintergrund tritt (BGH, ZInsO 2016, 1251).

63 Soll eine Gesellschaft ohne gesetzlich vorgesehenes Liquidationsverfahren im Wege sog. »**Firmenbestattung**« beseitigt werden, liegt demnach Rspr. des BGH zum AnfG (ZInsO 2006, 140) Gläubigerbenachteiligungsvorsatz zugrunde. Gleiches hat zu gelten, wenn eine solche »Firmenbestattung« in der praxisüblichen Weise – Geschäftsführerwechsel, (mehrere) Sitzverlegungen, Aktenvernichtung – erfolgt und dennoch ein Insolvenzverfahren eröffnet wird (so auch im Ergebnis LG Berlin, ZInsO 2006, 722).

64 Sämtliche Beweisanzeichen sind für die **Kenntnis des anderen Teils** vom Benachteiligungsvorsatz entsprechend zu berücksichtigen. Durch sie kann die Kenntnis des Anfechtungsgegners ggf. auch unabhängig von Abs. 1 Satz 2 bewiesen werden. Das in der Inkongruenz liegende Beweisanzeichen kann jedoch entkräftet sein, wenn der Anfechtungsgegner keine Zweifel an der Liquidität des Schuldners hatte (BGH, ZInsO 2003, 80) oder rechtsirrig annahm, die ihm gewährte Deckung beanspruchen zu dürfen (BGH, ZIP 1998, 248). Zur Auswirkung von Irrtümern vgl. Rdn. 33. Handelt es sich bei dem Anfechtungsgegner um ein **Kreditinstitut**, stellt ein Nachbesicherungsverlangen oder insb. eine außerordentliche Kündigung eines befristeten Kredites mit der Begründung einer wesentlichen Verschlechterung der Vermögensverhältnisse ein Indiz dafür dar, dass das betreffende Kreditinstitut den Eintritt der Insolvenz des Kreditnehmers vor Beendigung des Kreditverhältnisses sowie eine Benachteiligung der übrigen Gläubiger infolge der Rückzahlung des Kredites bzw. der Nachbesicherung jedenfalls ernsthaft für möglich hält (Rechtmann/Tetzlaff, ZInsO 2005, 196, 198).

65 Beruft sich der Anfechtungsgegner auf den Wegfall der Zahlungsunfähigkeit nach diesbzgl. Kenntniserlangung, hat er den objektiv gegebenen Wegfall zu beweisen, sofern der Anfechtende die objektive Zahlungsunfähigkeit – und Kenntnis des Anfechtungsgegners – für einen früher liegenden Zeitpunkt bewiesen hat (BGH, ZInsO 2012, 2244). Der Abschluss einer Ratenzahlungsvereinbarung und die nachfolgende ratenweise Tilgung der eigenen Forderung reichen

unter keinen Umständen aus, den Wegfall der Kenntnis von der Zahlungsunfähigkeit zu belegen (BGH, ZInsO 2016, 1749).

2. Abs. 2

Für Abs. 2 ergeben sich keine von der Darlegungs- und Beweislast zu Abs. 1 abweichenden Gesichtspunkte, insbesondere ändert die Neuregelung nichts an der Funktion der Inkongruenz einer Deckungshandlung als Beweisanzeichen für das Vorliegen der subjektiven Tatbestandsmerkmale bei Schuldner und Anfechtungsgegner (vgl. Rdn. 53 ff.; so auch Thole, ZIP 2017, 401). Insoweit kann für die Darlegungs- und Beweislast i.R.d. Abs. 2 vollumfänglich auf die Ausführungen zu Abs.1 Satz 2 (vgl. Rdn. 37 ff.) verwiesen werden. 66

3. Abs. 3

a) Kenntnis von eingetretener Zahlungsunfähigkeit und Gläubigerbenachteiligung

Für den Fall, dass die anfechtbare Rechtshandlung in einer kongruenten Deckungshandlung bestanden hat, muss der andere Teil gem. Abs. 3 Satz 1 über die zum Zeitpunkt der Vornahme der Rechtshandlung bereits eingetretene Zahlungsunfähigkeit (§ 17) des Schuldners in Kenntnis sein. **Kenntnis** bedeutet auch hier positives Wissen (BGH, ZInsO 2013, 179; BAG, ZInsO 2012, 271). Die rechtlichen Zusammenhänge muss der andere Teil nicht kennen. Die Kenntnis muss bereits im Zeitpunkt der Wirksamkeit der Rechtshandlung (§ 140) vorliegen; spätere Kenntnis ist unschädlich (BGH, ZInsO 2011, 1115). 67

Eine bereits vor dem maßgeblichen Zeitpunkt (§ 140) gegebene Kenntnis des Anfechtungsgegners von der Zahlungsunfähigkeit des Schuldners kann allerdings bei Wirksamkeit der Rechtshandlung **wieder entfallen** sein, wenn der Anfechtungsgegner aufgrund zwischenzeitlich eingetretener, objektiv geeigneter Tatsachen zu der Ansicht gelangt, der Schuldner sei wieder zahlungsfähig (BGH, ZInsO 2016, 628). Hat der Gläubiger, der selbst einen **Antrag auf Eröffnung des Insolvenzverfahrens** über das Vermögen des Schuldners stellt, Kenntnis von einer eingetretenen Zahlungsunfähigkeit oder hierfür sprechender Umstände, so entfällt diese Kenntnis auch dann, wenn der Gläubiger nur seine eigene Forderung positiv kennt, nicht allein dadurch wieder, dass der Schuldner die Forderung des Gläubigers tilgt, soweit es für den Gläubiger (z.B. wegen Kenntnis der Art des Betriebes des Schuldners) offensichtlich ist, dass außer ihm weitere Gläubiger vorhanden sind (BGHZ 149, 178 = ZInsO 2002, 29). Abs. 3 Satz 1 führt keineswegs die eingetretene Zahlungsunfähigkeit als objektives Tatbestandsmerkmal in § 133 ein; die Vorschrift bezieht sich inhaltlich und gesetzessystematisch lediglich auf die Vermutung aus Abs. 1 Satz 2. 68

Im übrigen sei auf die Kommentierung unter Rdn. 37 ff. verwiesen. 69

b) Vermutung der Unkenntnis von Zahlungsunfähigkeit

Abs. 3 Satz 2 enthält eine Abkehr von der in Abs. 1 Satz 2 vorgenommenen Beweislastumkehr für den Fall, dass der Anfechtungsgegner Begünstigter einer kongruenten Deckungshandlung gewesen ist und dem Schuldner eine Zahlungserleichterung verschafft oder mit diesem eine Zahlungsvereinbarung getroffen hatte; zu Gunsten des Anfechtungsgegners wird dann vermutet, dass er die bereits eingetretene Zahlungsunfähigkeit nicht kannte. Es handelt sich insoweit um eine gesetzliche Vermutung i.S.d. § 292 ZPO, bei der der Beweis des Gegenteils zulässig ist. 70

Zahlungsvereinbarung oder Zahlungserleichterung müssen – damit der Anfechtungsgegner die gesetzliche Vermutung des Abs. 3 Satz 2 für sich in Anspruch nehmen kann – zeitlich vor der angefochtenen Rechtshandlung und vor allem vor einer etwa tatsächlich doch erlangten Kenntnis des Anfechtungsgegners von der eingetretenen Zahlungsunfähigkeit des (späteren) Insolvenzschuldners getroffen oder gewährt worden sein. Hierfür spricht schon die Formulierung des Gesetzestextes. Hat der Anfechtungsgegner bereits zum Zeitpunkt der entsprechenden Verein- 71 barung/Erleichterung Kenntnis von der eingetretenen Zahlungsunfähigkeit oder hierfür sprechender Umstände, kann er sich auf die gesetzliche Vermutung zu seinen Gunsten nicht berufen, da die Kenntnis von der Zahlungsunfähigkeit nur dadurch beseitigt wird, dass der Schuldner seine Zahlungen im Allgemeinen wieder aufnimmt (BGH, ZInsO 2016, 628). Der Anfechtungsgegner kann sich dann allenfalls damit verteidigen, davon ausgegangen zu sein, durch die Vereinbarung/Erleichterung sei die Zahlungsunfähigkeit weggefallen. Weiterhin kommt die gesetzliche Vermutung nur zur Anwendung, wenn eine getroffene Zahlungsvereinbarung durch den Schuldner auch vereinbarungsgemäß bedient wird. Es kann nicht angenommen werden, der Anfechtungsgegner könne sich auf sie berufen, wenn eine durch ihn mit dem Schuldner bspw. vereinbarte Ratenzahlung durch den Schuldner nicht kongruent erfüllt wird.**Zahlungsvereinbarungen** in diesem Sinne sind insbesondere Zahlungsvergleiche (§§ 779 BGB, 278 Abs. 6 ZPO) zur gütlichen Streitbeilegung und Ratenzahlungsvereinbarungen, bei denen dem Schuldner einer Leistung nachgelassen wird, diese trotz vollumfänglich eingetretener Fälligkeit in zeitlich gestaffelten Teilleistungen zu erbringen. **Zahlungserleichterungen** in diesem Sinne sind insbesondere Stundungsabreden; auch die in 222 AO, 76 Abs. 2 Nr. 1 SGB IV, 42 StGB i.V.m. § 459 a StPO vorgesehenen Maßnahmen gehören hierzu. Eine Vereinbarung i.S.d. § 802 b ZPO fällt lediglich hierunter, wenn sie außerhalb des durch § 131 erfassten Zeitraums getroffen wird; selbst dann wird allerdings aufgrund der rgm. vorangegangenen fruchtlosen Vollstreckung die gesetzliche Vermutung zu widerlegen sein. Sofern die anfechtbare Deckungshandlung also darin besteht, dass der (spätere) Insolvenzschuldner in kongruenter Weise und aufgrund einer zuvor vereinbarten Zahlungsvereinbarung oder -erleichterung gehandelt hat, hat der Insolvenzverwalter darzulegen und zu beweisen, dass der Schuldner zum Zeitpunkt der Vornahme der kongruenten Deckungshandlung bereits zahlungsunfähig gewesen ist und dass der Anfechtungsgegner hiervon Kenntnis hatte, insoweit sei auf die Ausführungen unter Rdn. 34 ff. verwiesen.Die in Abs. 3 Satz 2 vorgenommene Beweislastverteilung trägt dem Umstand der durch Abs. 3 Satz 1 i.V.m. Abs. 2 im Verhältnis zu § 130 in zeitlicher Hinsicht erheblich erweiterten Anfechtungsmöglichkeit Rechnung und ist daher – insbesondere nicht i.R.d. § 130 – anwendbar.

72 Nach ihrem Wortlaut gilt die Vermutung aus Abs. 3 Satz 2 nicht für das Vorliegen des Benachteiligungsvorsatzes des Schuldners; hierfür gelten aber auch weiterhin die unter Rdn. 51 dargestellten Grundsätze des BGH, d.h., hinsichtlich der – widerlegbaren – Annahme des Vorliegens schuldnerischen Benachteiligungsvorsatzes ist bereits schuldnerische Kenntnis von seiner (bloß drohenden) Zahlungsunfähigkeit auch i.R.d. Anfechtung nach Abs. 3 ausreichend, da ein Schuldner, der um seine bloß drohende Zahlungsunfähigkeit in Kenntnis ist, rgm. auch weiß, dass die Aufgabe von Vermögenswerten die Befriedigungsaussichten seiner Gläubiger verringert. Etwas anderes mag lediglich für den Fall gelten, dass der Begünstigte der schuldnerischen Deckungshandlung tatsächlich – auch bei prognostischer Betrachtung – der einzige Gläubiger des (späteren) Insolvenzschuldners ist.

4. Abs. 4

73 Abs. 4 bewirkt zugunsten des Insolvenzverwalters ggü. Abs. 1 eine Umkehr der Beweislast hinsichtl. des Vornahmezeitpunkts und der subjektiven Voraussetzungen für die in Abs. 4 genannte besonders verdächtige Rechtshandlung. Mehr als die Tatbestandsmerkmale des Abs. 4 braucht der Insolvenzverwalter daher nicht vorzutragen; Abweichungen hiervon werden der Darlegungs- und Beweislast des Anfechtungsgegners zugeordnet (BGH, ZInsO 2010, 1489).

Sind die in Abs. 4 genannten Tatbestandsmerkmale erfüllt und im Bestreitensfall vom **Insolvenzverwalter** bewiesen, greift die Beweislastumkehr des Abs. 4. Aufgrund der bei **nahestehenden Personen** zu erwartenden Kenntnis von Motiven des Schuldners und der besonderen Anreize, diese Personen zu begünstigen, unterstellt Abs. 4 den Gläubigerbenachteiligungsvorsatz des Schuldners sowie die Kenntnis der nahestehenden Person hiervon. Der **Anfechtungsgegner** muss daher beweisen, dass es entweder bereits an einem Gläubigerbenachteiligungsvorsatz des Schuldners fehlte oder dass er von diesem Vorsatz jedenfalls keine Kenntnis hatte. Ferner hat aufgrund der erhöhten Gefahr, dass der Vertrag **rückdatiert** wurde, der Anfechtungsgegner zu beweisen, dass der Vertragsschluss früher als 2 Jahre vor dem Eröffnungsantrag erfolgt ist. Zum Zeitpunkt, in dem die Rechtshandlung als vorgenommen gilt, vgl. § 140; zum maßgeblichen Antrag vgl. § 139.

Um den **Entlastungsbeweis** zu führen, kann der Anfechtungsgegner den Schuldner als Zeugen vernehmen lassen (MK-Kayser § 133 Rn. 47). Bei der Würdigung, ob der Entlastungsbeweis geführt ist, sind die Vermutung des Abs. 1 Satz 2 sowie die tatsächlichen Beweisanzeichen (vgl. Rdn. 52) bei freier Würdigung durch den Tatrichter zu berücksichtigen (BGH, ZInsO 2007, 819; vgl. insoweit Rdn. 36). Insb. im Fall der inkongruenten Deckung ist daher der Entlastungsbeweis erheblich **erschwert**.

Gelingt dem Anfechtungsgegner lediglich der Nachweis, dass der Vertragsschluss mehr als 2 Jahre vor der Antragstellung erfolgte, kommt ggf. eine **Anfechtung gem. Abs. 1 bis 3** in Betracht. Gleiches gilt, wenn lediglich eine mittelbare Gläubigerbenachteiligung vorliegt.

III. Weitere Verfahrensfragen

Hinsichtlich weiterer Verfahrensfragen sei verwiesen auf die Kommentierung zu § 143 Rdn. 101 ff. 74

C. Ausblick

Dass die durch das Gesetz zur Verbesserung der Rechtssicherheit bei Anfechtungen nach der Insolvenzordnung und dem Anfechtungsgesetz vorgenommene Neufassung der Vorschrift – das »Herzstück der Reform« (Thole, ZIP 2017, 401) – für die Anfechtungspraxis mittelfristig nennenswerte Veränderungen mit sich bringen wird, wird von hier bezweifelt. Die Verkürzung der Anfechtungsfrist für vorsätzlich gläubigerbenachteiligende Rechtshandlungen auf 4 Jahre wird sich in der Praxis schon insoweit kaum bemerkbar machen, als dass auch nach bislang geltendem Recht Handlungen, die früher als 4 Jahre vor dem Insolvenzantrag vorgenommen wurden, lediglich ganz ausnahmsweise tatsächlich angefochten worden sind (Blank/Blank, ZInsO 2015, 1705); die durch Abs. 3 Satz 1 vorgenommene Einschränkung der gesetzlichen Vermutung aus Abs. 1 Satz 1 wird ebenfalls nicht zu einer spürbaren Verringerung anfechtbarer Sachverhalte führen, da in der Praxis rgm. bereits eingetretene Zahlungsunfähigkeit vorliegt. Ein Blick auf die seit Januar 2014 veröffentlichten höchstrichterlichen Entscheidungen zu § 133 (a.F.) zeigt, dass von mehr als 30 Entscheidungen lediglich 2 – nämlich BGH in ZInsO 2014, 1679 bzw. BGH in ZInsO 2016, 1251 – wegen längeren Zeitablaufs nach neuem Recht anders zu entscheiden wären, während bei lediglich 2 weiteren – BGH in ZInsO 2014, 77 bzw. BGH in ZInsO 2016, 448 – die Feststellung der Kenntnis einer lediglich drohenden Zahlungsunfähigkeit im Rahmen der Anfechtung kongruenter Deckungshandlungen möglich gewesen ist. Die in Abs. 3 Satz 2 neu eingeführte gesetzliche Vermutung wird letztlich auch nicht zu von der bisherigen Rspr. und Anfechtungspraxis abweichenden Ergebnissen führen; letztlich wird hierdurch eine gesetzliche Vermutung für etwas aufgestellt, das ohnehin bereits vermutet wurde, weshalb der praktische Anwendungsbereich dieser Neuregelung fraglich erscheint (Thole, ZIP 2017, 401). Inwieweit aus Bitten und Erklärungen des Schuldners auf eine Kenntnis des Anfechtungsgegners von bereits eingetretener Zahlungsunfähigkeit geschlossen werden kann, bleibt nach neuem Recht – wie auch nach altem – allein Frage der tatrichterlichen Überzeugungsbildung. 75

§ 134 Unentgeltliche Leistung

(1) Anfechtbar ist eine unentgeltliche Leistung des Schuldners, es sei denn, sie ist früher als vier Jahre vor dem Antrag auf Eröffnung des Insolvenzverfahrens vorgenommen worden.

(2) Richtet sich die Leistung auf ein gebräuchliches Gelegenheitsgeschenk geringen Werts, so ist sie nicht anfechtbar.

1 Die Vorschrift ist durch das Gesetz zur Verbesserung der Rechtssicherheit bei Anfechtungen nach der Insolvenzordnung und nach dem Anfechtungsgesetz vom 29.03.2017 (BGBl. I 2017, 654) nicht geändert worden.

§ 135 Gesellschafterdarlehen

(1) Anfechtbar ist eine Rechtshandlung, die für die Forderung eines Gesellschafters auf Rückgewähr eines Darlehens im Sinne des § 39 Abs. 1 Nr. 5 oder für eine gleichgestellte Forderung
1. Sicherung gewährt hat, wenn die Handlung in den letzten zehn Jahren vor dem Antrag auf Eröffnung des Insolvenzverfahrens oder nach diesem Antrag vorgenommen worden ist, oder
2. Befriedigung gewährt hat, wenn die Handlung im letzten Jahr vor dem Eröffnungsantrag oder nach diesem Antrag vorgenommen worden ist.

(2) Anfechtbar ist eine Rechtshandlung, mit der eine Gesellschaft einem Dritten für eine Forderung auf Rückgewähr eines Darlehens innerhalb der in Absatz 1 Nr. 2 genannten Fristen Befriedigung gewährt hat, wenn ein Gesellschafter für die Forderung eine Sicherheit bestellt hatte oder als Bürge haftete; dies gilt sinngemäß für Leistungen auf Forderungen, die einem Darlehen wirtschaftlich entsprechen.

(3) ¹Wurde dem Schuldner von einem Gesellschafter ein Gegenstand zum Gebrauch oder zur Ausübung überlassen, so kann der Aussonderungsanspruch während der Dauer des Insolvenzverfahrens, höchstens aber für eine Zeit von einem Jahr ab der Eröffnung des Insolvenzverfahrens nicht geltend gemacht werden, wenn der Gegenstand für die Fortführung des Unternehmens des Schuldners von erheblicher Bedeutung ist. ²Für den Gebrauch oder die Ausübung des Gegenstandes gebührt dem Gesellschafter ein Ausgleich; bei der Berechnung ist der Durchschnitt der im letzten Jahr vor Verfahrenseröffnung geleisteten Vergütung in Ansatz zu bringen, bei kürzerer Dauer der Überlassung ist der Durchschnitt während dieses Zeitraums maßgebend.

(4) § 39 Abs. 4 und 5 gilt entsprechend.

1 Die Vorschrift ist durch das Gesetz zur Verbesserung der Rechtssicherheit bei Anfechtungen nach der Insolvenzordnung und nach dem Anfechtungsgesetz vom 29.03.2017 (BGBl. I 2017, 654) nicht geändert worden.

§ 136 Stille Gesellschaft

(1) ¹Anfechtbar ist eine Rechtshandlung, durch die einem stillen Gesellschafter die Einlage ganz oder teilweise zurückgewährt oder sein Anteil an dem entstandenen Verlust ganz oder teilweise erlassen wird, wenn die zugrundeliegende Vereinbarung im letzten Jahr vor dem Antrag auf Eröffnung des Insolvenzverfahrens über das Vermögen des Inhabers des Handelsgeschäfts oder nach diesem Antrag getroffen worden ist. ²Dies gilt auch dann, wenn im Zusammenhang mit der Vereinbarung die stille Gesellschaft aufgelöst worden ist.

(2) Die Anfechtung ist ausgeschlossen, wenn ein Eröffnungsgrund erst nach der Vereinbarung eingetreten ist.

Die Vorschrift ist durch das Gesetz zur Verbesserung der Rechtssicherheit bei Anfechtungen nach der Insolvenzordnung und nach dem Anfechtungsgesetz vom 29.03.2017 (BGBl. I 2017, 654) nicht geändert worden.

§ 137 Wechsel- und Scheckzahlungen

(1) Wechselzahlungen des Schuldners können nicht auf Grund des § 130 vom Empfänger zurückgefordert werden, wenn nach Wechselrecht der Empfänger bei einer Verweigerung der Annahme der Zahlung den Wechselanspruch gegen andere Wechselverpflichtete verloren hätte.

(2) ¹Die gezahlte Wechselsumme ist jedoch vom letzten Rückgriffsverpflichteten oder, wenn dieser den Wechsel für Rechnung eines Dritten begeben hatte, von dem Dritten zu erstatten, wenn der letzte Rückgriffsverpflichtete oder der Dritte zu der Zeit, als er den Wechsel begab oder begeben ließ, die Zahlungsunfähigkeit des Schuldners oder den Eröffnungsantrag kannte. ²§ 130 Abs. 2 und 3 gilt entsprechend.

(3) Die Absätze 1 und 2 gelten entsprechend für Scheckzahlungen des Schuldners.

Die Vorschrift ist durch das Gesetz zur Verbesserung der Rechtssicherheit bei Anfechtungen nach der Insolvenzordnung und nach dem Anfechtungsgesetz vom 29.03.2017 (BGBl. I 2017, 654) nicht geändert worden.

§ 138 Nahestehende Personen

(1) Ist der Schuldner eine natürliche Person, so sind nahestehende Personen:
1. der Ehegatte des Schuldners, auch wenn die Ehe erst nach der Rechtshandlung geschlossen oder im letzten Jahr vor der Handlung aufgelöst worden ist;
1a. der Lebenspartner des Schuldners, auch wenn die Lebenspartnerschaft erst nach der Rechtshandlung eingegangen oder im letzten Jahr vor der Handlung aufgelöst worden ist;
2. Verwandte des Schuldners oder des in Nummer 1 bezeichneten Ehegatten oder des in Nummer 1a bezeichneten Lebenspartners in auf- und absteigender Linie und voll- und halbbürtige Geschwister des Schuldners oder des in Nummer 1 bezeichneten Ehegatten oder des in Nummer 1a bezeichneten Lebenspartners sowie die Ehegatten oder Lebenspartner dieser Personen;
3. Personen, die in häuslicher Gemeinschaft mit dem Schuldner leben oder im letzten Jahr vor der Handlung in häuslicher Gemeinschaft mit dem Schuldner gelebt haben sowie Personen, die sich auf Grund einer dienstvertraglichen Verbindung zum Schuldner über dessen wirtschaftliche Verhältnisse unterrichten können;
4. eine juristische Person oder eine Gesellschaft ohne Rechtspersönlichkeit, wenn der Schuldner oder eine der in den Nummern 1 bis 3 genannten Personen Mitglied des Vertretungs- oder Aufsichtsorgans, persönlich haftender Gesellschafter oder zu mehr als einem Viertel an deren Kapital beteiligt ist oder auf Grund einer vergleichbaren gesellschaftsrechtlichen oder dienstvertraglichen Verbindung die Möglichkeit hat, sich über die wirtschaftlichen Verhältnisse des Schuldners zu unterrichten.

(2) Ist der Schuldner eine juristische Person oder eine Gesellschaft ohne Rechtspersönlichkeit, so sind nahestehende Personen:
1. die Mitglieder des Vertretungs- oder Aufsichtsorgans und persönlich haftende Gesellschafter des Schuldners sowie Personen, die zu mehr als einem Viertel am Kapital des Schuldners beteiligt sind;
2. eine Person oder eine Gesellschaft, die auf Grund einer vergleichbaren gesellschaftsrechtlichen oder dienstvertraglichen Verbindung zum Schuldner die Möglichkeit haben, sich über dessen wirtschaftliche Verhältnisse zu unterrichten;

3. eine Person, die zu einer der in Nummer 1 oder 2 bezeichneten Personen in einer in Absatz 1 bezeichneten persönlichen Verbindung steht; dies gilt nicht, soweit die in Nummer 1 oder 2 bezeichneten Personen kraft Gesetzes in den Angelegenheiten des Schuldners zur Verschwiegenheit verpflichtet sind.

1 Die Vorschrift ist durch das Gesetz zur Verbesserung der Rechtssicherheit bei Anfechtungen nach der Insolvenzordnung und nach dem Anfechtungsgesetz vom 29.03.2017 (BGBl. I 2017, 654) nicht geändert worden.

§ 139 Berechnung der Fristen vor dem Eröffnungsantrag

(1) ¹Die in den §§ 88, 130 bis 136 bestimmten Fristen beginnen mit dem Anfang des Tages, der durch seine Zahl dem Tag entspricht, an dem der Antrag auf Eröffnung des Insolvenzverfahrens beim Insolvenzgericht eingegangen ist. ²Fehlt ein solcher Tag, so beginnt die Frist mit dem Anfang des folgenden Tages.

(2) ¹Sind mehrere Eröffnungsanträge gestellt worden, so ist der erste zulässige und begründete Antrag maßgeblich, auch wenn das Verfahren auf Grund eines späteren Antrags eröffnet worden ist. ²Ein rechtskräftig abgewiesener Antrag wird nur berücksichtigt, wenn er mangels Masse abgewiesen worden ist.

1 Die Vorschrift ist durch das Gesetz zur Verbesserung der Rechtssicherheit bei Anfechtungen nach der Insolvenzordnung und nach dem Anfechtungsgesetz vom 29.03.2017 (BGBl. I 2017, 654) nicht geändert worden.

§ 140 Zeitpunkt der Vornahme einer Rechtshandlung

(1) Eine Rechtshandlung gilt als in dem Zeitpunkt vorgenommen, in dem ihre rechtlichen Wirkungen eintreten.

(2) ¹Ist für das Wirksamwerden eines Rechtsgeschäfts eine Eintragung im Grundbuch, im Schiffsregister, im Schiffsbauregister oder im Register für Pfandrechte an Luftfahrzeugen erforderlich, so gilt das Rechtsgeschäft als vorgenommen, sobald die übrigen Voraussetzungen für das Wirksamwerden erfüllt sind, die Willenserklärung des Schuldners für ihn bindend geworden ist und der andere Teil den Antrag auf Eintragung der Rechtsänderung gestellt hat. ²Ist der Antrag auf Eintragung einer Vormerkung zur Sicherung des Anspruchs auf die Rechtsänderung gestellt worden, so gilt Satz 1 mit der Maßgabe, daß dieser Antrag an die Stelle des Antrags auf Eintragung der Rechtsänderung tritt.

(3) Bei einer bedingten oder befristeten Rechtshandlung bleibt der Eintritt der Bedingung oder des Termins außer Betracht.

1 Die Vorschrift ist durch das Gesetz zur Verbesserung der Rechtssicherheit bei Anfechtungen nach der Insolvenzordnung und nach dem Anfechtungsgesetz vom 29.03.2017 (BGBl. I 2017, 654) nicht geändert worden.

§ 141 Vollstreckbarer Titel

Die Anfechtung wird nicht dadurch ausgeschlossen, dass für die Rechtshandlung ein vollstreckbarer Schuldtitel erlangt oder dass die Handlung durch Zwangsvollstreckung erwirkt worden ist.

1 Die Vorschrift ist durch das Gesetz zur Verbesserung der Rechtssicherheit bei Anfechtungen nach der Insolvenzordnung und nach dem Anfechtungsgesetz vom 29.03.2017 (BGBl. I 2017, 654) nicht geändert worden.

§ 142 Bargeschäft

(1) Eine Leistung des Schuldners, für die unmittelbar eine gleichwertige Gegenleistung in sein Vermögen gelangt, ist nur anfechtbar, wenn die Voraussetzungen des § 133 Abs. 1 bis 3 gegeben sind und der andere Teil erkannt hat, dass der Schuldner unlauter handelte.

(2) ¹Der Austausch von Leistung und Gegenleistung ist unmittelbar, wenn er nach Art der ausgetauschten Leistungen und unter Berücksichtigung der Gepflogenheiten des Geschäftsverkehrs in einem engen zeitlichen Zusammenhang erfolgt. ²Gewährt der Schuldner seinem Arbeitnehmer Arbeitsentgelt, ist ein enger zeitlicher Zusammenhang gegeben, wenn der Zeitraum zwischen Arbeitsleistung und Gewährung des Arbeitsentgelts drei Monate nicht übersteigt. ³Der Gewährung des Arbeitsentgelts durch den Schuldner steht die Gewährung dieses Arbeitentgelts durch einen Dritten nach § 267 des Bürgerlichen Gesetzbuches gleich, wenn für den Arbeitnehmer nicht erkennbar war, dass ein Dritter die Leistung bewirkt hat.

§ 142 a.F. Bargeschäft

Eine Leistung des Schuldners, für die unmittelbar eine gleichwertige Gegenleistung in sein Vermögen gelangt, ist nur anfechtbar, wenn die Voraussetzungen des § 133 Abs. 1 gegeben sind.

Übersicht	Rdn.		Rdn.
A. Norminhalt	1	IV. Gleichwertigkeit der Leistungen	14
I. Leistung des Schuldners und Gegenleistung	2	V. Unlauterkeit	17
II. Verknüpfung von Leistung und Gegenleistung	3	VI. Rechtsfolgen	22
		VII. Einzelfälle	25
III. Unmittelbarkeit	6	B. Verfahrensfragen	35
		C. Ausblick	36

A. Norminhalt

Wenn der Schuldner für seine Leistung eine gleichwertige Gegenleistung erhält, werden die Insolvenzgläubiger nicht unmittelbar benachteiligt. Für die meisten Anfechtungstatbestände genügt jedoch eine mittelbare Gläubigerbenachteiligung. Wären aber auch solche Rechtshandlungen des Schuldners, für die eine ausgleichende Gegenleistung in sein Vermögen gelangt, anfechtbar, würde der Schuldner praktisch vom Geschäftsverkehr ausgeschlossen. Indem § 142 die Möglichkeit, einen gleichwertigen, zeitnahen, vertragsgemäßen Leistungsaustausch anzufechten, beschränkt, ermöglicht er dem Schuldner in engen Grenzen die weitere Teilnahme am Geschäftsverkehr. Die Vorschrift ist durch das Gesetz zur Verbesserung der Rechtssicherheit bei Anfechtungen nach der Insolvenzordnung und nach dem Anfechtungsgesetz vom 29.03.2017 (BGBl. I 2017, 654), in Kraft getreten am 05.04.2017, insoweit geändert worden, als dass in Abs. 1 eine weitere tatbestandliche Voraussetzung eingefügt und in Abs. 2 eine Begriffserläuterung des in Abs. 1 enthaltenen Tatbestandsmerkmals der Unmittelbarkeit vorgenommen worden ist. Die Neuregelung beansprucht Gültigkeit für Insolvenzverfahren, die nach dem 04.04.2017 eröffnet worden sind, Art. 103j Abs. 1 EG-InsO. 1

I. Leistung des Schuldners und Gegenleistung

Im Rahmen des § 142 kommen – entgegen dem zu engen Wortlaut der Normüberschrift – Leistungen **jeglicher Art** in Betracht, soweit ihnen ein wirtschaftlicher Wert innewohnt. Erfasst sind sowohl Sicherungen als auch Befriedigungen von Forderungen. Die Gegenleistung des anderen Teils muss tatsächlich in das Vermögen des Schuldners **gelangt** sein (BGH, ZIP 2010, 2009); unerheblich ist, ob sie im Schuldnervermögen erhalten bleibt (MK-Kirchhof § 142 Rn. 4a). Unerheblich ist ferner, ob die Gegenleistung dem Gläubigerzugriff unterliegt, da ansonsten die Lieferanten unpfändbarer Gegenstände unberechtigt benachteiligt würden (KPB-Ehricke § 142 Rn. 3). 2

II. Verknüpfung von Leistung und Gegenleistung

3 Die Gegenleistung muss **für die** Leistung des Schuldners erbracht worden sein, d.h. Leistung und Gegenleistung müssen durch Parteivereinbarung (allgemein: BGHZ 202, 59; zum Kaufvertrag, BGHZ 123, 320; zum Kontokorrentvertrag, BGH, ZInsO 2002, 319) miteinander **verknüpft** sein (std. Rspr., BGH, ZInsO 2016, 326 m.w.N., wobei eine Erweiterung des Bargeschäftsprivilegs auf öffentlich-rechtliche Verhältnisse für erwägenswert erachtet wird), eine bloße Kausalität der einen Leistung für die andere genügt nicht (MK-Kirchhof § 142 Rn. 5). Der spezifisch schadensersatzrechtliche Grundsatz der Vorteilsanrechnung findet i.R.d. § 142 keine Anwendung (Braun-Riggert § 142 Rn. 23). Eine von dem Anfechtungsgegner an einen Dritten erbrachte Leistung kann den Bargeschäftscharakter nicht rechtfertigen (BGH, ZIP 2010, 2009). **Unschädlich** für die Annahme eines Bargeschäfts ist, dass Leistung und Gegenleistung durch langfristige Vertragsbeziehungen miteinander verknüpft sind, so z.B. bei sog. »Dauermandaten« von Rechtsanwälten, Steuerberatern oder ähnlichen Berufsgruppen (BGH, ZInsO 2006, 712). Für die Annahme eines Bargeschäfts ist jedoch bei länger dauernden Vertragsbeziehungen zu verlangen, dass Leistung und Gegenleistung zeitlich oder gegenständlich teilbar sind und insoweit zeitnah ausgetauscht wurden (BGH, ZInsO 2008, 101).

4 Nicht ausreichend für die Annahme eines Bargeschäfts ist die sozialversicherungsrechtliche Pflicht eines Arbeitgebers zur Abführung der **Sozialversicherungsbeiträge** seiner Arbeitnehmer an die zuständigen Sozialversicherungsträger, da es insoweit an einer vereinbarungsgemäßen Verknüpfung von Leistung und Gegenleistung fehlt (std. Rspr. des BGH, ZInsO 2006, 94). Dies gilt mit gleicher Argumentation auch für **Lohnsteuern** (BGH, ZInsO 2004, 270; K. Schmidt-Ganter/Weinland § 142 Rn. 25). Der BFH hat diese Auffassung jedenfalls zum Anlass genommen, die Vollziehung eines Haftungsbescheides auszusetzen (BFHE 210, 410 = ZInsO 2005, 1105).

5 Wesentliche **Abweichungen von der ursprünglichen Vereinbarung** schließen die Annahme eines Bargeschäftes aus, da kein Anlass besteht, Rechtshandlungen des Schuldners zu begünstigen, die anders als vereinbart abgewickelt werden (BGH, ZInsO 2003, 324). Eine derartige Abweichung liegt insb. bei einer **inkongruenten Deckung** vor, weshalb § 142 **i.R.d. § 131 keine Anwendung** findet (std. Rspr. seit BGHZ 123, 320, 324; BGH, ZInsO 2011, 421; BAG, ZInsO 2015, 344).

Eine wesentliche Abweichung von der Parteivereinbarung liegt hingegen nicht vor, wenn im Vertrag von vornherein eine Ersetzungsbefugnis für eine der Vertragsparteien eingeräumt worden war (BGHZ 70, 177, 183 f.).

Maßgebender Zeitpunkt für das Vorliegen eines Bargeschäfts ist derjenige, in dem die zeitlich erste Leistung eines Vertragsteils erbracht wird (BGH, ZInsO 2016, 326).

Wird die ursprüngliche Vereinbarung **nachträglich** verändert, so ist dies nur so lange unschädlich, bis die erste Leistung eines Vertragsteils vorgenommen wird (BGHZ 123, 320, 328).

III. Unmittelbarkeit

6 Leistung und Gegenleistung müssen zur Erfüllung des Tatbestandsmerkmals »unmittelbar« in **engem zeitlichem Zusammenhang** ausgetauscht werden. Eine sofortige Zug-um-Zug-Leistung ist ebenso wenig erforderlich wie eine Vorleistung des Schuldners (BGHZ 123, 320, 329). Die Leistungen gelten in dem in § 140 genannten Zeitpunkt als vorgenommen.

In Abs. 2 hat der Gesetzgeber nunmehr das Tatbestandsmerkmal der Unmittelbarkeit definiert und hierbei die bislang zu § 142 (a.F.) ergangene Rspr. des BAG kodifiziert.

Die Sätze 2 und 3 des Abs. 2 dienen erkennbar und ausweislich der Gesetzesbegründung dem »Arbeitnehmerschutz« und sind somit bzgl. solcher Anfechtungsgegner, die nicht Arbeitnehmer i.S.d. Vorschrift sind, nicht (analog) anwendbar; insbesondere die in Abs. 2 Satz 3 erfolgende Gleichstellung von Dritter Seite geleisteter Zahlungen mit solchen des zahlungspflichtigen Arbeitgebers stellt ausschließlich eine Privilegierung der als besonders schutzbedürftig angesehenen »Lohnempfänger« dar und ist außerhalb ihres expliziten Anwendungsbereichs keinesfalls gültig.

Für **Arbeitnehmer** – als solche dürften neben den in § 5 Abs. 1 ArbGG genannten Personen auch jene gelten, die in einem arbeitsvertraglichen Verhältnis im Sinne des zum 01.04.2017 in Kraft getretenen § 611a BGB zu dem (späteren) Insolvenzschuldner stehen oder gestanden haben, somit unter den tatbestandlichen Voraussetzungen der genannten Norm auch Organe juristische Personen und sog. »Scheinselbständige«, – gilt nunmehr, dass der enge zeitliche Zusammenhang zwischen Arbeitsleistung und Gewährung des Arbeitsentgelts binnen eines Drei-Monats-Zeitraums gewahrt bleibt. Als **Arbeitsleistung** ist hier nicht lediglich die Erfüllung der arbeitsvertraglich geschuldeten Leistungspflicht zu verstehen, sondern ebenso Urlaub, Krankheit etc. **Arbeitsentgelt** in diesem Sinne ist ausschließlich die aufgrund arbeits- und/oder tarifvertraglicher Vereinbarung und/oder betrieblicher Übung gewährte (Netto-)Vergütung – ein weitergehender Vorschlag des Bundesrates ist durch die Bundesregierung abgelehnt worden – einschließlich etwaiger Sachbezüge, nicht jedoch Sondervergütungen, die auf Freiwilligkeit des Arbeitgebers beruhen.

Für alle anderen Fälle gilt, dass starre Zeitgrenzen für die Annahme eines Bargeschäftes nicht existieren; entscheidend ist, ob das Rechtsgeschäft unter Berücksichtigung der konkreten Erfüllungsmöglichkeiten und/oder üblichen Leistungsbräuche nach der Verkehrsauffassung noch als einheitliche Bardeckung oder schon als Kreditgewährung beurteilt wird (BGH, ZInsO 2006, 712). Die **Höchstgrenze** liegt bei **30 Tagen** (BGH, ZInsO 2016, 214). Der Annahme eines Bargeschäfts steht nicht entgegen, dass der Anfechtungsgegner seine Leistung vor der krit. Zeit und der Schuldner sie in der krit. Zeit erbracht hat (BGH, WM 1984, 1430). Allerdings stellt eine zeitlich zwischen Leistung und Gegenleistung des Schuldners erfolgende **Anordnung von Sicherungsmaßnahmen** i.S.d. § 21 Abs. 2 Nr. 2 nach diesseitiger Auffassung eine das Bargeschäftsprivileg ausschließende Zäsur dar.

Wenn der Schuldner vorleistet, darf der Zeitraum zwischen Leistung und Gegenleistung nicht größer sein als im Fall der Vorleistung durch den Vertragspartner (BGH, ZInsO 2006, 712). Verzögerungen, die **allein von Dritten** verursacht werden, haben keinen Einfluss auf die Einordnung des Leistungsaustausches (Lwowski/Wunderlich, FS Kirchhof, S. 301, 309).

Ein Bargeschäft ist bei einer **Stundung** der Gegenleistung um nur eine Woche ausgeschlossen, wenn sie darauf beruht, dass der Schuldner im Zeitpunkt ihrer Fälligkeit nicht zahlen kann (BGH, ZInsO 2003, 324).

Bei **Vorleistungspflicht eines Vertragsteils** (wie insb. des Dienst- oder Geschäftsbesorgungsverpflichteten, § 614 BGB) ist entscheidend, ob er die ihm zustehende Gegenleistung in unmittelbarer zeitlicher Nähe zu der Annahme des Auftrags oder dem Beginn seiner Tätigkeit erhält (BGH, ZInsO 2006, 712). Dies gilt nicht für Arbeitnehmer im Sinne der Vorschrift.

Bei **Grundstücksgeschäften** ist i.d.R. nur die bis zur Stellung des Eintragungsantrags verstreichende Zeit maßgeblich. Soweit der verfügende Schuldner selbst noch nicht als Berechtigter eingetragen ist, kommt wegen des Erfordernisses der Voreintragung ein über 30 Tage hinausgehender Zeitraum in Betracht (MK-Kirchhof § 142 Rn. 20).

Ferner muss der Leistungsaustausch zur Erfüllung der Unmittelbarkeit entsprechend den Gepflogenheiten des Geschäftsverkehrs erfolgt sein. Die Begründung des Gesetzesentwurfs enthält keinerlei Ausführungen, wie dieser unbestimmte Rechtsbegriff auszulegen ist. Der BGH hat diese Formulierung zwar jüngst (ZInsO 2015, 2217; 2016, 507) verwendet, allerdings ohne sie dabei inhaltlich zu konturieren. Der Begriff des Handelsbrauchs aus § 346 HGB dürfte zur Auslegung jedenfalls nicht heranzuziehen sein, da ein solcher – in Abgrenzung zur Handelsübung – eine verpflichtende Regel, die auf gleichmäßiger, einheitlicher und freiwilliger Übung der beteiligten Kreise für vergleichbare Geschäftsvorfälle in vergleichbarem Zeitraum voraussetzt (BGH, NJW 2001, 2465). Zutreffend hat der Bundesrat in seiner Stellungnahme vom 27.11.2015 (BR-Drucks. 495/15, abgedruckt in ZInsO 2015, 2525) darauf hingewiesen, dass Gepflogenheiten des Geschäftsverkehrs branchen-, regional- und sogar saisonspezifisch sein können; eine allgemein gültige Definition ist demnach kaum möglich. Vielmehr ist das Vorliegen solcher Gepflogenheiten jeweils für den konkreten Einzelfall festzustellen, was zu erheblicher Rechtsunsicherheit führen wird. Allerdings dürfte die Grenze, ab wann ein – wenn auch übliches – Geschäftsgebaren nicht mehr zu derartigen Gepflogenheiten gezählt werden kann, spätestens dort zu ziehen sein, wo ein Verhalten nicht mehr mit der Rechtsordnung im Einklang steht. Die nicht fristgerechte Zahlung unstreitig bestehender Verbindlichkeiten kann daher ohne im konkreten Einzelfall zumindest konkludente Abrede – auch wenn vielfach praktiziert und geduldet – ebensowenig als derartige Gepflogenheit anerkannt werden, wie verbots- und/oder sittenwidrige oder gar strafbewährte Handlungen. Nicht zu den Gepflogenheiten des Geschäftsverkehrs gehören jedenfalls auch Stundungsabreden, die einzig darauf beruhen, dem Schuldner zu ermöglichen, trotz Zahlungseinstellung weiter zu wirtschaften (Kayser, ZInsO 2016, 2134) oder Ratenzahlungsabreden, die unter dem Druck der Einschaltung von Inkasso-Unternehmen (BGH, ZInsO 2015, 2217) oder Rechtsanwälten oder gar dem Druck von Zwangsvollstreckungsmaßnahmen zustande kommen (BGH, ZInsO 2016, 507).

IV. Gleichwertigkeit der Leistungen

14 Nach dem Gesetzestext müssen Leistung und Gegenleistung gleichwertig sein, nach dem Gesetzeszweck darf jedoch die Leistung des Gläubigers auch höherwertig sein; entscheidend ist, dass der Leistungsaustausch nicht zu einer unmittelbaren Gläubigerbenachteiligung führt, sondern lediglich eine **Vermögensumschichtung** bewirkt (BGH, ZInsO 2014, 1602). Ist die Leistung des Schuldners höherwertiger, so kommt eine Aufspaltung in ein i.R.d. § 142 unanfechtbares Bargeschäft und einen anfechtbaren Teil grds. nicht in Betracht. Eine Teilanfechtung ist nur möglich, wenn sich das Rechtsgeschäft in selbstständige Teile zerlegen lässt (MK-Kirchhof § 142 Rn. 12; vgl. § 143 Rdn. 112).

15 Die Gleichwertigkeit ist nach **objektiven Maßstäben** zu ermitteln (FK-Dauernheim § 142 Rn. 2). Ungleichwertigkeit liegt nicht allein deswegen vor, weil der Schuldner das Erlangte, insb. Bargeld, leichter dem Gläubigerzugriff entziehen kann als das seinerseits Geleistete. Geringfügige Wertschwankungen wie z.B. Preisschwankungen im marktüblichen Rahmen sind unschädlich (MK-Kirchhof § 142 Rn. 9).

An der **Gleichwertigkeit fehlt es** z.B., wenn der andere Teil Leistungen an den Schuldner nur unter der Voraussetzung erbringt, dass dieser zugleich mit der sich hieraus ergebenden Verbindlichkeit auch Altverbindlichkeiten begleicht (BGHZ 97, 87, 94) oder wenn eine vom Schuldner gestellte Sicherheit neben einem neu gewährten auch einen alten Kredit absichern soll (HK-Thole § 142 Rn. 8; vgl. auch Rdn. 27). **Demgegenüber** kann beim Kauf eines Grundstückes unter Anrechnung der valutierten Grundpfandrechte auf den Kaufpreis ein Bargeschäft vorliegen.

16 Die Gleichwertigkeit der Leistungen muss in dem **Zeitpunkt** gegeben sein, in dem die erste Vertragsleistung erbracht wird, spätere Änderungen sind nur dann beachtlich, wenn die Geltung von Tagespreisen vereinbart worden war oder der Verkehrssitte entspricht (Zeuner, Anfechtung, Rn. 53). Verschiebt sich das Wertverhältnis zwischen Vertragsschluss und erster Leistung nicht nur unerheblich zulasten des Schuldners, liegt wegen des Normzwecks kein Bargeschäft vor (Obermüller, WM 1984, 325, 326 f.). Unvorhergesehene Wertverluste der Gegenleistung nach dem maßgeblichen Zeitpunkt bewirken lediglich eine mittelbare Gläubigerbenachteiligung und ändern nichts an der Anwendbarkeit des § 142.

V. Unlauterkeit

17 Neu eingeführt in Abs. 1 ist durch das Gesetz zur Verbesserung der Rechtssicherheit bei Anfechtungen nach der Insolvenzordnung und nach dem Anfechtungsgesetz, dass das Bargeschäftsprivileg bei nach § 133 Abs. 1 bis 3 anfechtbaren Rechtshandlungen nur dann ausgeschlossen wird, wenn der Schuldner bei Vornahme der Rechtshandlung unlauter gehandelt und der andere Teil dies erkannt hat.

18 Der Gesetzgeber hat weder hier noch an anderer Stelle erklärt, wann unlauteres Handeln i.S.d. Vorschrift vorliegen soll. Im Rahmen des vorangegangenen Gesetzgebungsverfahrens ist der gesetzgeberische Wille zum Ausdruck gekommen, als unlauteres Handeln in diesem Sinne zum einen Leistungsaustausch anzusehen, bei dem es dem Schuldner in erster Linie um die Schädigung seiner übrigen Gläubiger, nicht aber um die Befriedigung des Begünstigten gehe und dem daher

ein »besonderer Unwert« inne wohne und zum anderen, die schuldnerseitige Vermögensverschleuderung für »Luxusaufwendungen«. Auf die Kritik des Bundesrates in seiner Stellungnahme vom 27.11.2015 auf den Gesetzesentwurf der Bundesregierung vom 29.09.2015 (abgedruckt in ZInsO 2015, 2073) (vgl. BR-Drucks. 495/15, abgedruckt in ZInsO 2015, 2525) hin hat die Bundesregierung unverändert und unter Hinweis auf die frühere Rspr. des BGH zur Vorsatzanfechtung von kongruenten Deckungshandlungen, welche dem Begriff der »erkennbaren Unlauterkeit« deutliche Konturen verliehen habe, an der jetzt Gesetz gewordenen Formulierung festgehalten.

Im Rahmen seiner Rspr. zur Vorsatzanfechtung nach der KO (bzw. der zu deren Zeit geltenden Fassung des AnfG) hat der BGH festgestellt, dass eine schuldnerische Gläubigerbenachteiligungsabsicht (im engeren Sinne; grundsätzlich wurde auch unter Geltung des § 31 Nr. 1 KO der Begriff Absicht lediglich als Vorsatz verstanden) rgm. unlauter sei; die Unlauterkeit einer Handlung würde durch den Zweck, auf den sie gerichtet sei, bestimmt (BGHZ 12, 232). In diesen Fällen sei das die schuldnerische Handlung bestimmende Motiv maßgebend für die Charakterisierung der Handlung als unlauter (BGH, a.a.O.). Da einer schuldnerischen Gläubigerbenachteiligungsabsicht (im engeren Sinne) stets ein Element der persönlichen Unlauterkeit inne wohne (BGH, ZIP 1993, 278) und im Falle der Gewähr kongruenter Deckungen sich der schuldnerische Wille in der Erfüllung seiner Verpflichtung erschöpfe (BGH, ZIP 1991, 807), fehle es in diesen Fällen rgm. an der für die Benachteiligungsabsicht erforderlichen Unlauterkeit (BGH, ZIP 1993, 207; ZIP 1997, 1551), es sei denn, es kam dem (späteren) Insolvenzschuldner bei Vornahme seiner Rechtshandlung weniger auf die Erfüllung seiner Pflichten, sondern mehr auf die Schädigung anderer Gläubiger an (BGHZ 12, 232; BGH, ZIP 1993, 521). Die insoweit seinerzeit durch den BGH zur Benachteiligungsabsicht verwendete Formulierung unlauter war von dem Verständnis des Tatbestands der Vorsatzanfechtung als deliktsrechtliche Handlung getragen (MK-Kayser § 133 Rn. 13 b). Diese Formulierung wurde nie als einschränkendes Tatbestandsmerkmal angesehen (MK-Kayser § 133 Rn. 13 b), sondern lediglich als Abgrenzungsregel (Bork, ZIP 2004, 1684) bei der Vorsatzanfechtung kongruenter Deckungshandlungen, da eine derartige Einschränkung die Vorsatzanfechtung zu sehr in die Nähe der Sittenwidrigkeit gerückt und Abgrenzungsschwierigkeiten verursacht hätte (MK-Kayser § 133 Rn. 13 b). Nach übereinstimmender Auffassung in Literatur (MK-Kayser § 133 Rn. 13 b; Uhlenbruck-Ede/Hirte § 133 Rn. 52; K.Schmidt-Ganter/Weinland § 133 Rn. 59; A/G/R-Gehrlein § 133 Rn. 10; Jaeger-Henckel § 133 Rn. 25) und Rspr. (BGH, ZInsO 2003, 850; 2004, 859; 2008, 738; 2013, 179) ist eine solche Einschränkung dem in § 133 verwendeten Vorsatzbegriff fremd.

Vor diesem Hintergrund ist von Unterlauterkeit i.S.d. Vorschrift zwar nicht erst dann auszugehen, wenn der (spätere) Insolvenzschuldner tatsächlich rechtsbrüchig und/oder sittenwidrig gehandelt hat; allerdings ist das Erfordernis der Unlauterkeit auch nicht als Einschränkung des in § 133 verwendeten Vorsatzbegriffs in seiner durch Literatur und Rspr. erfahrenen Ausgestaltung zu verstehen. Eine durch den Gesetzgeber in § 142 vorgenommene Einschränkung des in § 133 verwendeten Vorsatzbegriffs wäre nicht nur gesetzessystematisch verfehlt, sondern würde durch das damit implementierte »Absichtsmoment« auch dazu führen, dass eine Vorsatzanfechtung nach § 133 Abs. 1 bis 3 nur noch bei beweisbarer Kollusion zwischen (späterem) Insolvenzschuldner und anderem Teil möglich wäre. Da insbesondere unter Berücksichtigung der durch den Gesetzgeber zur Begründung angeführten Rspr. des BGH zur Vorsatzanfechtung nach KO/AnfG der Anwendungsbereich des Merkmals Unlauterkeit ohnehin auf die Vorsatzanfechtung kongruenter Deckungshandlungen (§ 133 Abs. 3) beschränkt sein dürfte – bei den nunmehr nach § 133 Abs. 1 lediglich noch anfechtbaren »Vermögensverschiebungshandlungen« wird die Unlauterkeit bereits durch den Handlungszweck verwirklicht und bei den nach § 133 Abs. 2 anfechtbaren inkongruenten Deckungshandlungen wird es an Gleichwertigkeit und Unmittelbarkeit gegenseitig ausgetauschter Leistungen fehlen – wird man unlauteres Handeln im Sinne der Vorschrift – wie unter Geltung der Rspr. zur KO – richtigerweise als Abgrenzungskriterium im Rahmen der Vorsatzprüfung zu verstehen haben; der kongruenten Deckungshandlung wird daher im Rahmen der Vorsatzanfechtung das Bargeschäftsprivileg nur zu verweigern sein, sofern es dem (späteren) Insolvenzschuldner bei Vornahme der Rechtshandlung vor allem um die Benachteiligung seiner übrigen Gläubiger ging.

21 Kenntnis des Anfechtungsgegners von der Unlauterkeit meint – auch in diesem Zusammenhang – dessen positives Wissen, wobei dieses sich nicht auf sämtliche Einzelheiten zu erstrecken hat; Kennen müssen (auch im Sinne grober Fahrlässigkeit) reicht demgegenüber nicht.

VI. Rechtsfolgen

22 Liegen die Voraussetzungen des § 142 vor, so ist die Anfechtung gem. §§ **130, 132, 135 und 136** ausgeschlossen. Auch die Beweislastumkehr des **§ 133 Abs. 4** greift nicht ein. Für §§ 132 Abs. 1 und 133 Abs. 4 ergibt sich dies bereits daraus, dass diese Normen eine unmittelbare Gläubigerbenachteiligung erfordern, welche bei einem Bargeschäft nie eintreten kann (vgl. Rdn. 1). Bedeutendste Folge des § 142 ist, dass trotz einer möglicherweise (durch späteren Wegfall der Gegenleistung) eintretenden mittelbaren Gläubigerbenachteiligung die **Anfechtung kongruenter Deckungen gem. § 130 ausgeschlossen** ist. Damit wird sichergestellt, dass Rechtsgeschäfte, die nicht nach § 132 angefochten werden können, auch unanfechtbar erfüllt werden können (MK-Kirchhof § 142 Rn. 23).

23 Die Anfechtung gem. **§ 133 Abs. 1 bis 3** bleibt gem. **§ 142 ausdrücklich** möglich, wenn trotz Vorliegens eines Bargeschäftes die übrigen Voraussetzungen des § 133 Abs. 1 bis 3 erfüllt sind und der Schuldner in durch den anderen Teil erkannter Weise unlauter gehandelt hat.

24 Die Anfechtbarkeit gem. § 131 kann § 142 von vornherein nicht ausschließen, weil es hier an der erforderlichen vertraglichen Verknüpfung von Leistung und Gegenleistung fehlt. Dass der Gesetzgeber auch die nunmehrige Neufassung des Abs. 1 nicht dazu genutzt hat, dies auch durch Erwähnung im Gesetzestext klarzustellen, mag daran liegen, dass auch er davon ausgegangen ist, inkongruente Deckung und unmittelbar gleichwertige Gegenleistung würden sich schon begrifflich gegenseitig ausschließen; tatsächlich gibt es jedoch keinen sachlich gerechtfertigten Grund, jedenfalls bestimmten inkongruenten Deckungshandlungen – bspw. der vorfristigen Zahlung einer bestehenden Verbindlichkeit oder dem Ausgleich einer solchen mittels Hergabe eines Kundenschecks (vgl. BGHZ 123, 320) – das Bargeschäftsprivileg grundsätzlich zu verweigern.

Wegen der Unentgeltlichkeit der schuldnerischen Leistung findet § 142 i.R.d. § 134 ebenfalls von vornherein keine Anwendung.

VII. Einzelfälle

25 Bei der **Verrechnung im Kontokorrent** kann in dem Umfang ein nicht anfechtbares Bargeschäft vorliegen, in dem das kontoführende Kreditinstitut, die Zahlungseingänge ins Kontokorrent einstellt und den Schuldner (seinem Kunden) vereinbarungsgemäß wieder über den Gegenwert verfügen lässt (BGH, ZInsO 2004, 854). Das Bargeschäft setzt also voraus, dass das Kreditinstitut dem Kunden gestattet, den durch Zahlungseingang eröffneten Liquiditätsspielraum wieder auszuschöpfen, in dem eine vereinbarte Kreditlinie offengehalten und von dem Kunden nach eigenem Ermessen erteilte Zahlungsaufträge ausgeführt werden (BGH, ZInsO 2012, 1429). Es genügt, wenn das Kreditinstitut zwar nicht alle, aber einzelne Verfügungen des Schuldners über sein im Soll geführtes Konto im Ausgleich gegen verrechnete Eingänge ausführt (BGH, ZInsO 2002, 1136). Darauf, ob der Schuldner den vereinbarten Kreditrahmen voll ausnutzt und ob ohne die Verrechnung die Kreditobergrenze überschritten worden wäre, kommt es nicht an. Voraussetzung ist ein enger zeitlicher Zusammenhang zwischen Soll- und Habenbuchung (BGH, ZInsO 2012, 1429). Eine Bardeckung ist jedenfalls dann anzunehmen, wenn zwischen Soll- und Habenbuchung nicht mehr als 2 Wochen vergehen (BGH, ZInsO 2004, 854). Unerheblich ist die zeitliche Reihenfolge zwischen Ein- und Auszahlungen (BGH, ZInsO 2012, 1429). Wesentliche Voraussetzung ist, dass die Verrechnungen nicht gegen den Willen des Schuldners durchgeführt werden, sondern sein eigenes Bestimmungsrecht gewahrt bleibt (BGH, ZInsO 2002, 1136). Eigennützige Verrechnungen des kontoführenden Kreditinstitutes stellen keine unanfechtbare Bardeckung i.S.d. § 142 dar (BGH, ZInsO 2008, 163), da ansonsten das Kreditinstitut durch Zahlungen an sich selbst durch Abpassen des geeigneten Zeitpunktes (d.h. kurz nach Eingang einer Gutschrift) ein Bargeschäft konstruieren könnte (Flitsch, EWiR 2004, 1043). Demnach kommt ein unanfechtbares Bargeschäft jedenfalls soweit niemals in

Betracht, als dass durch Kontobelastungen (un-)mittelbar eigene Forderungen des kontoführenden Kreditinstituts getilgt werden (BGH, ZInsO 2012, 1429 m.w.N. zur bisherigen Rspr.).

Zieht hingegen ein Gläubiger in unmittelbarem Anschluss an von ihm erbrachte Lieferungen und/ oder Leistungen seine Forderung aufgrund vom Schuldner erteilter Einziehungsermächtigung von dessen Konto ein und wird der **Lastschrifteneinzug** nachfolgend genehmigt, ist bei der Beurteilung des engen zeitlichen Zusammenhangs auf den Zeitpunkt des Lastschrifteneinzuges und nicht der Genehmigung abzustellen (BGH, ZInsO 2009, 869). 26

Die **Bestellung von Sicherheiten** für einen sonst nicht zu erlangenden (neuen) (**Sanierungs-**)**Kredit** kann objektiv gleichwertig sein (BGH, ZInsO 1998, 89). Werden bewegliche Sicherungsgegenstände hingegeben, so ist ein Risikoaufschlag von ca. 50 % auf den Nennwert des Darlehens noch als angemessen anzusehen (BGHZ 137, 212, 235). Sollen die Sicherheiten zugleich auch alte Verbindlichkeiten sichern, so ist die Sicherheitengewährung als Ganzes anfechtbar, es sei denn, die Sicherheiten sind (z.B. aufgrund einer Rangvereinbarung, vgl. FK-Dauernheim § 142 Rn. 5) in der Weise teilbar, dass ein Teil lediglich die neuen Verbindlichkeiten und ein anderer Teil die Altverbindlichkeiten sichert. In diesem Fall kommt hinsichtlich der neu gewährten Kredite ein Bargeschäft in Betracht (MK-Kirchhof § 142 Rn. 13c). 27

Vereinbart ein Frachtführer mit dem Absender, der offene Altforderungen nicht bezahlen kann, dass der vorerst unter Berufung auf das **Frachtführerpfandrecht** angehaltene Transport ausgeführt wird und der Absender im Gegenzug den Frachtführer auf den vom Empfänger für das Frachtgut zu zahlenden Kaufpreis oder Werklohn zugreifen lässt, so handelt es sich bei dieser Ablösungsvereinbarung um ein unanfechtbares Bargeschäft, wenn der Wert des abgelösten Pfandes denjenigen der Forderung, auf die der Frachtführer aufgrund einer Abtretung oder Verpfändung nun zugreifen darf, zumindest erreicht (BGH, ZInsO 2005, 648). 28

Bei der Anfechtung der **Abtretung und/oder Wertschöpfung zukünftiger Forderungen** sind die Voraussetzungen des § 142 rgm. nicht erfüllt, da durch das »Stehenlassen« der besicherten Forderung des Sicherungsnehmers oder dem Belassen der Einziehungsbefugnis bei dem Schuldner keine Gleichwertigkeit der Leistungen vorliegt (BGH, ZInsO 2008, 801). Das Unterlassen der Rückforderung oder die Durchsetzung einredefreier fälliger Forderungen (»Stehenlassen«) stellt mangels Zuführung neuer Vermögenswerte keine Gegenleistung dar (BGH, ZInsO 2009, 1056). 29

Im Eröffnungsverfahren kann in besonderen Fallgestaltungen, bei denen die Liquiditätsvorschau eine drohende Masseunzulänglichkeit wahrscheinlich erscheinen lässt, aber aufgrund der Besonderheiten des Einzelfalles eine Fortführung des Betriebes sinnvoll erscheint, ein Bedürfnis dafür bestehen, die Forderungen der für die Betriebsfortführung notwendigen Dienstleister, Lieferanten etc. (»Weiterlieferer«), welche der starke vorläufige Insolvenzverwalter – oder der schwache vorläufiger Insolvenzverwalter aufgrund einer entsprechenden Einzelermächtigung des Insolvenzgerichts (BGHZ 151, 353 = ZInsO 2002, 819) – als Masseverbindlichkeiten begründen konnte, auch vor den Folgen der Anzeige der Masseunzulänglichkeit abzusichern (Frind/Rüther/Schmidt/Wendler, ZInsO 2004, 24, 25). Hierfür kommt im Einzelfall die Errichtung eines Treuhandkontos durch die Schuldnerin mit Zustimmung des vorläufigen Insolvenzverwalters in Betracht (ausführlich Frind, ZInsO 2004, 471). Ist der vorläufige Insolvenzverwalter von dem Gläubiger vor der Bestellung der Sicherheit dadurch massiv unter Druck gesetzt worden, dass der Gläubiger erklärte, einer betriebsnotwendigen Weiterbelieferung nur gegen Gewährung von Sicherheiten zuzustimmen, kommt im eröffneten Verfahren eine Anfechtung der Sicherungsgewährung gem. §§ 130 Abs. 1 Satz 1 Nr. 2, 131 Abs. 1 Nr. 1, 133 Abs. 1 bis 3 jedenfalls dann in Betracht, wenn sich der vorläufige Insolvenzverwalter die Anfechtung vorbehält (Frind a.a.O.). Dieser Anfechtung kann der Anfechtungsgegner nicht mit der Begründung entgegentreten, der vorläufige Insolvenzverwalter hätte die durch das Treuhandkonto besicherten Gläubiger auch im Wege des Bargeschäfts befriedigen können. Bei der Anlegung des Treuhandkontos zugunsten der »Weiterlieferer« handelt es sich nicht um ein Bargeschäft, da ein unmittelbarer Leistungsaustausch zwischen dem Schuldner und den zu besichernden Gläubigern nicht stattfindet. Das Treuhandkonto stellt keine unmittelbare 30

Leistung an die Gläubiger dar, da seine Ausschüttung erst im eröffneten Verfahren vorgesehen ist (Frind a.a.O.).

31 Keine Bardeckung liegt vor bei Vereinbarung eines **erweiterten Eigentumsvorbehaltes**, bei dem der Schuldner das Eigentum an dem erworbenen Gegenstand erst erlangt, wenn er neben dem Kaufpreis bestehende Ansprüche des Vertragspartners befriedigt (Zeuner, Anfechtung, Rn. 55).

32 Bei Vereinbarung marktüblicher Bedingungen kann sowohl beim echten wie auch beim unechten **Factoring** ein Bargeschäft vorliegen (MK-Kirchhof § 142 Rn. 13d).

33 Dienstleistungen eines **Rechtsanwalts oder Steuerberaters** – oder ähnlicher Berufsgruppen – können Bargeschäftscharakter haben (std. Rspr. seit BGHZ 28, 344, 347 f.), auch wenn es sich um länger andauernde Vertragsbeziehungen oder gar sog. »Dauermandate« handelt (BGH, ZInsO 2006, 712).

34 Das **Honorar** eines **Sanierers** (oder sonstigen Geschäftsbesorgers, vgl. FK-Dauernheim § 142 Rn. 3) oder die Sicherung seiner Vergütungsforderung stellt keine angemessene Gegenleistung für dessen Tätigkeit dar, wenn seine Leistungen von vornherein erkennbar wertlos waren. Hat der Sanierer/Geschäftsbesorger seine werthaltige Leistung lediglich überhöht abgerechnet, so liegt hinsichtl. der angemessenen Vergütung ein Bargeschäft vor, der überhöhte Teil der Vergütung ist ohne die Einschränkung des § 142 anfechtbar.

B. Verfahrensfragen

35 Der Anfechtungsgegner, der die Anfechtung unter Hinweis auf den die Anfechtungstatbestände einschränkenden § 142 abwehren will, hat dessen sämtliche Voraussetzungen **darzulegen** und ggf. zu **beweisen** (BGH, ZInsO 2012, 1429 m.w.N.).

Soweit eine Anfechtung nach Maßgabe des § 133 Abs. 3 im Raume steht, trägt – sofern der Anfechtungsgegner das Vorliegen der Voraussetzungen eines Bargeschäfts dargelegt hat – der anfechtende Insolvenzverwalter die Darlegungs- und Beweislast für die Unlauterkeit des schuldnerischen Handelns und insbesondere die Kenntnis des Anfechtungsgegners hiervon.

Zur Feststellung der Gleichwertigkeit von Honorar eines Rechtsanwaltes und der Beratungsleistung ist die Einholung eines **Gutachtens der Rechtsanwaltskammer** nicht erforderlich (BGHZ 77, 250, 254).

Die Feststellung der Gepflogenheiten des Geschäftsverkehrs im Rahmen der Unmittelbarkeit – für deren Vorliegen der Anfechtungsgegner die Darlegungs- und Beweislast trägt – dürfte rgm. lediglich durch Sachverständigengutachten zu beweisen sein.

Will sich ein Arbeitnehmer als Anfechtungsgegner auf das Bargeschäftsprivileg berufen, hat er den engen zeitlichen Zusammenhang im Sinne des Abs. 2 Satz 2 darzulegen zu beweisen und – ggf. – die Nichterkennbarkeit der Drittleistung.

C. Ausblick

36 Durch die Neufassung des § 142 werden sich in der Praxis voraussichtlich keine nennenswerten Veränderungen ergeben.

Die in Abs. 1 vorgenommene Erweiterung des Bargeschäftsprivilegs auf die Vorsatzanfechtung wird sich in der Praxis kaum bemerkbar machen, da dieses seinem Sinngehalt nach lediglich bei § 133 Abs. 3 anwendbar ist. Das Merkmal der erkannten Unlauterkeit wird nach der von hier vertretenen Auslegung lediglich im Rahmen der Vorsatzanfechtung kongruenter Deckungshandlungen eine Rolle spielen und kodifiziert lediglich die nach bisheriger Rspr. des BGH zu § 133 Abs. 1 (a.F.) entwickelten Abgrenzungsregeln und tatsächlichen Beweisanzeichen für das Vorliegen des Gläubigerbenachteiligungsvorsatzes.

Der neu eingeführte Abs. 2 der Vorschrift kodifiziert im wesentlichen die bisherige Rspr. des BAG; lediglich im Rahmen der Rechtswegzuweisung dürfte die Neuregelung Praxiserheblichkeit haben (vgl. § 143 Rdn. 126).

§ 143 Rechtsfolgen

(1) ¹Was durch die anfechtbare Handlung aus dem Vermögen des Schuldners veräußert, weggegeben oder aufgegeben ist, muß zur Insolvenzmasse zurückgewährt werden. ²Die Vorschriften über die Rechtsfolgen einer ungerechtfertigten Bereicherung, bei der dem Empfänger der Mangel des rechtlichen Grundes bekannt ist, gelten entsprechend. ³Eine Geldschuld ist nur zu verzinsen, wenn die Voraussetzungen des Schuldnerverzugs oder des § 291 des Bürgerlichen Gesetzbuchs vorliegen; ein darüber hinausgehender Anspruch auf Herausgabe von Nutzungen eines erlangten Geldbetrages ist ausgeschlossen.

(2) ¹Der Empfänger einer unentgeltlichen Leistung hat diese nur zurückzugewähren, soweit er durch sie bereichert ist. ²Dies gilt nicht, sobald er weiß oder den Umständen nach wissen muß, daß die unentgeltliche Leistung die Gläubiger benachteiligt.

(3) ¹Im Fall der Anfechtung nach § 135 Abs. 2 hat der Gesellschafter, der die Sicherheit bestellt hatte oder als Bürge haftete, die dem Dritten gewährte Leistung zur Insolvenzmasse zu erstatten. ²Die Verpflichtung besteht nur bis zur Höhe des Betrags, mit dem der Gesellschafter als Bürge haftete oder der dem Wert der von ihm bestellten Sicherheit im Zeitpunkt der Rückgewähr des Darlehens oder der Leistung auf die gleichgestellte Forderung entspricht. ³Der Gesellschafter wird von der Verpflichtung frei, wenn er die Gegenstände, die dem Gläubiger als Sicherheit gedient hatten, der Insolvenzmasse zur Verfügung stellt.

§ 143 a.F. Rechtsfolgen

(1) ¹Was durch die anfechtbare Handlung aus dem Vermögen des Schuldners veräußert, weggegeben oder aufgegeben ist, muß zur Insolvenzmasse zurückgewährt werden. ²Die Vorschriften über die Rechtsfolgen einer ungerechtfertigten Bereicherung, bei der dem Empfänger der Mangel des rechtlichen Grundes bekannt ist, gelten entsprechend.

(2) ¹Der Empfänger einer unentgeltlichen Leistung hat diese nur zurückzugewähren, soweit er durch sie bereichert ist. ²Dies gilt nicht, sobald er weiß oder den Umständen nach wissen muß, daß die unentgeltliche Leistung die Gläubiger benachteiligt.

(3) ¹Im Fall der Anfechtung nach § 135 Abs. 2 hat der Gesellschafter, der die Sicherheit bestellt hatte oder als Bürge haftete, die dem Dritten gewährte Leistung zur Insolvenzmasse zu erstatten. ²Die Verpflichtung besteht nur bis zur Höhe des Betrags, mit dem der Gesellschafter als Bürge haftete oder der dem Wert der von ihm bestellten Sicherheit im Zeitpunkt der Rückgewähr des Darlehens oder der Leistung auf die gleichgestellte Forderung entspricht. ³Der Gesellschafter wird von der Verpflichtung frei, wenn er die Gegenstände, die dem Gläubiger als Sicherheit gedient hatten, der Insolvenzmasse zur Verfügung stellt.

Übersicht

		Rdn.
A.	Norminhalt	1
I.	Allgemeines – Rückgewährschuldverhältnis	2
II.	Rückabwicklung der Vermögensminderung (Abs. 1 Satz 1)	12
1.	Rückgewähr in Natur	12
a)	Allgemeines	12
b)	Art der Rückgewähr	15
c)	Folgen der Anfechtung der Übertragung von Sachen und Rechten	19
d)	Folgen der Anfechtung der Belastung von Sachen und Rechten	37
e)	Folgen der Anfechtung der Begründung und Tilgung von Verbindlichkeiten	40
f)	Folgen der Anfechtung der Einschränkung oder Beendigung von Rechten	46
g)	Unterlassungen	50
h)	Anfechtbare Prozesshandlungen im Erkenntnisverfahren	51
i)	Vollstreckungshandlungen	52
j)	Weggabe/-nahme von Geld	53
2.	Ungerechtfertigte Bereicherung (Abs. 1 Satz 2)	54
a)	Nutzungen	57
b)	Verwendungen des Anfechtungsgegners	60
c)	Surrogate	65
d)	Wertersatz	66

		aa)	Voraussetzungen	66	IV.	Abtretbarkeit und Verpfändbarkeit des Rückgewähranspruches	108
		bb)	Berechnung des Wertersatzes	76	V.	Teilanfechtungen	112
		cc)	Aufrechnung/Zurückbehaltungsrecht	81	VI.	Einrede der Anfechtbarkeit	114
					VII.	Erlöschen des Anfechtungsrechts	115
		dd)	Folgen der Anfechtung der Übertragung von Sachen und Rechten	82	VIII.	Konkurrenzen von Rückgewähransprüchen	117
		ee)	Folgen der Anfechtung der Belastung von Sachen und Rechten	85	IX.	Auswirkung auf weitere Rechtsbeziehungen	121
					X.	Prozessuales	125
		ff)	Folgen der Anfechtung der Begründung und Tilgung von Verbindlichkeiten	86	1.	Rechtsweg	126
					2.	Gerichtliche Zuständigkeit	127

(Inhaltsverzeichnis – vereinfacht wiedergegeben)

§ 143 InsO Rechtsfolgen

Inhaltsverzeichnis (Fortsetzung)

- aa) Voraussetzungen ... 66
- bb) Berechnung des Wertersatzes ... 76
- cc) Aufrechnung/Zurückbehaltungsrecht ... 81
- dd) Folgen der Anfechtung der Übertragung von Sachen und Rechten ... 82
- ee) Folgen der Anfechtung der Belastung von Sachen und Rechten ... 85
- ff) Folgen der Anfechtung der Begründung und Tilgung von Verbindlichkeiten ... 86
- gg) Folgen der Anfechtung der Einschränkung oder Beendigung von Rechten ... 90
- hh) Wertersatz für Nutzungen ... 91
- III. Rückgewähr unentgeltlicher Leistungen (Abs. 2) ... 92
  - 1. Herausgabe der Bereicherung (Abs. 2 Satz 1) ... 93
  - 2. Bösgläubigkeit (Abs. 2 Satz 2) ... 95
- IV. Gesellschafterdarlehen (Abs. 3) ... 96
- V. Insolvenz des Anfechtungsgegners ... 98
- VI. Doppelinsolvenz ... 99
- **B. Verfahrensfragen** ... 101
- I. Auskunftsanspruch ... 101
- II. Anforderung an Rückgewährverlangen ... 104
- III. Beweisfragen ... 105
- IV. Abtretbarkeit und Verpfändbarkeit des Rückgewähranspruches ... 108
- V. Teilanfechtungen ... 112
- VI. Einrede der Anfechtbarkeit ... 114
- VII. Erlöschen des Anfechtungsrechts ... 115
- VIII. Konkurrenzen von Rückgewähransprüchen ... 117
- IX. Auswirkung auf weitere Rechtsbeziehungen ... 121
- X. Prozessuales ... 125
  - 1. Rechtsweg ... 126
  - 2. Gerichtliche Zuständigkeit ... 127
    - a) Örtlich ... 127
    - b) Sachlich ... 130
    - c) Funktional ... 131
    - d) Gerichtsstandsvereinbarungen ... 132
    - e) Schiedsvertragliche Vereinbarungen ... 133
  - 3. Klageantrag ... 134
  - 4. Folgen der Rechtshängigkeit ... 137
  - 5. Grundurteil ... 138
  - 6. Anfechtungsprozesse nach Eintritt der Massekostenunzulänglichkeit (§ 207) oder Masseunzulänglichkeit (§ 208) ... 139
  - 7. Sicherung des Rückgewähranspruchs ... 140
  - 8. Kosten ... 141
    - a) Kostentragung ... 141
    - b) Prozesskostenhilfe ... 142

A. Norminhalt

1 § 143 dient dem Ausgleich zwischen den Belangen der Insolvenzgläubiger einerseits und den schutzwürdigen Interessen des Anfechtungsgegners andererseits (MK-Kirchhof § 143 Rn. 1). Abs. 1 ist durch das Gesetz zur Verbesserung der Rechtssicherheit bei Anfechtungen nach der Insolvenzordnung und dem Anfechtungsgesetz vom 29.03.2017 (BGBl. I 2017, 654), in Kraft getreten am 05.04.2017, durch Ergänzung von Satz 3 geändert worden, welcher die Verzinsung von Rückgewähransprüchen regelt; diese Rechtsänderung beansprucht Gültigkeit für Rückgewähransprüche, bei denen – unabhängig von dem Zeitpunkt der Eröffnung des jeweiligen Insolvenzverfahrens – die Voraussetzungen des Abs. 1 Satz 3 nach dem 04.04.2017 eingetreten sind, Art. 103j Abs. 2 EG-InsO. Der Tatsache, dass die Anfechtung allein nach § 134 auf Seiten des Empfängers keine Bösgläubigkeit und auch keine anderen erschwerenden Umstände voraussetzt, trägt **Abs. 2** dadurch Rechnung, dass der Empfänger einer unentgeltlichen Leistung grds. nur nach allg. bereicherungsrechtlichen Grundsätzen haften soll, insb. den Entreicherungseinwand (§ 818 Abs. 3 BGB) erheben kann. **Abs. 3** regelt die Rechtsfolgen bei Anfechtung von Rechtshandlungen im Zusammenhang mit Gesellschafterdarlehen und gleichgestellten Forderungen.

I. Allgemeines – Rückgewährschuldverhältnis

2 Der **Rückgewähranspruch entsteht** unabhängig von seiner Geltendmachung mit der Vollendung des Anfechtungstatbestandes, aber nicht vor Eröffnung des Insolvenzverfahrens (BGH, ZInsO 2008, 449). Gleichzeitig wird er **fällig**, ohne dass es hierfür einer besonderen Erklärung des zur Anfechtung Berechtigten bedarf (BGH, ZInsO 2007, 261). Dies gilt auch dann, wenn zuvor aufgrund desselben Sachverhaltes eine Einzelgläubigeranfechtung möglich gewesen wäre (BGH,

ZInsO 2008, 276). Tritt die benachteiligende Wirkung erst nach Verfahrenseröffnung (§ 147) ein, entsteht auch dann erst das Anfechtungsrecht (MK-Kayser § 129 Rn. 186). Zum Erlöschen des Rückgewähranspruchs vgl. Rdn. 115 f. § 143 begründet einen **schuldrechtlichen Verschaffungsanspruch** (BGH, ZInsO 2006, 1217) gegen den Anfechtungsgegner. Die Anfechtung bewirkt also nicht die Nichtigkeit der angefochtenen Rechtshandlung (BGH a.a.O). Mit der Anfechtung wird kein Handlungsunrecht sanktioniert, sondern lediglich gläubigerbenachteiligende Rechtswirkung rückgängig gemacht (BGH, ZInsO 2010, 1489). Mangels schadensersatzrechtlichem Charakter des Anspruchs gelten die §§ 249 ff. BGB nicht; insb. sind die Grundsätze über Mitverschulden (§ 254 BGB) auf die Entstehung des Rückgewähranspruches nicht anwendbar (MK-Kirchhof § 143 Rn. 12; vgl. zum Mitverschulden bei Durchführung der Rückgewähr Rdn. 74). Die allg. Vorschriften über Schuldner- und Gläubigerverzug (§§ 286 ff., 293 ff. BGB; zum Verzug des Anfechtungsgegners mit der Rückgewähr ausführl. MK-Kirchhof § 143 Rn. 58) und zur Erfüllung (§§ 362 ff. BGB) finden hingegen Anwendung (Uhlenbruck-Ede/Hirte § 143 Rn. 6).

Wenngleich § 143 einen Anspruch auf Rückgewähr begründet, ist eine Rückgewähr im engeren Sinne nicht stets notwendig. Sind z.B. in anfechtbarer Weise lediglich schuldrechtliche Ansprüche gegen den Schuldner begründet worden oder hat der Schuldner auf eigene Rechte in anfechtbarer Weise verzichtet, erfolgt die »Rückgewähr« in der Weise, dass die anfechtbare Rechtshandlung (Eingehung der Verbindlichkeit/Verzicht) **nicht zu berücksichtigen** ist; der Anfechtungsgegner kann sich auf sie nicht berufen (HK-Thole § 143 Rn. 4). Gleiches gilt bei einer Zustimmung des Schuldners zu einer Verwertung des Sicherungsgutes durch den Anfechtungsgegner unter Wert.

Anspruchsinhaber ist das im Sondervermögen »Insolvenzmasse« des Schuldners gebündelte Vermögen (A/G/R-Gehrlein § 143 Rn. 3), die **Geltendmachung** des Anfechtungsrechts erfolgt grds. durch den **Insolvenzverwalter**. Einzelne Gläubiger können dem Insolvenzverwalter im Anfechtungsrechtsstreit lediglich als Streithelfer gem. § 66 ZPO beitreten, nicht jedoch als streitgenössische Nebenintervenienten gem. § 69 ZPO (MK-Kayser § 129 Rn. 198). Da der Rückgewähranspruch nicht vor Verfahrenseröffnung entsteht (vgl. Rdn. 2), kommt eine Anfechtung durch den **vorläufigen Insolvenzverwalter** nicht in Betracht, ein von ihm erklärter Verzicht auf das Anfechtungsrecht ist unwirksam. Der vorläufige Insolvenzverwalter kann auch nicht im Eröffnungsverfahren zur Geltendmachung von insolvenzanfechtungsrechtlichen Rückgewähransprüchen ermächtigt werden; eine derartige Ermächtigung wäre wegen Verstoßes gegen das gesetzliche Verbot aus § 22 Abs. 2 Satz 2 nichtig (OLG Hamm, ZInsO 2005, 21).

Bei Anordnung der **Eigenverwaltung** übt der **Sachwalter** das Anfechtungsrecht aus (§ 280), im Rahmen des Verbraucherinsolvenzverfahrens verbleibt das Anfechtungsrecht nur in den bis zum 30.06.2014 beantragten Insolvenzverfahren in der Hand des **einzelnen Gläubigers**.

Der Insolvenzverwalter handelt bei der Geltendmachung des Rückgewähranspruches **im eigenen Namen kraft seines Amtes** (BGHZ 83, 102, 105). Er ist jedoch, da es sich bei dem Rückgewähranspruch nicht um ein höchstpersönliches Recht handelt, dazu berechtigt, sich **vertreten** zu lassen. Ob die Anfechtung erklärt werden soll, hat er nach der Zweckmäßigkeit für die Insolvenzmasse zu entscheiden. Wird der Insolvenzverwalter nicht tätig, kann er hierzu von den Gläubigern nur über die §§ 58, 59 angehalten werden. Er ist nicht verpflichtet, den Rückgewähranspruch vor anderen Ansprüchen (gegen Dritte) geltend zu machen (vgl. Rdn. 124). Der Insolvenzverwalter ist berechtigt, einen anderen dazu zu ermächtigen, im Wege der **gewillkürten Prozessstandschaft** im Anfechtungsprozess das Anfechtungsrecht mit dem Ziel der Leistung an die Insolvenzmasse auszuüben (BGHZ 100, 217, 218). Zur **Abtretbarkeit** des Rückgewähranspruchs vgl. Rdn. 108 ff.

Grds. bedarf die Anfechtung für ihre rechtliche Wirksamkeit keiner Erklärung (BGH, ZInsO 2007, 261); eine solche ist jedoch schon zu Dokumentations- und Informationszwecken rgm. sachdienlich und im Hinblick auf Abs. 1 Satz 3 unter Gesichtspunkten des Beginns der Zinszahlungspflicht empfehlenswert (vgl. Rdn. 55).

Die **Erklärung** des Insolvenzverwalters, dass er das Anfechtungsrecht ausübe, ist **nicht formbedürftig**. Es genügt jede erkennbare – sogar konkludente – Willensäußerung, dass der Anfechtungsberechtigte die Gläubigerbenachteiligung nicht hinnimmt, sondern sie zur Masseanreicherung wenigstens wertmäßig auf Kosten des Anfechtungsgegners wieder ausgeglichen sehen will (BGH, ZIP 2008, 888); allerdings reicht dies kaum aus, die Voraussetzungen des Abs. 1 Satz 3 herbeizuführen. Die Benennung bestimmter Anfechtungstatbestände ist jedoch auch hierfür nicht notwendig. Bis zur Durchführung der Rückgewähr kann der Insolvenzverwalter grds. von der Geltendmachung des Anspruches aus § 143 wieder Abstand nehmen (vgl. Rdn. 121).

7 **Anfechtungsgegner** ist derjenige, der anfechtbar etwas aus dem Vermögen des Schuldners erlangt hat, oder sein Rechtsnachfolger gem. § 145 (Uhlenbruck-Ede/Hirte § 143 Rn. 69). Wer im Geschäftsverkehr den Eindruck erweckt, das Unternehmen des eigentlichen Anfechtungsgegners fortzuführen, kann unter Rechtsscheinhaftungsgesichtspunkten auch insolvenzanfechtungsrechtlich passivlegitimiert sein (BGH, ZInsO 2011, 183).

8 **Sozialversicherungsträger**, die vom Schuldner Gesamtsozialversicherungsbeiträge einziehen, sind auch insoweit selbst Empfänger, als sie im Innenverhältnis Teilbeiträge an die Träger der **Renten- oder Unfallversicherung** weiterleiten müssen (A/G/R-Gehrlein § 143 Rn. 4). Der Herausgabepflicht der Sozialversicherungsträger steht die Richtlinie des Rates zur Angleichung von Rechtsvorschriften der Mitgliedsstaaten über den Schutz der Arbeitnehmer bei Zahlungsunfähigkeit des Arbeitgebers (RL 80/987 EWG) in der nunmehr (nach Änderung durch die RL 2002/74 EG) geltenden Form nicht entgegen (BGH, ZInsO 2005, 1268). Tarifvertraglich zur Einziehung von **Sozialkassenbeiträgen der Bauarbeitgeber** ermächtigte Stellen sind auch insoweit als Anfechtungsgegner zur Rückgewähr zur Insolvenzmasse verpflichtet, als sie fremdnützig eingezogene Beiträge an die hierzu berechtigten Sozialkassen ausgekehrt haben (BGH, ZInsO 2004, 1359).

9 Hat ein Bundesland in anfechtbarer Weise **Steuern** vereinnahmt, die dem Bund zustehen, ist es auch insoweit Rückgewährschuldner und somit Anfechtungsgegner (BGH, ZInsO 2012, 264 auch zur Abgrenzung zur BFH-Rspr. zur Gläubigerstellung bei umsatzsteuerrechtlicher Organschaft).

10 Richtiger Anfechtungsgegner ist der Gläubiger einer eingezogenen Forderung auch dann, wenn er sich bei der Einziehung Dritter (bspw. Rechtsanwälte oder Inkassounternehmen) bedient (BGH, ZInsO 2014, 1004). Er ist dies auch hinsichtl. der **Vollstreckungskosten**, die das von ihm oder den Dritten beauftragte Vollstreckungsorgan vor Auskehr des Restbetrages an ihn einbehalten hat (BGH, ZInsO 2004, 441); dies gilt auch dann, wenn die Vollstreckung von Sozialversicherungsbeiträgen durch die Hauptzollämter durchgeführt wurde (OLG Hamburg, ZIP 2002, 1360).

11 Im Fall einer **mittelbaren Zuwendung** (vgl. § 129 Rdn. 33 ff.) ist richtiger Anfechtungsgegner rgm. der mittelbare Empfänger, nicht die Mittelsperson. Die Mittelsperson haftet aber, soweit sie den Gegenstand noch nicht weitergegeben, durch die anfechtbare Rechtshandlung selbst einen Vorteil erlangt oder – dann im Wege der Vorsatzanfechtung – die tatbestandlichen Voraussetzungen des § 133 in ihrer Person verwirklicht hat (vgl. § 129 Rdn. 33 ff.).

II. Rückabwicklung der Vermögensminderung (Abs. 1 Satz 1)

1. Rückgewähr in Natur

a) Allgemeines

12 Abs. 1 Satz 1 entspricht wörtlich dem § 37 Abs. 1 KO, sodass die hierzu ergangene Rspr. – unter Berücksichtigung des Abs. 1 Satz 2 – weiterhin herangezogen werden kann. **Gegenstand**

der Rückgewähr ist dasjenige, was durch die anfechtbare Rechtshandlung dem schuldnerischen Vermögen entzogen wurde, nicht – eine Beschränkung hierauf findet sich lediglich in Abs. 2 – dasjenige, was in das Vermögen des Anfechtungsgegners gelangt ist (BGH, ZInsO 2007, 658). Die Insolvenzmasse soll in den Zustand versetzt werden, in dem sie sich befände, wenn die anfechtbare Rechtshandlung unterblieben (zu anfechtbaren Unterlassungen vgl. Rdn. 50) wäre (BGH, ZInsO 2007, 600). Enthielt demnach eine in anfechtbarer Weise getilgte Verbindlichkeit Umsatzsteuer, ist auch diese durch den Anfechtungsgegner zu erstatten (BGH, ZInsO 2016, 341 m.w.N.; vgl. hierzu Rdn. 42).

Auf eine **fortdauernde Bereicherung** des Gegners kommt es (außer i.R.d. Abs. 2 Satz 1 und bei Schuldlosigkeit nach Abs. 1 Satz 2) nicht an (BGH, NJW 1970, 44; BAG, ZInsO 2011, 1560). 13

Bei **mittelbaren Zuwendungen** (vgl. § 129 Rdn. 33 ff.) ist ebenfalls grds. maßgeblich, was dem Vermögen des Schuldners entzogen wurde (Uhlenbruck-Ede/Hirte, § 143 Rn. 220). Stand dem Schuldner ein Anspruch auf Leistung eines Gegenstandes aus § 433 Abs. 1 BGB zu, so hat der Dritte, dem der Schuldner seinen Anspruch anfechtbar übertragen hatte, wegen der beabsichtigten Zuwendung gerade des gekauften Gegenstands diesen selbst herauszugeben, wenn der Verkäufer ihm ggü. zwischenzeitlich erfüllt hat (BGHZ 116, 222, 226). Wird die mittelbare Zuwendung im Rahmen eines **Vertrages zugunsten Dritter** gewährt, so ist grds. entscheidend, welche Leistungen der Versprechende nach dem Inhalt seiner Vertragsbeziehung zum Schuldner bei Eintritt der Fälligkeit zu erbringen hatte, mit anderen Worten, welche Zuwendung an den Dritten der Versprechensempfänger mit den von ihm aufgewendeten Vermögenswerten erkauft hat (BGHZ 156, 350, 355 = ZInsO 2003, 1096). Hatte der Schuldner für eine von ihm abgeschlossene **Lebensversicherung** einem Dritten ein **widerrufliches Bezugsrecht** eingeräumt, richtet sich nach Eintritt des Versicherungsfalls der Rückgewähranspruch gegen den Dritten auf Auszahlung der vom Versicherer geschuldeten Versicherungssumme, nicht auf Rückgewähr der vom Schuldner geleisteten Prämien. 14

b) Art der Rückgewähr

Grds. hat die Rückgewähr in der Weise zu erfolgen, dass der betroffene Gegenstand in dem vollen Umfang seiner Veräußerung, Weg- oder Aufgabe **in Natur** in die Insolvenzmasse zurückgelangen muss (BGH, NZI 2005, 453; MK-Kirchhof § 143 Rn. 24). Dabei ist rgm. der Zustand wiederherzustellen, der bestünde, wenn der weggegebene Gegenstand bereits bei Verfahrenseröffnung in der Insolvenzmasse befindlich gewesen wäre (BGH, ZInsO 2007, 600). 15

Normalerweise hat die Rückgewähr gerade **in die Insolvenzmasse** zu erfolgen. Allerdings ist der Insolvenzverwalter i.R.d. Verfahrenszweckes dazu berechtigt, Leistung an Dritte zu verlangen (MK-Kirchhof § 143 Rn. 25). Hatte die BfA Insolvenzgeld gezahlt, so ist dieses nach den einschlägigen Vorschriften des SGB III an sie zurückzuzahlen, wenn der Anspruch des begünstigten Arbeitnehmers auf Arbeitsentgelt anfechtbar erworben worden war. 16

Selbst dann, wenn der Rückgewähranspruch in seinem Wert betragsmäßig den zur Befriedigung der Insolvenzgläubiger erforderlichen Betrag übersteigt, kann der Insolvenzverwalter die **Rückgewähr in vollem Umfang** zur Insolvenzmasse verlangen (MK-Kirchhof § 143 Rn. 26). Etwaige nicht zur Befriedigung der Masse- und Insolvenzgläubiger erforderliche Übererlöse – sofern solche trotz § 144 Abs. 2 Satz 2, 38, 87, 174 ff. überhaupt (bspw. dadurch, dass der Anfechtungsgegner auch nach Rückgewähr keine Anmeldung zur Tabelle vornimmt) entstehen – sind nach Schlussverteilung in analoger Anwendung des § 199 dem Anfechtungsgegner zu überlassen. Der Insolvenzverwalter ist jedoch dazu berechtigt, sein Rückgewährbegehren auf das für seine Zwecke erforderliche Maß einzuschränken, indem er z.B. statt Rückgabe des in anfechtbarer Weise übertragenen Gegenstandes lediglich die **Duldung der Zwangsvollstreckung** in diesen verlangt (HK-Thole § 143 Rn. 5). Bei der Anfechtung der Übertragung eines Grundstücksbruchteils kann sich der Insolvenzverwalter z.B. darauf beschränken, die Zustimmung des Anfechtungs- 17 gegners in die Teilungsversteigerung des gesamten Grundstücks zu verlangen, um den auf die Insolvenzmasse entfallenden Anteil am Erlös zu erhalten (HK-Thole § 143 Rn. 10). Der Anfechtungsgegner seinerseits hat nicht von sich aus das Recht, statt Naturalrestitution Wertersatz zu leisten (vgl. Rdn. 75).

18 Die gesamten **Kosten** des Vollzuges **der Rückgewähr** hat der Anfechtungsgegner zu tragen (Uhlenbruck-Ede/Hirte § 143 Rn. 129). Erfasst sind hier z.B. die bei einer erfolgreich angefochtenen Zwangsvollstreckung durch Einschaltung des Vollstreckungsgerichts bzw. Gerichtsvollziehers entstandenen Kosten, die Aufwendungen für den Rücktransport einer anfechtbar weggegebenen Sache zum Insolvenzverwalter sowie für die Wiederbeschaffung überlassener Urkunden (MK-Kirchhof § 143 Rn. 27).

c) Folgen der Anfechtung der Übertragung von Sachen und Rechten

19 Wer in anfechtbarer Weise das Eigentum bzw. den Besitz an einer zum Schuldnervermögen gehörigen **Sache** erlangt hat, schuldet grds. Rückübereignung bzw. Rückübertragung des Besitzes an den Insolvenzschuldner (nicht an den lediglich für den Schuldner handelnden Insolvenzverwalter). Zur Möglichkeit des Insolvenzverwalters, sich mit der Duldung der Zwangsvollstreckung zu begnügen vgl. Rdn. 17.

20 Die **Rückübereignung** einer **beweglichen Sache** hat in der Weise zu erfolgen, dass der Anfechtungsgegner die Einigung zur Rückübereignung anbietet und dem Insolvenzverwalter den Besitz an der Sache verschafft. Befindet sich die Sache bereits im Besitz des Insolvenzverwalters, kann dieser zwar Ansprüche des Anfechtungsgegners unbefristet mit der Anfechtungseinrede gem. § 146 Abs. 2 abwehren, ohne Rückübertragung des Eigentums an den Schuldner kommt eine wirksame Übereignung an einen Dritten jedoch nur unter den Voraussetzungen des § 932 BGB in Betracht. Eine vorherige Rückübertragung des Eigentums an den Schuldner ist daher rgm. sinnvoll (MK-Kirchhof § 143 Rn. 29). Der Besitzer einer durch angefochtene Rechtshandlung erlangten (Bürgschafts-)Urkunde ist zur Herausgabe verpflichtet (BGH, NZI 2005, 453).

21 Handelt es sich bei der anfechtbar weggegebenen Sache um **Geld**, so kann der Insolvenzverwalter i.d.R. die Zahlung eines entsprechenden Betrages verlangen (hinsichtl. der zu zahlenden Zinsen vgl. Rdn. 58). Auf das individuelle Vorhandensein der ursprünglich geleisteten Zahlungsmittel kommt es nur an, wenn es sich um Sammlerstücke handelt oder wenn ggü. dem Rechtsnachfolger des Anfechtungsgegners angefochten werden soll.

22 War lediglich die **Besitzübertragung** anfechtbar und befindet sich der fragliche Gegenstand im Besitz eines herausgabebereiten Dritten, so kann sich der Insolvenzverwalter darauf beschränken, die Zustimmung des Anfechtungsgegners in die Herausgabe zu verlangen (BGH, WM 1961, 387).

23 Ein anfechtbar übereignetes **Grundstück** hat der Anfechtungsgegner an den Schuldner aufzulassen, ferner hat er die Wiedereintragung des Schuldners im Grundbuch zu bewilligen (BGH, ZIP 1986, 787; KG, ZInsO 2012, 1170 mit äußerst instruktiven Ausführungen zu den in diesem Fall weiterhin bestehenden Hindernissen [notariell beurkundete Annahme der Auflassung durch den Insolvenzschuldner, steuerliche Unbedenklichkeitsbescheinigung]). Der Rückgewähranspruch kann durch eine Vormerkung (§ 885 BGB) gesichert werden (vgl. Rdn. 140). Statt Rückübereignung kann der Insolvenzverwalter auch die Duldung der Zwangsvollstreckung in das Grundstück verlangen (vgl. Rdn. 17).

Hatte der Erwerber (oder dessen Gläubiger im Wege der Zwangsvollstreckung, MK-Kirchhof § 143 Rn. 34) das Grundstück bei/nach dem Erwerb zu seinen Gunsten belastet, so hat er die Belastung i.R.d. Rückgewähr auf seine Kosten zu beseitigen (BGH, ZIP 1986, 787). Ist ihm dies – z.B. weil sein im Zwangswege eingetragener Gläubiger die Zustimmung verweigert – nicht möglich, so hat er Wertersatz zu leisten (vgl. Rdn. 85). Soweit **Belastungen** vor oder nach Veräußerung **durch den Schuldner** (zu dessen Gunsten oder zugunsten Dritter) vorgenommen wurden, ist das Grundstück hingegen nur mit diesen Belastungen zurückzuübertragen (BFHE 133, 501, 507 = BStBl. II 1981, S. 751).

Ist die Eintragung des Erwerbers als Eigentümer im Grundbuch noch nicht erfolgt und ist noch keine unanfechtbare Vormerkung zugunsten des Erwerbers eingetragen, kann der Insolvenzverwalter den Verzicht auf Rechte aus der Auflassung und die Rücknahme eines bereits gestellten Eintragungsantrags verlangen (MK-Kirchhof § 143 Rn. 32). Ist bereits eine **Auflassungsvormerkung** zugunsten des Anfechtungsgegners eingetragen und ist diese unter Berücksichtigung der §§ 106, 140 Abs. 2 Satz 2 anfechtbar, so hat der Anfechtungsgegner auf die Rechte aus der Vormerkung zu verzichten und deren Löschung zu bewilligen. Einem Erfüllungsbegehren des Anfechtungsgegners kann der Insolvenzverwalter die vorgenannten Verpflichtungen einredeweise entgegenhalten (MK-Kirchhof § 143 Rn. 32). 24

Sonstige anfechtbar übertragene **Grundstücksrechte oder Rechte an Grundstücksrechten** sind formgerecht an den Schuldner zurückzuübertragen, Grundpfandbriefe sind zu übergeben (MK-Kirchhof § 143 Rn. 35). 25

Anfechtbar abgetretene **Forderungen** sind an den Schuldner zurückabzutreten (BGH, ZInsO 2006, 1217), vorher darf sie der Insolvenzverwalter grds. nicht einziehen (Uhlenbruck-Ede/Hirte, § 143 Rn. 196); der Zessionar der anfechtbar abgetretenen Forderung bleibt für deren Einzug solange aktivlegitimiert, wie der Anspruch nicht zurückabgetreten ist (BGH, a.a.O.). Die zum Beweis der abgetretenen Forderung dienenden Urkunden sind ebenfalls herauszugeben (FK-Dauernheim § 143 Rn. 6). 26

War die **Forderung** lediglich als **Sicherheit** zediert worden, kann der Insolvenzverwalter sie unabhängig von der Zession nach § 166 Abs. 2 verwerten und dem Verlangen des Zessionars auf Auskehr des Erlöses dauerhaft die Einrede der Anfechtbarkeit nach § 146 Abs. 2 entgegenhalten. Ist die Sicherungsabtretung als solche – da sie außerhalb der relevanten Fristen erfolgte – nicht anfechtbar, hat der Schuldner die abgetretene **Forderung** jedoch im geschützten zeitlichen Bereich in gläubigerbenachteiligender Weise durch Erbringung der seinem Drittschuldner aus einem gegenseitigen Vertrag geschuldeten Leistung **aufgewertet**, gebührt der Insolvenzmasse ein Wertersatzanspruch, dessen Umfang an der **Werterhöhung** der abgetretenen Gegenforderung zu bemessen ist, die durch die Leistung des Schuldners nach dem Anfechtungsstichtag bewirkt wurde. Nach Auffassung des OLG Dresden (ZIP 2005, 2167) erfolgt die **Berechnung der Wertschöpfung** – also des »Anfechtungsvolumens« – nach der aus §§ 441, 437 BGB folgenden »Minderungsformel«, während nach einer in der Literatur vertretenen Auffassung die Aufteilung in Teilleistungen in derselben Weise zu erfolgen hat, wie sie von der Rspr. (BGH, ZInsO 2001, 708) für den bei Verfahrenseröffnung noch nicht vollständig erfüllten gegenseitigen Vertrag vorgenommen wird (Beiner/Lubbe, NZI 2005, 15, 23). Tatsächlich dürfte jedenfalls in den Fällen, in denen durch die schuldnerische Leistung die Nichterfüllungseinrede des Dritten bzgl. der abgetretenen Forderung ausgeräumt wird, die Wertschöpfung in **voller Höhe** der gesamten noch offenen Forderung gegeben sein. 27

Leistet im Fall der (nicht lediglich treuhänderischen) Vollabtretung der Forderung der Drittschuldner zur Insolvenzmasse (wozu er nicht allein wegen der Anfechtbarkeit der Zession verpflichtet ist, HK-Thole § 143 Rn. 14), so kann der Insolvenzverwalter einen auf § 816 Abs. 2 BGB gestützten **Bereicherungsanspruch** des Zessionars ebenfalls mit der **Einrede der Anfechtbarkeit (§ 146 Abs. 2)** abwehren (BGHZ 106, 127, 132). Hatte der Drittschuldner von der Zession keine Kenntnis, so wird er durch seine Leistung gem. § 407 Abs. 1 BGB von der Zahlungspflicht ggü. dem Anfechtungsgegner frei, i.Ü. dann, wenn die Abtretung wirksam angefochten wird (BGH a.a.O.). Hat der Drittschuldner den zu leistenden Betrag **hinterlegt**, so hat die Rückgewähr durch Einwilligung des Anfechtungsgegners in die Auszahlung des hinterlegten Betrages an die Insolvenzmasse zu erfolgen (FK-Dauernheim § 143 Rn. 10). 28

29 Verfügte der Schuldner über die Forderung nach der anfechtbaren Abtretung ein **zweites Mal** (unanfechtbar), so wird diese spätere Verfügung nicht aufgrund der Anfechtung der ersten Abtretung wirksam (BGHZ 100, 36, 42); Gleiches gilt, falls die anfechtbar abgetretene Forderung später von einem Gläubiger des Schuldners gepfändet wird.

30 Hatte der Anfechtungsgegner die Forderung **bereits eingezogen**, so hat er nach Maßgabe der einschlägigen Vorschriften (vgl. insoweit Rdn. 66 ff.) Wertersatz zu leisten (BGH, ZInsO 2007, 1107). Bei Erlöschen der abgetretenen Forderung durch **Aufrechnung** ergibt sich ein Wertersatzanspruch i.H.d. Nominalbetrages (FK-Dauernheim § 143 Rn. 6).

31 **Anwartschaftsrechte** des Schuldners an einer anfechtbar weggegebenen Sache sind ebenfalls zur Insolvenzmasse zurück zu übertragen. Hatte der Schuldner einen schuldrechtlichen Verschaffungsanspruch anfechtbar übertragen, so hat der Anfechtungsgegner die durch den Schuldner des Verschaffungsanspruches an ihn übereignete Sache dem Insolvenzschuldner zu übereignen.

32 Überträgt der Schuldner einen ihm zustehenden **Miteigentumsanteil** an einer Sache anfechtbar auf einen anderen Miteigentümer, sodass der Anteil des Schuldners in dem Anteil des Anfechtungsgegners aufgeht, so geht der Anfechtungsanspruch auf Wiederherstellung des Miteigentumsanteiles des Schuldners (BGH, ZIP 1982, 1362). Der Insolvenzverwalter kann jedoch auch die Duldung der Zwangsvollstreckung in den vergrößerten Miteigentumsanteil (§ 864 Abs. 2 ZPO) bzw. das gesamte Grundstück verlangen (BGHZ 90, 207, 214; vgl. Rdn. 17).

33 Mit der (anfechtbaren) Übertragung des **Miterbenanteils** des Schuldners auf den einzigen Miterben geht der Anteil unter, eine Rückgewähr ist unmöglich (HK-Thole § 143 Rn. 11). Der Insolvenzverwalter ist i.d.R. auf den Wertersatzanspruch verwiesen. Bestand der Nachlass allerdings nur (noch) aus einem Grundstück, so kann der Insolvenzverwalter vom Anfechtungsgegner die Duldung der Zwangsversteigerung des gesamten Grundstückes mit dem Ziel verlangen, den Teil des Versteigerungserlöses, der dem Schuldner ohne die Übertragung zugestanden hätte, zur Masse zu ziehen (BGH, ZIP 1992, 558, vgl. Rdn. 17).

34 Wurde die **Firma** eines Handelsgeschäftes anfechtbar übertragen, so kann der Insolvenzverwalter grds. ohne Weiteres das (noch nicht liquidierte) Unternehmen des Schuldners unter dieser Firma führen und zum Handelsregister anmelden, wenn die Firma noch nicht von einem anderen Unternehmen geführt wird (OLG Düsseldorf, ZIP 1989, 457). Wird die Firma hingegen bereits von einem anderen Unternehmen verwendet, so ist vor einer Eintragung zugunsten des schuldnerischen Unternehmens die Einwilligung des Namensträgers notfalls im Wege der Anfechtungsklage einzuholen (MK-Kirchhof § 143 Rn. 40). Wurde das gesamte Unternehmen des Schuldners anfechtbar übertragen (vgl. Rdn. 36), ist eine Rückgewähr allein der Firma unmöglich, es ist vielmehr Wertersatz zu leisten, wenn eine Rückgewähr des Unternehmens nicht möglich ist (MK-Kirchhof § 143 Rn. 40).

35 Anfechtbar übertragene **Gesellschaftsanteile** sind an den Schuldner zurück zu übertragen, ohne dass es hierbei einer Zustimmung der Mitgesellschafter bedarf. Soweit das anfechtbar übertragene Stammrecht zugleich ein **Bezugsrecht** enthält, so sind auch die jungen Mitgliedschaftsrechte zurückzugewähren.

36 Die Übertragung eines **kaufmännischen Unternehmens** kann zwar als Ganzes angefochten werden (vgl. § 129 Rdn. 60), aufgrund des sachenrechtlichen Bestimmtheitsgrundsatzes hat jedoch die Rückgewähr durch Einzelübertragung jedes Bestandteiles zu erfolgen. Der Insolvenzverwalter muss folglich in einer auf Rückgewähr gerichteten Klage seinen Klageantrag entsprechend aufschlüsseln (BGH, WM 1962, 1316). Vom Erwerber neu eingebrachte Gegenstände darf dieser behalten, soweit es sich nicht um Surrogate handelt. Zu beachten ist, dass bei der Rückgewähr eines kaufmännischen Unternehmens gem. **§ 613a BGB** auch Arbeitsverhältnisse wieder auf die Insolvenzmasse übergehen können (MK-Kirchhof § 143 Rn. 42).

d) Folgen der Anfechtung der Belastung von Sachen und Rechten

Hatte der Schuldner eine zur Insolvenzmasse gehörige Sache zugunsten eines anderen anfechtbar belastet, ist jenes dingliche Recht zurück zu übertragen bzw. zu beseitigen (NR-Nerlich § 143 Rn. 38). Bei **Verpfändung** einer **beweglichen Sache** ist zugleich der Besitz zurückzugeben (LG Mönchengladbach, NJW-RR 1992, 1514), bei Verpfändung einer **Forderung** hat der Anfechtungsgegner entsprechend § 1280 BGB dem Drittschuldner die Aufhebung der Pfändung anzuzeigen (MK-Kirchhof § 143 Rn. 43). Bei anfechtbarer Begründung von **Grundpfandrechten** kann der Insolvenzverwalter entweder die Einwilligung des Anfechtungsgegners in die Löschung der Belastung fordern (nur zweckmäßig, wenn keine nachrangigen Belastungen vorhanden sind) oder die Übertragung des Grundpfandrechtes an den Insolvenzschuldner in der Form eines Rang wahrenden Verzichts verlangen (um auf diese Weise das Aufrücken nachrangiger Belastungen zu vermeiden; Uhlenbruck-Ede/Hirte § 143 Rn. 214). Anfechtbare **Wohnrechte** oder ein **Nießbrauch** sind durch Aufgabeerklärung und Löschungsbewilligung zurückzugewähren, der mit dem Recht verbundene Besitz ist zurückzugeben (MK-Kirchhof § 143 Rn. 44). **37**

Dem aus der Belastung des Gegenstandes resultierenden **Aus- oder Absonderungsrecht** des aufgrund anfechtbarer Rechtshandlung Berechtigten kann der Insolvenzverwalter dauerhaft mit der **Einrede** der Anfechtbarkeit (**§ 146 Abs. 2**) begegnen (BGH, ZInsO 2008, 913). Die Anfechtungseinrede kann auch i.R.d. **Vollstreckungsabwehrklage** (§ 767 ZPO) geltend gemacht werden, wenn der Inhaber der anfechtbar erlangten Rechtsposition die Zwangsvollstreckung betreibt (BGHZ 22, 128, 134). Ist die Zwangsvollstreckung bereits beendet, gebührt der auf den Anfechtungsgegner entfallende **Vollstreckungserlös** der Masse. Will der Insolvenzverwalter das belastete Grundstück durch Zwangsversteigerung verwerten, muss er dem Vollstreckungsgericht ggf. durch eine Entscheidung des Prozessgerichtes nachweisen, dass das Recht des Anfechtungsgegners beim Ausgebot zugunsten der Insolvenzmasse zu berücksichtigen ist (Allgayer, Rechtsfolgen und Wirkungen der Gläubigeranfechtung, Rn. 629). Dies gilt entsprechend, wenn ein unanfechtbar nachrangig gesicherter Gläubiger die Zwangsversteigerung betreibt (MK-Kirchhof § 143 Rn. 45). **38**

Hatte der Anfechtungsgegner vereinbarungsgemäß den Gegenstand für eigene Verbindlichkeiten seinem Gläubiger **als Sicherheit** zur Verfügung gestellt, so hat er die Sicherheit zwecks Rückgewähr auszulösen bzw. Wertersatz zu leisten, wenn die Auslösung unmöglich ist (MK-Kirchhof § 143 Rn. 43). **39**

e) Folgen der Anfechtung der Begründung und Tilgung von Verbindlichkeiten

Ist der **Schuldner** in anfechtbarer Weise eine **Verbindlichkeit eingegangen**, so kann dem Erfüllungsverlangen des Gläubigers dauerhaft die Einrede der Anfechtbarkeit entgegengehalten werden (**§ 146 Abs. 2**). Die Anfechtung der Begründung der Verbindlichkeit führt zur Inkongruenz der auf die Schuld erfolgten Leistung bzw. Sicherung (BGH, ZIP 1995, 630). Ist die auf die anfechtbar eingegangene Verbindlichkeit erbrachte Leistung nicht selbstständig anfechtbar, fehlt der Erfüllung infolge der Anfechtung des Kausalverhältnisses der Rechtsgrund, sodass der Insolvenzmasse ein Bereicherungsanspruch (§ 812 ff. BGB) zusteht (KPB-Jacoby § 143 Rn. 26). Wird eine auf den Abschluss eines gegenseitigen Vertrages gerichtete Willenserklärung des Schuldners angefochten, hat dies zur Folge, dass der Anfechtungsgegner sich nicht auf den Vertragsabschluss berufen kann (BGH, ZInsO 2014, 2318). **40**

Die erfolgreiche Anfechtung der **Tilgung eigener Verbindlichkeiten** des Schuldners ggü. einem Insolvenzgläubiger führt dazu, dass dieser die empfangene Leistung zurückzugewähren hat. Ist dies – wie i.d.R. bei der Erfüllung von Dienst- und Werkleistungspflichten – nicht möglich, so ist Wertersatz zu leisten (vgl. Rdn. 87). Die erfüllte Verbindlichkeit lebt nach Maßgabe des § 144 Abs. 1 wieder auf. Der Anfechtung der Leistung des Schuldners auf eine geschuldete Einlage in eine Gesellschaft stehen die Vorschriften über die Kapitalerhaltung nicht entgegen (MK-Kirchhof § 143 Rn. 50). **41**

42 Nach jüngster Rspr. des BFH (ZInsO 2017, 549) stellt für den Fall, dass in einem durch anfechtbare Rechtshandlung aus dem schuldnerischen Vermögen zur Tilgung einer Verbindlichkeit weggegebenen Geldbetrag Umsatzsteuer enthalten war und der (spätere) Insolvenzschuldner diese im Rahmen seiner Umsatzsteuererklärung geltend gemacht hat, die in dem nach erfolgreicher Anfechtung zurückgewährtem Betrag spiegelbildlich ebenfalls enthaltene Umsatzsteuer eine sonstige Masseverbindlichkeit i.S.d. § 55 dar, welche der Insolvenzverwalter im Wege der Vorsteuerberichtigung zu deklarieren (vgl. Rdn. 89) und nach Maßgabe der §§ 53, 55 zu befriedigen hat.

43 Bei anfechtbar herbeigeführter Aufrechnungslage (vgl. § 129 Rdn. 9) ist gem. § 96 Nr. 3 die **Aufrechnung** ggü. der Insolvenzmasse ohne Weiteres unwirksam. Der Insolvenzverwalter kann also die Forderung der Insolvenzmasse geltend machen und dem Aufrechnungseinwand mit der Gegeneinrede der Anfechtbarkeit auch noch nach Ablauf der Verjährungsfrist begegnen (BGH, ZInsO 2008, 913). Wurde die Aufrechnungslage durch den Abschluss eines gegenseitig verpflichtenden Vertrages herbeigeführt, ist eine gleichzeitige Anfechtung des Vertrages nicht erforderlich (BGHZ 147, 233 = ZInsO 2001, 464).

44 Hatte der Schuldner **fremde Verbindlichkeiten** getilgt, richtet sich der Anfechtungsanspruch rgm. gegen den ursprünglichen Schuldner der Verbindlichkeit, nicht gegen dessen Gläubiger. Der eigentliche Schuldner hat den Wert der erlangten Schuldbefreiung zu ersetzen (MK-Kirchhof § 143 Rn. 50a).

45 In anfechtbarer Weise erfolgte **Leistungen an den Schuldner** zur Erfüllung dessen Forderungen gelten als nicht erbracht, es kann erneut Erfüllung verlangt werden. Der Anfechtungsgegner kann seine anfechtbar erbrachte Leistung nach bereicherungsrechtlichen Grundsätzen zurückfordern, rgm. jedoch als bloße Insolvenzforderung. Hatte der Drittschuldner auf unanfechtbare **Anweisung** des Schuldners an dessen Gläubiger geleistet (Fall der mittelbaren Zuwendung, vgl. § 129 Rdn. 33 ff.), so hat jener Gläubiger, soweit ihm ggü. ein Anfechtungsgrund vorliegt, den an ihn gezahlten Betrag herauszugeben (MK-Kirchhof § 143 Rn. 51). Wurde durch die vorgenannte Leistung zugleich eine Forderung des Anfechtungsgegners gegen den Schuldner getilgt, lebt sie gem. § 144 Abs. 1 wieder auf.

f) Folgen der Anfechtung der Einschränkung oder Beendigung von Rechten

46 Wird in anfechtbarer Weise ein Recht des Schuldners eingeschränkt oder beendet, so darf der Anfechtungsgegner aus der anfechtbaren Rechtshandlung keine Besserstellung ableiten, der Insolvenzverwalter kann vielmehr uneingeschränkt das Recht in Anspruch nehmen. Z.B. ist die anfechtbare **Stundung** einer Forderung unbeachtlich. Ferner kann der Insolvenzverwalter **anfechtbar erlassene Forderungen** ohne vorherige Neubegründung einklagen (BGH, ZIP 1989, 1611), wobei die Zeit zwischen Erlass und Eröffnung des Insolvenzverfahrens bei der Verjährung der Forderung nicht zu berücksichtigen ist (MK-Kirchhof § 143 Rn. 47). Akzessorische Sicherheiten für die erlassene Forderung bestehen ebenfalls fort. Einen **Bürgen**, der sich für die anfechtbar erlassene Forderung verbürgt hatte, kann der Insolvenzverwalter also auf Erfüllung der Bürgenschuld in Anspruch nehmen, ohne dass dieser gem. § 767 Abs. 1 Satz 1 BGB einwenden könnte, nichts mehr zu schulden (MK-Kirchhof § 143 Rn. 47).

47 Hatte der Schuldner auf ein an einem fremden Grundstück bestelltes **Grundpfandrecht** anfechtbar **verzichtet**, so ist die auf diese Weise zugunsten des Grundstückseigentümers entstandene Grundschuld (§ 1177 BGB) mit ihrem früheren Rang zur Insolvenzmasse zurück zu übertragen, um diese anschließend verwerten zu können (FK-Dauernheim § 143 Rn. 9). Wurden nachrangig weitere Grundpfandrechte eingetragen, erschweren die Löschungsansprüche der nachrangigen Gläubiger (§ 1179a BGB) die Möglichkeit der Rückgewähr mit dem früheren Rang. Können diese Ansprüche nicht ebenfalls durch Anfechtung beseitigt werden, hat der Grundstückseigentümer Wertersatz zu leisten.

Bei anfechtbarer **Aufhebung** eines zugunsten des Schuldners bestellten **Grundpfandrechtes** 48
(§ 1183 BGB) hat der Grundstückseigentümer dieses neu zu bestellen. Hier stellt sich häufig das
Problem, dass infolge der Aufhebung nachfolgende Grundpfandrechte aufgerückt sind. Der hierdurch erlangte Rangvorteil kann ggü. dem Inhaber des aufrückenden Rechts ggf. selbstständig
anfechtbar sein (i.d.R. gem. § 134). Ist dies nicht möglich, hat der Grundstückseigentümer, der
lediglich ein letztrangiges Grundpfandrecht bestellen kann, Wertersatz zu leisten (MK-Kirchhof
§ 143 Rn. 49).

Zur anfechtbaren **Tilgung von Forderungen** des Schuldners vgl. Rdn. 45. 49

g) Unterlassungen

Die Folgen einer **anfechtbaren Unterlassung** des Schuldners sind in der Weise zur Insolvenz- 50
masse zurückzugewähren, dass sich der Anfechtungsgegner so behandeln lassen muss, als sei die
unterbliebene Handlung vorgenommen worden (Uhlenbruck-Ede/Hirte § 143 Rn. 192). Hatte
es der Schuldner z.B. in anfechtbarer Weise unterlassen, die Verjährungseinrede zu erheben, hat
sich der Anfechtungsgegner so behandeln zu lassen, als wäre die Verjährung unterbrochen worden; er darf sich also nicht auf die Verjährung berufen. Hat der Anfechtungsgegner aufgrund der
Unterlassung ein Recht erlangt (z.B. Eigentum aufgrund der anfechtbar unterlassenen Unterbrechung der Ersitzung), so hat er dieses auf den Schuldner zurück zu übertragen (HK-Thole § 143
Rn. 16).

h) Anfechtbare Prozesshandlungen im Erkenntnisverfahren

Durch die Anfechtung einer Prozesshandlung wird die daraufhin erlassene gerichtliche Entschei- 51
dung nicht beseitigt; es werden jedoch deren **materiell-rechtlichen Wirkungen** begrenzt. Die
Anfechtbarkeit führt also nicht dazu, dass der ursprüngliche Prozess wieder aufgenommen wird,
vielmehr ist ggf. in einem eigenständigen Anfechtungsprozess über die Folgen der anfechtbaren
Handlung zu entscheiden (MK-Kirchhof § 143 Rn. 56). Wird das Unterlassen des rechtzeitigen
Sachvortrags im noch laufenden Verfahren angefochten, so hat das Gericht (ggf. durch Zwischenurteil) über das Vorliegen eines Anfechtungstatbestandes zu entscheiden und bei Begründetheit den verspäteten Vortrag als **nicht präkludiert** zu verwerten (Kühnemund, KTS 1999, 25,
43 ff.). Ein dem Schuldner infolge einer anfechtbaren Prozesshandlung (z.B. nicht rechtzeitiger
Tatsachenvortrag, MK-Kirchhof § 143 Rn. 56) aberkanntes Recht gilt – wie beim anfechtbaren
Erlass (vgl. Rdn. 46) – als zugunsten der Insolvenzmasse fortbestehend. Wurde aufgrund der
anfechtbaren Prozesshandlung ein Recht gegen den Schuldner festgestellt, kann der Insolvenzverwalter dessen Geltendmachung wie bei der Anfechtung der Begründung von Verbindlichkeiten
(vgl. Rdn. 40) abwehren. Der Feststellung der Forderung zur Tabelle hat er zu widersprechen
(Uhlenbruck-Ede/Hirte § 143 Rn. 233).

i) Vollstreckungshandlungen

Im Wege der Zwangsvollstreckung anfechtbar erlangte **Sicherungen** sind wie anfechtbar erwor- 52
bene Pfandrechte zurückzugewähren, die Verstrickungswirkung der Pfändung ist durch Verzicht
gem. § 843 ZPO zu beseitigen (BGH, ZIP 1984, 978). Ein bereits ausgekehrter Vollstreckungserlös ist zur Insolvenzmasse zurückzuzahlen (BGH, KTS 1969, 244). Wurde der Vollstreckungserlös hinterlegt, so ist der Anfechtungsgegner zur Einwilligung in die Auszahlung des hinterlegten Betrages in die Insolvenzmasse verpflichtet (vgl. Rd. 23a).

j) Weggabe/-nahme von Geld

Handelt es sich bei dem durch anfechtbare Rechtshandlung aus dem schuldnerischen Vermögen 53
Erlangten um **Geld**, ist der Rückgewähranspruch durch den Anfechtungsgegner nunmehr nur
unter der Voraussetzung des Abs. 1 Satz 3 – also ab Schuldnerverzug oder Rechtshängigkeit – zu
verzinsen (vgl. Rdn. 55).

2. Ungerechtfertigte Bereicherung (Abs. 1 Satz 2)

54 Besteht dem Grunde nach ein Rückgewähranspruch, so verweist Abs. 1 Satz 2 hinsichtl. des **Umfanges** auf bereicherungsrechtliche Vorschriften. Der Anfechtungsgegner haftet nur für die **schuldhafte** Unmöglichkeit der Herausgabe bzw. für die schuldhafte Verschlechterung des Gegenstandes. Über die in Abs. 1 Satz 2 nach höchstrichterlicher Rspr. (BGH, ZInsO 2016, 94; BAG, ZInsO 2011, 1560) enthaltene Rechtsfolgenverweisung auf §§ 819 Abs. 1, 818 Abs. 4 BGB werden insb. die Vorschriften über Nutzungen (§§ 992, 987 BGB), Verwendungen (§§ 994 Abs. 2, 995, 997 ff. BGB) und Wertersatz (§§ 989, 990 Abs. 2 BGB) in Bezug genommen, sodass der Anfechtungsgegner tatsächlich gezogene oder vorwerfbar nicht gezogene Nutzungen vom Zeitpunkt der Weggabe an rückzugewähren hat (BGH, ZInsO 2012, 1168; OLG Stuttgart, ZInsO 2005, 942).

55 Obwohl **Fälligkeit** des Rückgewähranspruchs – außer in den Fällen des § 147 – bereits mit der **Verfahrenseröffnung** eintritt, hat der Anfechtungsgegner den **Rückgewähranspruch** bis zu seiner Erfüllung gem. Abs. 1 Satz 3 nunmehr erst ab dem Zeitpunkt des Vorliegens der Voraussetzungen des Schuldnerverzugs (§ 286 BGB) oder der Rechtshängigkeit (§ 291 BGB) mit **5 % über dem Basiszinssatz zu verzinsen**, sofern es sich bei dem Erlangten um Geld handelt (zu etwaigen weiteren Zinsverpflichtungen vgl. Rdn. 58). Schuldnerverzug wird insoweit durch schriftliche Zahlungsaufforderung des Insolvenzverwalters begründet; im Hinblick auf die Rechtsprechung zu den verzugshindernden Entschuldigungsgründen – insbesondere Ungewissheit über Bestehen und Umfang der Forderung (Palandt-Grüneberg, BGB, § 286 Rn. 33) – wird ein verzugsbegründendes Rückgewährverlangen des Insolvenzverwalters zumindest Angaben zu der angefochtenen Rechtshandlung und den daraus abgeleiteten Rechtsfolgen enthalten müssen. Demgegenüber ist die explizite Nennung der jeweils in Betracht kommenden Anfechtungsnorm nicht erforderlich.

56 Diese durch das Gesetz zur Verbesserung der Rechtssicherheit bei Anfechtungen nach der Insolvenzordnung und nach dem Anfechtungsgesetz eingeführte Neuregelung der Verzinsung von Rückgewähransprüchen beansprucht Gültigkeit für derartige Ansprüche, bei denen – unabhängig von dem Zeitpunkt der Eröffnung des Insolvenzverfahrens – die Voraussetzungen des § 286 BGB oder des § 291 BGB nach dem 04.04.2017 eingetreten sind (vgl. Rdn. 1). Bei Rückgewähransprüchen in Insolvenzverfahren, die nach dem 04.04.2017 eröffnet werden, ergeben sich demnach keine Besonderheiten. Bei Rückgewähransprüchen in Insolvenzverfahren, die vor dem 05.04.2017 eröffnet worden sind, ist zu differenzieren: sind die Voraussetzungen des Abs. 1 Satz 3 bereits vor dem 05.04.2017 erfüllt – befindet sich der Anfechtungsgegner also bereits im Schuldnerverzug oder ist der Rückgewähranspruch bereits rechtshängig -, bleibt es bei seiner Zinszahlungspflicht nach bisheriger Rechtslage, also seit Verfahrenseröffnung. Sind demgegenüber die Voraussetzungen des Abs. 1 Satz 3 am 04.04.2017 noch nicht erfüllt, schuldet der Anfechtungsgegner Zinsen erst ab Vorliegen dieser Voraussetzungen, nicht etwa bereits für den Zeitraum von Verfahrenseröffnung bis zum 04.04.2017 und dann erst wieder ab Schuldnerverzug oder Rechtshängigkeit.

a) Nutzungen

57 Nutzungen sind Sach- und Rechtsfrüchte sowie Gebrauchsvorteile (§ 100 BGB). Tatsächlich gezogene Nutzungen hat der Anfechtungsgegner in Natur herauszugeben, bei Unmöglichkeit ist Wertersatz zu leisten (vgl. Rdn. 91). **Gezogene Nutzungen** sind (anteilig) auch dann herauszugeben, wenn sie nur durch gleichzeitige Nutzung eines Gegenstandes des Anfechtungsgegners entstehen konnten und der anfechtbar weggegebene Gegenstand allein für den Schuldner wertlos gewesen wäre (MK-Kirchof, § 143 Rn. 60). Wurde der anfechtbar weggegebene Gegenstand vermietet, so stellt nur die Differenz zwischen Brutto-Einnahmen und Erhaltungskosten zuzüglich erforderlicher Verwaltungskosten die Nutzung dar (BGH, ZIP 1996, 1516). Für **schuldhaft nicht gezogene Nutzungen** (§ 987 Abs. 2 BGB) hat der Anfechtungsgegner Wertersatz zu leisten (vgl. Rdn. 91), unabhängig davon, ob ohne die anfechtbare Handlung Nutzungen vom Schuldner gezogen worden wären (OLG Stuttgart, ZInsO 2005, 942).

Handelt es sich bei dem durch anfechtbare Rechtshandlung aus dem schuldnerischen Vermögen 58
Erlangten um **Geld**, besteht auf Seiten des Anfechtungsgegners nunmehr gem. Abs. 1 Satz 3 letzter HS keine Pflicht, erzielte und/oder schuldhaft nicht erzielte Zinserträge oder anderweitige Nutzungen herauszugeben.

Hat der Anfechtungsgegner von vornherein lediglich Nutzungen herauszugeben, weil der Schuld- 59
ner ihm nur diese anfechtbar überlassen hatte (z.B. durch Einräumung eines **Wohnrechtes**), ist die Rückgewähr entsprechend Abs. 1 Satz 2 abzuwickeln (MK-Kirchhof § 143 Rn. 61).

b) Verwendungen des Anfechtungsgegners

Notwendige Verwendungen für die und **Lasten** der anfechtbar erlangten Sache (wie z.B. die 60
Aufwendungen zur Instandhaltung oder Versicherung der anfechtbar erlangten Sache) sind dem Anfechtungsgegner gem. Abs. 1 Satz 2 i.V.m. §§ 994 Abs. 2, 995, 683, 684 Satz 2, 670 BGB zu ersetzen, wenn die Vornahme der notwendigen Verwendungen dem **wirklichen oder mutmaßlichen Willen des Geschäftsherrn** entspricht (§ 683 BGB) oder der Geschäftsherr die Vornahme genehmigt (§ 684 Satz 2). Geschäftsherr in diesem Sinn ist nicht der Schuldner, sondern der Insolvenzverwalter bzw. nach Erlass eines allgemeinen Verfügungsverbotes (§ 21 Abs. 2 Nr. 2) bereits der vorläufige Insolvenzverwalter (MK-Kirchhof § 143 Rn. 65). § 679 BGB findet über § 683 Satz 2 BGB ebenfalls Anwendung. Bei der Ersatzpflicht handelt es sich um eine **Masseverbindlichkeit** gem. § 55 Abs. 1 Nr. 3 (Uhlenbruck-Ede/Hirte § 143 Rn. 52). Entspricht die Vornahme der Verwendungen nicht den Voraussetzungen des § 683 BGB, so kann der Anfechtungsgegner gem. § 684 Satz 1 BGB, § 55 Abs. 1 Nr. 3 lediglich nach Maßgabe der §§ 812 ff. BGB Herausgabe der bei Rückgabe der anfechtbar erlangten Sache noch in der Insolvenzmasse verbliebenen Bereicherung verlangen (K. Schmidt-Büteröwe § 143 Rn. 23).

Hinsichtlich **nützlicher Verwendungen** steht dem Anfechtungsgegner ggf. ein Wegnahmerecht 61
gem. § 997 BGB zu, anderenfalls ist nach allg. bereicherungsrechtlichen Grundsätzen (NR-Nerlich § 143 Rn. 18) nur eine z.Zt. der Rückgewähr noch in der Insolvenzmasse verbliebene Bereicherung zu ersetzen (MK-Kirchhof § 143 Rn. 68).

Nützliche Verwendung im vorgenannten Sinn ist z.B. die Zahlung eines Restkaufpreises für einen anfechtbar erworbenen Auflassungsanspruch an einen Vorverkäufer, um dadurch die Abwicklung eines günstigen Weiterverkaufes zu ermöglichen (BGH, ZIP 1992, 493). Bereits eine notwendige Verwendung liegt in derartigen Fällen vor, wenn der Insolvenzverwalter hinsichtl. des Weiterverkaufs gem. § 103 Erfüllung gewählt hatte und selbst dieselbe Summe an den Vorverkäufer zahlen müsste (MK-Kirchhof § 143 Rn. 69). Der (Aus-)Bau eines Hauses auf einem anfechtbar erlangten Grundstück stellt allenfalls eine nützliche Verwendung dar. Ein **Ablösungsrecht** steht dem Anfechtungsgegner nicht zu, vielmehr hat die Insolvenzmasse die Wertsteigerung zu ersetzen (MK-Kirchhof § 143 Rn. 69). Ist die danach zu erbringende Zahlung dem Insolvenzverwalter zu hoch, so kann er die Versteigerung des Grundstückes und anschließende vorrangige Befriedigung verlangen (BGH, ZIP 1984, 753, vgl. Rdn. 17). Der Insolvenzmasse gebührt dann derjenige Anteil des Versteigerungserlöses, der dem Wert des unbebauten im Verhältnis zum bebauten Grundstück entspricht (BGH a.a.O.).

Wegen des Verwendungsersatzanspruchs steht dem Anfechtungsgegner ein **Zurückbehaltungs-** 62
recht gem. §§ 273, 1000 BGB zu (BGHZ 131, 189, 199), soweit es sich bei der anfechtbaren Rechtshandlung nicht zugleich um eine vorsätzliche unerlaubte Handlung handelt. Ebenfalls Anwendung finden die **§§ 1001 ff. BGB** (FK-Dauernheim § 143 Rn. 28).

Werterhöhungen des anfechtbar weggegebenen Gegenstandes, die nicht auf Verwendungen des 63
Anfechtungsgegners beruhen, sind von der Insolvenzmasse nicht zu erstatten (BGH, ZIP 1996, 1907).

Nicht erstattungsfähig sind die Aufwendungen, die der Anfechtungsgegner für den anfechtbaren 64
Erwerb des Gegenstandes getätigt hat (z.B. Zwangsvollstreckungskosten; Uhlenbruck-Ede/Hirte

§ 143 Rn. 52). Gleiches gilt für die Kosten, die dem Anfechtungsgegner bei einer Weiterveräußerung des Gegenstandes entstanden sind (BGH, ZIP 1991, 807).

c) **Surrogate**

65 § 285 BGB findet über Abs. 1 Satz 2 i.V.m. §§ 819 Abs. 1, 818 Abs. 4 ebenfalls Anwendung. Der Nutzen der Anwendbarkeit des § 285 BGB liegt für die Insolvenzmasse darin, dass diese Norm – anders als die Verpflichtung zum Wertersatz – kein Verschulden des Anfechtungsgegners voraussetzt (MK-Kirchhof § 143 Rn. 72). Herausverlangt werden können neben **gesetzlichen** auch rechtsgeschäftliche **Surrogate**. Der Anfechtungsgegner kann sich von der Verpflichtung zum Wertersatz nicht einseitig durch das Angebot auf Herausgabe des rechtsgeschäftlichen Surrogates befreien (MK-Kirchhof § 143 Rn. 71). Hinsichtlich der gesetzlichen Surrogate kann der Insolvenzverwalter **alles beanspruchen**, was in bestimmungsgemäßer Ausübung des anfechtbar übertragenen Rechtes erlangt wurde, z.B. (soweit dieser noch unterscheidbar im Vermögen des Anfechtungsgegners oder bei dem Gerichtsvollzieher vorhanden ist) den Erlös bei Verwertung eines Pfandrechtes (MK-Kirchhof § 143 Rn. 71). Ferner kann er dasjenige herausverlangen, was der Anfechtungsgegner als Ersatz für die Zerstörung, Beschädigung oder Entziehung des anfechtbar erlangten Gegenstandes erhalten hat (MK-Kirchhof § 143 Rn. 71).

d) **Wertersatz**

aa) **Voraussetzungen**

66 Sofern die Rückgewähr des anfechtbar erlangten Gegenstandes in Natur nicht (vollständig) möglich ist und auch ein gesetzliches Surrogat nicht zu einem (vollständigen) Ausgleich der für die Gläubigergesamtheit eingetretenen Nachteile führen kann, hat der Anfechtungsgegner **gem. § 143 Abs. 1 Satz 2 i.V.m. §§ 819 Abs. 1, 818 Abs. 4, 292 Abs. 1, 989 BGB Wertersatz** zu leisten. Bei diesem Anspruch auf Wertersatz handelt es sich um einen schuldrechtlichen, nicht jedoch deliktsrechtlichen Schadensersatzanspruch (HK-Thole § 143 Rn. 20). Die **Ersatzpflicht** erstreckt sich auch auf Surrogate, im Hinblick auf Abs. 1 Satz 3 letzter HS jedoch nicht auf gezogene oder schuldhaft nicht gezogene Nutzungen, sofern es sich dem Erlangten um Geld gehandelt hat. Eine Besserstellung erfolgt gem. Abs. 2 Satz 1 lediglich zugunsten des unentgeltlich Empfangenden (vgl. Rdn. 93).

67 Die **Rückgewähr ist unmöglich**, wenn die anfechtbar empfangene Sache ihrer Substanz nach vernichtet wurde oder das übertragene Recht untergegangen ist (FK-Dauernheim § 143 Rn. 19).

68 **Subjektives Unvermögen** des Anfechtungsgegners steht der Unmöglichkeit nicht in jedem Fall gleich. Es kann z.B. im Einzelfall die Rückübereignung gem. § 931 BGB trotz Weggabe des unmittelbaren Besitzes an einen Dritten noch möglich sein. Steht der Rückgewähr in Natur das Recht eines Dritten entgegen, so ist der Anfechtungsgegner in erster Linie dazu verpflichtet, sich um die Wiederbeschaffung des Gegenstandes zu bemühen (FK-Dauernheim § 143 Rn. 20).

Verweigert ein **Drittberechtigter** endgültig seine notwendige Mitwirkung, bedeutet dies i.d.R. im Verhältnis zum Erstempfänger des weggegebenen Gegenstandes die Unmöglichkeit der Rückgewähr in Natur (BGH, NJW-RR 1986, 991). Der ursprüngliche Leistungsempfänger schuldet in diesen Fällen Wertersatz, während neben ihm ggf. der spätere Erwerber gem. § 145 auf Rückgewähr in Natur (bzw. bei von ihm verschuldeter Unmöglichkeit der Rückgewähr ebenfalls auf Wertersatz) haftet (Uhlenbruck-Ede/Hirte § 143 Rn. 29).

69 Bei **Verschlechterung** der anfechtbar erlangten Sache ist in dem Umfang, in dem die Sache noch vorhanden ist, diese in Natur herauszugeben, wegen des Restes ist Wertersatz zu leisten, insb. ist bei Beschädigung einer Sache die verschuldete Wertminderung zu ersetzen (Uhlenbruck-Ede/Hirte § 143 Rn. 34). Gleiches gilt bei nicht zu beseitigenden Belastungen der Sache mit dem Recht eines Dritten (FK-Dauernheim § 143 Rn. 21).

Würde die **Rückgewähr in Natur** einem der am Rückgewährschuldverhältnis Beteiligten **unverhältnismäßige Schwierigkeiten** bereiten, ist ebenfalls Wertersatz zu leisten. Dem anfechtenden Insolvenzverwalter kann z.B. die Rückgewähr eines anfechtbar übertragenen Erbanteils in Natur unzumutbar sein, wenn sie mit einer umfangreichen Nachlassauseinandersetzung verbunden wäre (BGH, ZIP 1992, 558). 70

Hat der Anfechtungsgegner die **Unmöglichkeit** der Rückgabe bzw. sein Unvermögen nicht **zu vertreten**, haftet er insoweit gem. §§ 987 Abs. 2, 989 BGB nicht auf Wertersatz (OLG Celle, ZInsO 2006, 1167). Befindet sich der Anfechtungsgegner mit der Rückgewähr im Verzug, so haftet er gem. § 287 Satz 2 BGB grds. auch für einen zufälligen Untergang der Sache (FK-Dauernheim § 143 Rn. 22). Hierbei ist zu berücksichtigen, dass gem. Abs. 1 Satz 2 der Mangel des rechtlichen Grundes als von Anfang an bekannt gilt. Der Anfechtungsgegner ist daher so zu behandeln, als wäre der Rückgewähranspruch gegen ihn schon in demjenigen Zeitpunkt rechtshängig geworden, in dem die anfechtbare Handlung ihm ggü. i.S.v. § 140 vorgenommen wurde (MK-Kirchhof § 143 Rn. 78). Da gem. § 285 Abs. 1 Satz 2 BGB der für den Verzug erforderlichen Mahnung die Rechtshängigkeit des Anspruches gleichsteht, haftet der Anfechtungsgegner letztendlich nur dann nicht für einen zufälligen Untergang der Sache, wenn er (gem. § 285 Abs. 4 BGB) nachweist, dass er das Unterbleiben der Rückgewähr nicht zu vertreten hat (FK-Dauernheim § 143 Rn. 22). Das Verschulden seiner **Erfüllungsgehilfen** ist dem Anfechtungsgegner gem. § 278 BGB zuzurechnen. 71

Die die Rückgewähr unmöglich machende freiwillige **Weiterübertragung** eines anfechtbar erlangten Gegenstandes (vgl. Rdn. 68) führt i.d.R. zu einer Wertersatzpflicht i.H.d. Wertes des übertragenen Gegenstandes (BGH, ZIP 1980, 250). Lediglich ausnahmsweise beschränkt sich diese Wertersatzpflicht auf den vom Anfechtungsgegner selbst erlangten Vorteil, wenn jener den Gegenstand nur als **Treuhänder** erlangt und i.R.d. Treuhandauftrages verwendet hat (BGHZ 124, 298, 302). 72

Wird die Unmöglichkeit der Rückgewähr dadurch verursacht, dass Gläubiger des Anfechtungsgegners den anfechtbar erlangten Gegenstand **pfänden**, so liegt das Verschulden des Anfechtungsgegners i.d.R. darin, dass er seine Gläubiger nicht aus anfechtungsfreiem Vermögen befriedigt hat (MK-Kirchhof § 143 Rn. 80).

Führt bereits die Entgegennahme des anfechtbar Erlangten zur Unmöglichkeit der Rückgewähr in Natur (z.B. bei **bargeldlosen Überweisungen**), so gilt diese Unmöglichkeit als Folge der vom Anfechtungsgegner zu vertretenden Annahme (MK-Kirchhof § 143 Rn. 79). 73

Mitwirkendes Verschulden des Insolvenzverwalters bei der Abwicklung des Rückgewährschuldverhältnisses ist gem. § 254 BGB zu berücksichtigen (FK-Dauernheim § 143 Rn. 22). 74

Weder dem Insolvenzverwalter noch dem Anfechtungsgegner steht kraft Gesetzes ein **Wahlrecht** zwischen Rückgewähr in Natur und Wertersatz zu (BGH, ZInsO 2008, 1269), jedoch können sich die Beteiligten i.R.d. Insolvenzzwecks über eine bestimmte Art der Rückgewähr einigen (BGHZ 130, 38, 40). Im Hinblick auf § 264 Nr. 3 ZPO gilt die Umstellung des Klageantrags von Herausgabe des Erlangten auf Wertersatz nicht als **Klageänderung**, wenn dem Insolvenzverwalter die Unmöglichkeit der Herausgabe des anfechtbar weggegebenen Gegenstandes erst nach Klageerhebung bekannt geworden ist (MK-Kirchhof § 143 Rn. 82). 75

bb) Berechnung des Wertersatzes

Der Anfechtungsgegner hat den **tatsächlichen Wert** zu erstatten, den der Anfechtungsgegenstand bei Unterbleiben der anfechtbaren Handlung für die Masse gehabt hätte (MK-Kirchhof § 143 Rn. 83). Dies gilt auch im Fall der mittelbaren Zuwendung. Grds. unerheblich ist, ob der Schuldner, wäre die anfechtbare Handlung unterblieben, in anderer Weise über den Gegenstand verfügt hätte. 76

77 **Maßgeblicher Zeitpunkt** für die Wertberechnung ist i.d.R. derjenige der letzten mündlichen Verhandlung in der Tatsacheninstanz des Anfechtungsprozesses (BGHZ 89, 189, 197 f.). Ist ein Prozess nicht erforderlich oder hat der Anfechtungsgegner seine Rückgewährpflicht vorprozessual erfüllt und die Parteien streiten gerichtlich allein über Werterhöhungen oder -minderungen, so ist der Zeitpunkt der tatsächlichen Rückgewähr entscheidend (MK-Kirchhof § 143 Rn. 85). Hatte der Anfechtungsgegner bereits bei Verfahrenseröffnung nur noch Wertersatz zu leisten, so ist auf den Zeitpunkt der letzten mündlichen Verhandlung in der Tatsacheninstanz (Uhlenbruck-Ede/Hirte § 143 Rn. 40) abzustellen.

78 Ist demnach zwischen der anfechtbaren Übertragung des Gegenstandes und dem maßgeblichen Zeitpunkt eine **Wertminderung** eingetreten, so ist diese nur zu berücksichtigen, wenn sie auch im Vermögen des Schuldners eingetreten wäre (FK-Dauernheim § 143 Rn. 23). **Werterhöhungen**, die nicht auf Verwendungen des Anfechtungsgegners (vgl. Rdn. 60) beruhen, sind von der Insolvenzmasse nicht zu erstatten (BGH, NJW 1996, 3341).

79 Die schadensersatzrechtlichen Grundsätze der **Vorteilsausgleichung** greifen nicht ein (BGH, ZInsO 2013, 1143). Die Gegenleistung des Anfechtungsgegners ist lediglich gem. § 144 Abs. 2 zu berücksichtigen).

80 Für **schuldhaft nicht gezogene Nutzungen** hat der Anfechtungsgegner – sofern es sich im Hinblick auf Abs. 1 Satz 3 letzter HS bei dem Erlangten nicht um Geld gehandelt hat- Ersatz in Form des objektiven Wertes der unterlassenen Nutzungen zu leisten (HK-Thole § 143 Rn. 17).

cc) Aufrechnung/Zurückbehaltungsrecht

81 Der Anfechtungsgegner kann mit einem gegen die Insolvenzmasse bestehenden Anspruch (§ 55) gegen den Wertersatzanspruch aufrechnen bzw. ein Zurückbehaltungsrecht gem. § 273 BGB geltend machen, soweit die Insolvenzmasse **nicht unzulänglich** (§ 208) ist. Gem. § 393 BGB scheidet eine Aufrechnung jedoch aus, wenn der Anfechtungsgegner zugleich Schadensersatz wegen vorsätzlicher unerlaubter Handlung gem. §§ 823 ff. BGB (vgl. Rdn. 119) schuldet.

Wegen § 96 Abs. 1 Nr. 1 kommt eine Aufrechnung des Anfechtungsgegners mit einer Insolvenzforderung nicht in Betracht. Auch bei Anfechtung der Auszahlung sog. »Scheingewinne« kommt eine Aufrechnung des Anfechtungsgegners mit vor Verfahrenseröffnung entstandenen Schadensersatzansprüchen nicht in Betracht (BGH, ZInsO 2009, 185).

dd) Folgen der Anfechtung der Übertragung von Sachen und Rechten

82 Zu ersetzen ist der **gewöhnliche Wert**, den die Sache in unversehrtem Zustand jetzt für die Insolvenzmasse hätte (BGHZ 89, 189, 197 f.), selbst dann, wenn der Anfechtungsgegner bei Veräußerung oder Zwangsversteigerung der Sache lediglich einen geringeren Erlös erzielt hat (MK-Kirchhof § 143 Rn. 86). Bei Rückgabe der Sache im verschlechterten Zustand ist die Differenz zwischen dem derzeitigen Wert und dem gewöhnlichen Wert in unversehrtem Zustand zu zahlen. Ist bei dem Schuldner infolge der Weggabe der Sache ein weiterer allg. Vermögensschaden entstanden, so kann hierfür nicht über § 143 Ersatz verlangt werden; insb. ist ein **Vorenthaltungsschaden** erst nach Verzug mit der Rückgewähr zu ersetzen. Zur anfechtbaren Weggabe von Geld vgl. Rdn. 21.

Bei anfechtbarer Übertragung nur des **Besitzes** ist lediglich der Nutzungswert zu ersetzen, soweit die Nutzungen nicht in Natur herausgegeben werden können (vgl. Rdn. 91).

83 Bei anfechtbarer Übertragung von **Grundstücken** ist die Beseitigung späterer Belastungen (mangels Zustimmung der durch die Belastungen Begünstigten, vgl. Rdn. 48) häufig unmöglich. Der zu entrichtende Wertersatz entspricht dem Mindererlös bei der Verwertung, der gerade aus dieser Belastung resultiert, sofern nicht ausnahmsweise der Insolvenzverwalter von sich aus die

Belastung mit geringem Aufwand ablösen kann (MK-Kirchhof § 143 Rn. 89). Zur anfechtbaren Übertragung eines **Miteigentumsanteils** vgl. Rdn. 32, zur anfechtbaren Übertragung eines **Miterbenanteils** an einem Grundstück vgl. Rdn. 33.

Wurde eine vom Schuldner anfechtbar **abgetretene Forderung** bereits vom Empfänger eingezogen, so hat dieser Wertersatz i.H.d. eingezogenen Betrages bzw. des dem Drittschuldner erlassenen Betrages zu leisten. Bei (teilweisem) Erlass der Forderung durch den Anfechtungsgegner ist dieser nur dann nicht zum Wertersatz verpflichtet, wenn der Drittschuldner seinerseits zahlungsunfähig war (MK-Kirchhof § 143 Rn. 90). 84

Ist eine **abgetretene Hypothek** bei einer späteren Zwangsversteigerung erloschen, schuldet der Anfechtungsgegner denjenigen Betrag, der auf die Hypothek entfallen wäre, wäre sie im schuldnerischen Vermögen verblieben (MK-Kirchhof § 143 Rn. 90).

Können anfechtbar übertragene **Aktien** nicht zurückgewährt werden, sind ggf. Kursschwankungen bis zum Zeitpunkt der letzten mündlichen Tatsachenverhandlung zu berücksichtigen (MK-Kirchhof § 143 Rn. 91). Zum Ersatzanspruch bei Unmöglichkeit der Rückgewähr eines **Miterbenanteils** vgl. Rdn. 33.

ee) Folgen der Anfechtung der Belastung von Sachen und Rechten

Kann die Belastung einer Sache oder eines Rechtes nicht rückgängig gemacht werden, so ist **Wertersatz** i.H.d. bei der Verwertung des Gegenstandes eingetretenen Mindererlöses zu leisten (MK-Kirchhof § 143 Rn. 92). Hatte der Schuldner an einem eigenen Gegenstand zur Sicherung der Verbindlichkeiten eines Dritten ein Pfandrecht bestellt und ist es dem Dritten aus finanziellen Gründen nicht möglich, die Sicherheit auszulösen (vgl. Rdn. 72), so ist als Wertersatz grds. der zur Ablösung erforderliche Betrag zu zahlen, wozu der Dritte in derartigen Fällen jedoch ebenfalls nicht in der Lage sein dürfte (MK-Kirchhof § 143 Rn. 93). 85

ff) Folgen der Anfechtung der Begründung und Tilgung von Verbindlichkeiten

Hatte der Schuldner anfechtbar eine **Verbindlichkeit begründet** und kann der Anfechtungsgegner seine Forderung gegen den Schuldner nicht in Natur zurückgewähren (weil er sie z.B. abgetreten hat), so muss er deren Wert ersetzen, der sich danach bestimmt, was bereits auf die Forderung (ggf. an einen Dritten) geleistet wurde und (soweit sie bei Verfahrenseröffnung noch besteht) nach der Quote, die auf die Forderung aus der Insolvenzmasse zu zahlen ist (MK-Kirchhof § 143 Rn. 95). 86

Kann das anfechtbar vom Schuldner zur **Tilgung seiner Verbindlichkeiten** Geleistete nicht in Natur zurückgewährt werden, so ist Wertersatz zu leisten. Hat der Schuldner in anfechtbarer Weise **Dienst- oder Werkleistungen** erbracht, so ist als Wertersatz grds. die übliche, hilfsweise die angemessene Vergütung zu entrichten (MK-Kirchhof § 143 Rn. 94a). Hatte der Schuldner anfechtbar eine **fremde Verbindlichkeit getilgt**, so hat ihm deren Schuldner denjenigen Betrag zu erstatten, der an den Gläubiger gezahlt wurde; zum Sonderfall, dass der Schuldner der getilgten Schuld bereits im Zeitpunkt der Vornahme der anfechtbaren Schuldentilgung zahlungsunfähig war. 87

Im Fall der **Leistung an Erfüllung statt** ist deren objektiver Wert zu ersetzen, selbst wenn dieser größer als die getilgte Verbindlichkeit ist. 88

Enthielt die getilgte Verbindlichkeit **Umsatzsteuer**, so ist auch diese durch den Anfechtungsgegner selbst dann zurück zu gewähren, wenn sich der Schuldner seinerseits die Umsatzsteuer vom Finanzamt hat erstatten lassen; der Insolvenzverwalter hat dann den in Anspruch genommenen **Vorsteuerabzug** zu berichtigen (vgl. Rdn. 42). 89

gg) Folgen der Anfechtung der Einschränkung oder Beendigung von Rechten

90 Hatte der Schuldner auf ein an einem fremden Grundstück bestelltes **Grundpfandrecht** anfechtbar **verzichtet** und kann die auf diese Weise zugunsten des Grundstückseigentümers entstandene Grundschuld (§ 1177 BGB) nicht mit ihrem früheren Rang zur Insolvenzmasse zurück übertragen werden, weil nachrangig weitere Grundpfandrechte unanfechtbar eingetragen worden sind, ist Wertersatz i.H.d. bei der Verwertung des Gegenstandes eingetretenen Mindererlöses zu leisten. Gleiches gilt, wenn bei anfechtbarer **Aufhebung** eines zugunsten des Schuldners bestellten **Grundpfandrechtes** (§ 1183 BGB) infolge der Aufhebung nachfolgende Grundpfandrechte unanfechtbar aufgerückt sind (MK-Kirchhof § 143 Rn. 92, vgl. Rdn. 48).

hh) Wertersatz für Nutzungen

91 Bei Unmöglichkeit der Herausgabe **gezogener Nutzungen** hat der Anfechtungsgegner den gewöhnlichen Wert, d.h. ein angemessenes Nutzungsentgelt für die gesamte Dauer der Nutzungsmöglichkeit herauszugeben (MK-Kirchhof § 143 Rn. 97). Die zu ersetzenden Nutzungen bei anfechtbarer Übertragung eines Unternehmens (vgl. Rdn. 36) werden nicht durch die Summe der Nutzungswerte der einzelnen Unternehmensbestandteile ersetzt, da ggf. aus der einheitlichen Nutzung der einzelnen Bestandteile auch höhere Nutzungen erzielt werden können. Herauszugeben ist grds. der Gewinn, der bei ordnungsgemäßer Geschäftsführung aus dem Unternehmen des Schuldners nach bisherigem Zuschnitt (nach Abzug einer angemessenen Vergütung für den Geschäftsführer) hätte erwirtschaftet werden können. Ein vom Erwerber erzielter höherer Gewinn ist nicht herauszugeben, wenn er wesentlich auf einem persönlichen und/oder finanziellen Einsatz der neuen Geschäftsleitung beruht (MK-Kirchhof § 143 Rn. 97). Bei **schuldhaft nicht gezogenen Nutzungen** kommt von vornherein nur Wertersatz in Betracht, der nach dem gewöhnlichen Wert der Nutzungen, die hätten gezogen werden müssen, zu ermitteln ist (vgl. Rdn. 80).

III. Rückgewähr unentgeltlicher Leistungen (Abs. 2)

92 Aus dem unter Rdn. 1 genannten Grund haftet der Empfänger einer unentgeltlichen Leistung gem. Abs. 2 grds. **nur wie ein gewöhnlicher Bereicherungsschuldner** (Abs. 2 Satz 1) – d.h. seine Rückgewährpflicht entspricht derjenigen nach § 818 Abs. 1 BGB (BGH, ZInsO 2016, 2395) -, sofern nicht seine Bösgläubigkeit im Einzelfall feststeht (Abs. 2 Satz 2).

1. Herausgabe der Bereicherung (Abs. 2 Satz 1)

93 Die **Haftungsmilderung** gem. Abs. 2 Satz 1 greift nur ein, wenn die Anfechtung ausschließlich nach §§ 134 Abs. 1, 145 Abs. 2 Nr. 3, 322 möglich ist (MK-Kirchhof § 143 Rn. 101). In diesen Fällen richtet sich der Umfang der Rückgewährpflicht nach § 818 BGB (BGH, ZInsO 2016, 2388). Die Haftungsbeschränkung gilt **nur** für die Verpflichtung zum Wertersatz; sie greift **nicht** ein, sofern die anfechtbar aus dem Vermögen des Schuldners gewährte Leistung noch in Natur vorhanden ist (BGH, ZInsO 2016, 1069). I.Ü. sind noch vorhandene Bereicherungen entsprechend § 818 Abs. 3 BGB herauszugeben (BGH a.a.O.). Darlegungs- und Beweislast bzgl. etwaiger »Entreicherung« liegen bei dem Anfechtungsgegner (vgl. Rn. 91).

Nutzungen sind nur in dem Umfang herauszugeben, in dem sie tatsächlich gezogen wurden und in dem sie sich noch im Vermögen des Anfechtungsgegners befinden (Uhlenbruck-Ede/Hirte § 143 Rn. 42). Hat der Anfechtungsgegner wegen des Untergangs des anfechtbar erlangten Gegenstandes ein Surrogat erlangt, so ist dieses – soweit noch in seinem Vermögen befindlich – herauszugeben (vgl. Rdn. 65).

94 Unter welchen Voraussetzungen der Empfänger einer unentgeltlichen Leistung im Zwei-Personen-Verhältnis entreichert ist, folgt aus der Anwendung der zu § 818 Abs. 3 BGB entwickelten Grundsätze (BGH, ZInsO 2016, 2388). Entreicherung in diesem Sinne liegt demnach vor, wenn der durch anfechtbare Rechtshandlung erlangte Vorteil nicht mehr im Vermögen des Empfängers

enthalten und auch sonst kein auf die Zuwendung zurückzuführender Vermögensvorteil mehr vorhanden ist (BGH, a.a.O.). Entreicherung tritt bspw. ein, wenn das Erlangte ersatzlos untergegangen oder verschenkt worden ist; Entreicherung tritt auch ein in Höhe der Aufwendungen des Empfängers, die dieser adäquat kausal im Hinblick auf die Bereicherung bzgl. des Erlangten getätigt hat (BGH, a.a.O.). Hierzu gehören auch durch die Bereicherung entstandene Kosten und Steuern (BGH, a.a.O.). Der Anfechtungsgegner ist demgegenüber **noch bereichert**, wenn er durch die Weggabe des Empfangenen notwendige Ausgaben aus eigenem Vermögen erspart oder eigene Schulden getilgt hat (BGHZ 118, 383, 386) bzw. wenn die angefochtene Zuwendung in der unentgeltlichen Tilgung von Schulden des Anfechtungsgegners bestand (BGHZ 141, 96, 101 = ZInsO 1999, 286). Andererseits fehlt es auch dann an einer fortbestehenden Bereicherung, wenn der Zuwendungsempfänger mit dem Erlangten Verbindlichkeiten des Schuldners getilgt hat (MK-Kirchhof § 143 Rn. 105). Vergleiche i.Ü. zum Wegfall der Bereicherung Palandt-Sprau, BGB, § 818 Rn. 26 ff.

2. Bösgläubigkeit (Abs. 2 Satz 2)

Die zugunsten des Empfängers einer unentgeltlichen Leistung wirkende Haftungserleichterung 95 entfällt gemäß Abs. 2 Satz 2 jedoch, wenn dieser weiß oder den Umständen nach wissen muss, dass die Zuwendung die Gläubiger benachteiligt. Dem Empfänger ist diese Benachteiligung bekannt, wenn er weiß, dass die empfangene Leistung aus dem den Gläubigern haftenden Vermögen des (späteren) Insolvenzschuldners stammt und dieses nicht ausreicht, um alle Verbindlichkeiten zu erfüllen (BGH, ZInsO 2016, 2395). Dies ist – in Anlehnung an § 130 Abs. 2 – rgm. anzunehmen, wenn dem Empfänger die zumindest drohende Zahlungsunfähigkeit des (späteren) Insolvenzschuldners bekannt ist (BGH, a.a.O.); ihm müssen die tatsächlichen Umstände, die objektiv auf eine Gläubigerbenachteiligung hinweisen, bekannt sein, ohne dass es weiterer Erkundigungen oder Überlegungen bedarf (BGH, a.a.O.). Ausreichend ist die Kenntnis von Umständen, die auf eine Gläubigerbenachteiligung schließen lassen; in Abkehr von § 130 Abs. 2 ist hier kein »zwingend« erforderlich. Diese liegt jedenfalls vor, wenn dem Anfechtungsgegner Umstände bekannt sind, die mit auffallender Deutlichkeit für die Gläubigerbenachteiligung sprechen und deren Kenntnis auch einem Empfänger mit durchschnittlichem Erkenntnisvermögen ohne gründliche Überlegung die Annahme nahe legt, dass die Befriedigung der Insolvenzgläubiger infolge der Freigiebigkeit verkürzt wird (HK-Thole § 143 Rn. 31). Demgegenüber muss eine die Bösgläubigkeit i.S.d. Abs. 2 Satz 2 ausschließende Unkenntnis des Anfechtungsgegners von der Gläubigerbenachteiligung vom Zeitpunkt der Leistungsvornahme bis zum Wegfall der Bereicherung andauern (BGH, ZInsO 2016, 2395). Darlegungs- und Beweislast für die Kenntnis trägt der Insolvenzverwalter.

Soweit z.T. bereits **einfache Fahrlässigkeit** als ausreichend erachtet wird (z.B. MK-Kirchhof § 143 Rn. 107), steht dem entgegen, dass LS 5.12 Abs. 6 1. KommBer ausdrücklich lediglich bei grober Fahrlässigkeit und positiver Kenntnis die Haftung gem. Abs. 1 vorsah und dass den folgenden Gesetzgebungsmaterialien nicht zu entnehmen ist, dass mit der Gesetzestext gewordenen Wortwahl von dieser Beschränkung abgewichen werden sollte. Vielmehr ist in der Begr. zu § 162 RegE von dem »gutgläubigen Empfänger« die Rede (BT-Drucks. 12/2443 S. 167). Dieser Begriff wird unter Bezugnahme auf § 162 RegE (jetzt § 143) auch in der Begr. zu § 164 RegE (jetzt § 145) wiederholt (BT-Drucks. 12/2443 S. 168). Gutgläubig ist jedoch gem. der in § 932 Abs. 2 BGB enthaltenen Definition nur derjenige nicht, dem Umstände bekannt oder infolge grober Fahrlässigkeit unbekannt sind. Es ist nicht ersichtlich, warum der Begriff der Gutgläubigkeit in § 143 anders zu verstehen sein sollte als in § 932 Abs. 2 BGB (HK-Thole § 143 Rn. 32).

Kenntniserlangung von den maßgeblichen Umständen nach Empfang des Gegenstandes aber vor Eintritt der Unmöglichkeit führt zur verschärften Haftung ab Kenntnis (BGH, ZInsO 2016, 1069). Spätestens ab dem Zeitpunkt der Rechtshängigkeit des Rückgewähranspruches trifft den Anfechtungsgegner gem. § 818 Abs. 4 BGB die volle Haftung (FK-Dauernheim § 143 Rn. 33).

IV. Gesellschafterdarlehen (Abs. 3)

96 Der durch das MoMiG vom 23.10.2008 neu angehängte Abs. 3 regelt die Rechtsfolgen einer Anfechtung von Rechtshandlungen bzgl. Gesellschafterdarlehen und gleichgestellter Forderungen und entspricht inhaltlich dem § 32b GmbHG a.F..

97 Nach der Rspr. des BGH (ZInsO 2012, 81) ist in analoger Anwendung der Vorschrift der Gesellschafter, der nach Verfahrenseröffnung durch Verwertung schuldnerseits gestellter Sicherheiten gegenüber dem Sicherungsnehmer hinsichtlich selbst gestellter Sicherheiten »befreit« wird, der Insolvenzmasse insoweit ausgleichspflichtig.

V. Insolvenz des Anfechtungsgegners

98 Im Rahmen des Insolvenzverfahrens über das Vermögen des Anfechtungsgegners begründet der Rückgewähranspruch ein (Ersatz-)**Aussonderungsrecht** (§§ 47 f.), soweit der anfechtbar weggegebene Gegenstand oder ein hierfür erlangtes Surrogat noch unterscheidbar im Vermögen des Anfechtungsgegners vorhanden ist (BGHZ 156, 350, 358 = ZInsO 2003, 1096). Es besteht kein Grund, weshalb die Gläubiger des Anfechtungsgegners von einem anfechtbaren Erwerb ihres Schuldners profitieren sollten. Demgegenüber ist der lediglich auf Wertersatz gerichtete Zahlungsanspruch eine **einfache Insolvenzforderung** (BGHZ 155, 199, 203 = ZInsO 2003, 761), sofern die anfechtbare Rechtshandlung vor Eröffnung des Insolvenzverfahrens über das Vermögen des Anfechtungsgegners vorgenommen (§ 140) worden ist. Die Rückgewähr des Erlangten kann für die Insolvenzmasse des Anfechtungsgegners durchaus von Vorteil sein, wenn nämlich durch sie neben der Forderung des Anfechtungsgegners gem. § 144 Abs. 1 auch unanfechtbare Sicherheiten wieder aufleben. Dies hat auch der anfechtende Insolvenzverwalter zu bedenken.

Hinsichtlich der rechtlichen Wirkung des Rückgewähranspruchs im Rahmen des Insolvenzverfahrens über das Vermögen des Anfechtungsgegners ist zu differenzieren:

Ist die anfechtbare Rechtshandlung vor Eröffnung des Insolvenzverfahrens über das Vermögen des Anfechtungsgegners vorgenommen (§ 140), begründet der Rückgewähranspruch ein (Ersatz-)Aussonderungsrecht (§§ 47 f.) (BGH, ZInsO 2009, 1060 m.w.N.), soweit das durch den Anfechtungsgegner Erlangte noch unterscheidbar in dessen Insolvenzmasse vorhanden ist; ist eine Rückgewähr in Natur unmöglich, ist ein für das Erlangte unterscheidbar vorhandenes Surrogat im Wege der Ersatzaussonderung herauszugeben (BGH, ZInsO 2003, 1096). Ist eine Unterscheidbarkeit in der Insolvenzmasse des Anfechtungsgegners – wie bei Zahlung von Geld regelmäßig – nicht gegeben und kommt somit lediglich Wertersatz (vgl. Rdn. 66 ff.) in Betracht, stellt der Rückgewähranspruch jedoch nur eine einfache Insolvenzforderung (§ 38) dar (BGH a.a.O.).

Ist die anfechtbare Rechtshandlung demgegenüber nach Eröffnung des Insolvenzverfahrens über das Vermögen des Anfechtungsgegners vorgenommen (§ 140) – regelmäßig also durch Handlung des dort bestellten Insolvenzverwalters – begründet der Rückgewähranspruch nach diesseitiger Auffassung stets eine sonstige Masseverbindlichkeit (§ 55 Abs. 1 Nr. 3).

VI. Doppelinsolvenz

99 Ist über das Vermögen einer Gesellschaft ohne Rechtspersönlichkeit und über das Vermögen ihres persönlich unbeschränkt haftenden Gesellschafters jeweils ein Insolvenzverfahren eröffnet und hat der Gesellschafter anfechtungsrelevant Gesellschaftsgläubiger befriedigt (vgl. § 129 Rdn. 72), steht das diesbezügliche Anfechtungsrecht dem Insolvenzverwalter des **Gesellschafterinsolvenzverfahrens** zu (BGH, ZInsO 2008, 1275).

100 Wird bei Anfechtbarkeit einer mittelbaren Zuwendung (vgl. § 129 Rdn. 33) das Insolvenzverfahren über das Vermögen sowohl des Leistenden als auch des Leistungsmittlers eröffnet und ist die erfolgte Leistungshandlung im Rahmen beider Insolvenzverfahren anfechtbar, gebührt dem

Insolvenzverwalter in dem Insolvenzverfahren des Leistenden der Vorrang vor dem des Leistungsmittlers (BGH, ZInsO 2008, 106).

B. Verfahrensfragen

I. Auskunftsanspruch

Auskunftsansprüche bestehen gem. §§ 5 Abs. 1, 97 bis 99, 101 gegen den **Schuldner** bzw. seine (ehemaligen) organschaftlichen Vertreter und Angestellten. Diese umfassen auch und gerade insolvenzanfechtungsrechtlich relevante Auskünfte (BGH, ZInsO 2012, 751); die Auskunftspflicht ist insoweit eine aktive, d.h., entsprechende Auskünfte müssen auch ohne entsprechende Nachfrage erteilt werden (BGH a.a.O.). Steht die Rückgewähr- bzw. Wertersatzpflicht des Anfechtungsgegners dem Grunde nach fest, so hat der Insolvenzverwalter **auch** gegen den **Anfechtungsgegner** gem. § 242 BGB einen Auskunftsanspruch hinsichtl. der Anspruchshöhe (BGH, ZInsO 2009, 1810). Demgegenüber besteht kein Auskunftsanspruch gegen Personen, gegen die nur möglicherweise Rückgewähransprüche geltend gemacht werden können (BGH, ZInsO 1999, 163; ausführl. Gerhardt/Kreft, Aktuelle Probleme der Insolvenzanfechtung, Rn. 209 ff.). So begründet allein die Tatsache, dass eine Person in einzelnen Fällen als Anfechtungsgegner feststeht, keinen Auskunftsanspruch hinsichtl. weiterer, lediglich vermuteter Vermögensverschiebungen (BGH a.a.O.). 101

Die **Auskunftsansprüche** des Insolvenzverwalters sind in der InsO nicht abschließend geregelt (OVG Nordrhein-Westfalen, ZInsO 2008, 927). Ihm steht nach **§ 1 Abs. 1 Satz 1 IFG** (bzw. den entsprechenden Vorschriften der jeweiligen IFG der einzelnen Bundesländer, soweit diese von ihrer Gesetzgebungskompetenz Gebrauch gemacht haben) der – stets im Verwaltungsrechtsweg prozessual geltend zu machende (BVerwG, ZInsO 2012, 2140; BGH, ZInsO 2016, 597; BSG, ZInsO 2012, 1789; OVG Hamburg, ZInsO 2012, 222; ZInsO 2012, 989; VG Freiburg, ZInsO 2011, 1956) – allgemeine Informationszugangsanspruch gegen Behörden des Bundes (bzw. der Länder) und über Art. 87 Abs. Satz 1 GG gegen **Sozialversicherungsträger** zu (BSG, ZInsO 2012, 1789); dieser Auskunftsanspruch umfasst auch solche im Zusammenhang mit anfechtungsrechtlichen Rückgewähransprüchen (OVG Nordrhein-Westfalen a.a.O.; OVG Hamburg a.a.O.; VG Freiburg a.a.O.; VG Stuttgart, ZIP 2009, 2259; a.A. BFH, ZInsO 2010, 1705, der – obiter – feststellt, dass aus einem zivilrechtlichen Rechtsverhältnis resultierende Auskunftsansprüche nicht Gegenstand einer öffentlich-rechtlichen Streitigkeit sein können). Dieser Anspruch ist nicht ggü. den sich aus der InsO oder § 242 BGB ergebenden Ansprüchen subsidiär (BVerwG, ZInsO 2011, 49; BGH, ZInsO 2016, 597). Soweit sich dieser Auskunftsanspruch gegen die Finanzverwaltung richtet, ist er nicht den Einschränkungen aus der Abgabenordnung unterworfen (BVerwG, ZInsO 2012, 1268). 102

Grds. ist jedoch auch im Anfechtungsprozess die **Behauptung** einer nur vermuteten Tatsache zulässig, wenn greifbare Anhaltspunkte für das Vorliegen eines bestimmten Sachverhaltes bestehen, die sich auch aus unstreitigen oder unter Beweis gestellten Indizien ergeben können (BGH, ZInsO 2002, 721). Der Insolvenzverwalter hat dann unter Beweisantritt vorzutragen, dass er keine eigene Kenntnis von den behaupteten Vorgängen hat, dass er sich diese auch nicht anderweitig verschaffen konnte, und worin die greifbaren Anhaltspunkte für die nach Lage der Dinge als wahrscheinlich angesehenen Tatsachen bestehen (Huber, FS Gerhardt, S. 379, 395). Hierauf hat der Anfechtungsgegner gem. § 138 Abs. 2 ZPO substanziiert zu erwidern. 103

II. Anforderung an Rückgewährverlangen

Grundsätzlich ist das Rückgewährverlangen des Insolvenzverwalters nicht an irgendeine Form gebunden; tatsächlich kann es sogar konkludent erfolgen. Schon zu Dokumentationszwecken bietet sich allerdings Schriftform mit Zugangsnachweis an. Im Hinblick auf die nunmehr in Abs. 1 Satz 3 vorgesehene Neuregelung hinsichtlich des Zinsbeginns dürfte allerdings ein nach allgemeinen Regeln verzugsbegründendes Schreiben jedenfalls dann zwingend sein, wenn Rückgewähr 104 von anfechtbar erlangtem Geld verlangt wird. Verzugsbegründend dürfte in diesem Zusammenhang jedenfalls die Darstellung der angefochtenen Rechtshandlung und die hieraus abgeleitete Rechtsfolge sein; die Benennung einzelner anfechtungsrechtlicher Vorschriften und/oder gar der Hinweis auf Rspr. und/oder Literatur dürfte rgm. zweckmäßig, aber keinesfalls zwingend erforderlich sein.

III. Beweisfragen

105 Die **Wirksamkeit der Bestellung** des Insolvenzverwalters durch einen nicht nichtigen Beschluss des Insolvenzgerichts ist der Überprüfung im Anfechtungsprozess entzogen (MK-Kayser § 129 Rn. 196).

106 Der **Insolvenzverwalter** hat zu beweisen, welche Leistung der Anfechtungsgegner aus dem schuldnerischen Vermögen erlangt hat. Ist Wertersatz zu leisten, trägt er ferner die Beweislast für die Höhe des zu ersetzenden Wertes. Auch die Beweislast dafür, dass Nutzungen gezogen wurden bzw. schuldhaft nicht gezogen wurden und dafür, dass der Anfechtungsgegner ein Surrogat (vgl. Rdn. 65) erlangt hat, trägt der Anfechtende (MK-Kirchhof § 143 Rn. 110). Hinsichtlich des Beginns der Verzinsung des Rückgewähranspruchs hat der Insolvenzverwalter auch den Zeitpunkt des Vorliegens der Voraussetzungen des Abs. 1 Satz 3 zu beweisen. I.R.d. **Abs. 2** trifft den Insolvenzverwalter die Beweislast für das Eingreifen weiterer Anfechtungstatbestände neben denen der unentgeltlichen Zuwendung sowie für die Unredlichkeit des Empfängers, Abs. 2 Satz 2 (HK-Thole § 143 Rn. 37). Bei der Beweiswürdigung ist ein etwaiges Näheverhältnis (§ 138) des Anfechtungsgegners zum Schuldner zu berücksichtigen (HK-Thole § 143 Rn. 37).

107 Demgegenüber hat der **Anfechtungsgegner** ggf. zu beweisen, warum ihm die Rückgewähr in Natur unmöglich ist und weshalb ihn an der Unmöglichkeit der Rückgewähr bzw. an der Verschlechterung des Gegenstandes und ggf. an dem eingetretenen Verzug kein Verschulden trifft (vgl. die Beweislastregelung in § 280 Abs. 1 Satz 2 BGB). Ferner trifft ihn die Beweislast für berücksichtigungsfähige Verwendungen (vgl. Rdn. 60 f.) sowie i.R.d. Abs. 2 für die Tatsache und den Grund des objektiven Wegfalls der Bereicherung (BGH, ZInsO 2016, 2388).

IV. Abtretbarkeit und Verpfändbarkeit des Rückgewähranspruches

108 Die früher umstrittene Frage zur Abtretbarkeit des insolvenzanfechtungsrechtlichen Rückgewähranspruchs ist für die Praxis durch die Rspr. des BGH geklärt; als schuldrechtlicher Anspruch auf Rückführung des anfechtbar weggegebenen Vermögensgegenstandes kann dieser – innerhalb der durch die Insolvenzzweckdienlichkeit (§ 1) aufgegebenen Grenzen (vgl. insoweit BGH, ZInsO 2013, 441) – ohne Veränderung des Anspruchsinhalts übertragen (abgetreten, §§ 398 ff. BGB) werden (BGH, ZInsO 2011, 1154). Der Anfechtungsgegner kann dann nach Maßgabe des § 404 BGB dem neuen Gläubiger diejenigen Einwendungen entgegensetzen, die zum Zeitpunkt der Abtretung ggü. dem Insolvenzverwalter begründet waren (BGH a.a.O.).

109 Die Abtretung des Rückgewähranspruches kann insb. **sinnvoll** sein, wenn dieser als einziger Vermögenswert noch in der Insolvenzmasse befindlich ist, seine Durchsetzung bzw. Vollstreckung jedoch lange dauern wird. Ein Verkauf des Anspruches zu einem angemessenen Preis (insb. im Wege des echten Factorings) kann dann im Interesse aller Gläubiger zu einem kurzfristigen Abschluss des Insolvenzverfahrens führen (BGH, ZInsO 2011, 1154). Bei Ermittlung der die Abtretung ausgleichenden **Gegenleistung** sind vom Nennwert des Rückgewähranspruches insb. die mutmaßlichen Kosten einer Rechtsverfolgung, wie sie der Insolvenzmasse ohne die Abtretung entstanden wären, abzurechnen, ferner ist das vom Zessionar übernommene Prozessrisiko zu berücksichtigen (MK-Kayser § 129 Rn. 214 ff.). Für eine Unangemessenheit hat der Insolvenzverwalter der Gläubigergesamtheit gem. § 60 einzustehen (BGH, ZInsO 2013, 441). Eine Alternative zum echten Factoring kann eine Abtretung des Rückgewähranspruches mit gleichzeitiger auf einen günstigen Prozessausgang bezogener Teilvorausrückabtretung i.H.d. der Insolvenzmasse zustehenden Anteils der Forderung bilden (Braun, ZIP 1985, 786, 789). Ist die

Gegenleistung anders als beim echten Factoring nicht sofort, sondern erst nach Abschluss des Anfechtungsprozesses endgültig geschuldet, ist ein etwa gezahlter Vorschuss für eine Nachtragsverteilung zurückzubehalten.

Der nach erfolgter Abtretung auf den Zessionar übertragene Rückgewähranspruch erlischt dann auch nicht durch Aufhebung oder Einstellung des Insolvenzverfahrens. 110

Aus der Übertragbarkeit des Rückgewähranspruchs folgt, dass dieser – i.R.d. Insolvenzzweckes, z.B. zur Sicherung eines Massedarlehens – auch **verpfändet** bzw. i.R.d. Vollstreckung einer Masseverbindlichkeit (§§ 54 f.) **gepfändet** werden kann. 111

V. Teilanfechtungen

Einheitliche Wirkungen ein und desselben Rechtsgeschäftes (z.B. eines Vertragsschlusses) sind grds. nur einheitlich anfechtbar, eine Teilanfechtung kommt nicht in Betracht (BGH, ZInsO 2008, 559). 112

Lässt sich die Rechtshandlung hingegen in **mehrere selbstständige Teile** zerlegen, kommt eine Anfechtung einzelner Teile in Betracht. Dabei ist Teilbarkeit nicht nur in einem rein zahlenmäßigen Sinn zu verstehen, sondern kann z.B. auch dann gegeben sein, wenn ein allg. ausgewogener Vertrag allein und gezielt für den Fall der Insolvenz des Schuldners für dessen Gläubiger einseitig und unangemessen benachteiligend ist. Eine Teilanfechtung kommt daher z.B. in Betracht bei **Lösungsklauseln** auf den Insolvenzfall, überhöhten Honorarzahlungen an Sanierer sowie bei teilweise unentgeltlichen Leistungen bei Teilbarkeit des vom Schuldner Weggegebenen. Werden mehrere Forderungen durch lediglich eine Sicherheit gesichert und ist die Sicherung hinsichtl. jedenfalls einer der Forderungen anfechtbar, kommt eine Teilanfechtung nur in Betracht, wenn die Sicherheit auf die verschiedenen Forderungen aufgegliedert werden kann (OLG Hamburg, ZIP 1984, 1373). Der Abschluss eines Vertrages und die hierdurch begründete Aufrechnungslage bilden zwei gesondert anfechtbare Rechtshandlungen (BGH, ZInsO 2004, 1028).

Nur äußerlich zusammengefasste Rechtsgeschäfte (z.B. Veräußerung mehrerer Gegenstände oder Bestellung mehrerer Sicherheiten) können einzeln angefochten werden (MK-Kirchhof § 143 Rn. 19). So kann (und muss) bei der **Vorausabtretung künftiger Forderungen** in einem einheitlichen Vertrag die Anfechtung auf die Abtretung derjenigen Forderungen beschränkt werden, die in dem durch die jeweils einschlägige Norm geschützten Zeitrahmen entstanden sind. 113

VI. Einrede der Anfechtbarkeit

Der Rückgewähranspruch kann gem. § **146 Abs. 2** gegen anfechtbar begründete Leistungsansprüche des Anfechtungsgegners zeitlich unbegrenzt auch im Wege der Einrede geltend gemacht werden. 114

VII. Erlöschen des Anfechtungsrechts

Das Anfechtungsrecht besteht grds. nur für die **Dauer des Insolvenzverfahrens**, d.h. bis zur Aufhebung oder Einstellung (BGH, ZInsO 2011, 1154); zur Rechtslage bei Abtretung des Rückgewähranspruchs vgl. Rdn. 110. Ein zur Zeit der Verfahrensbeendigung rechtshängiger Anfechtungsprozess wird durch die Verfahrensbeendigung in der Hauptsache erledigt (BGH, ZInsO 2010, 82); weder Schuldner noch (einzelne) Gläubiger kommen als Rechtsnachfolger (§ 239 ZPO) in Betracht (FK-Dauernheim § 143 Rn. 60). Die einzelnen Gläubiger können nach Maßgabe des § 18 AnfG vorgehen. 115

Nach Beendigung des Insolvenzverfahrens kommt eine Anfechtung und die (prozessuale) Geltendmachung des Rückgewähranspruchs daher nur nach vorheriger Anordnung einer Nachtragsverteilung (§§ 203, 211 Abs. 3) in Betracht. Wird das Verfahren nach rechtskräftiger Bestätigung eines **Insolvenzplanes** aufgehoben (§ 258 Abs. 1), so kann der Insolvenzverwalter (oder im Falle der vorherigen Anordnung der Eigen-Verwaltung der Sachwalter, vgl. § 129 Rdn. 15) einen bereits rechtshängigen (BGH, ZInsO 2016, 1421) Anfechtungsprozess fortführen, soweit dies im gestaltenden Teil des Plans vorgesehen ist (§ 259 Abs. 3). In diesem Fall bleiben dem Anfechtungsgegner auch nach Verfahrensaufhebung lediglich die Einwendungs- und Aufrechnungsmöglichkeiten, die bereits vor Verfahrensaufhebung gegeben waren (BGH, ZInsO 2016, 903).

116 Im Übrigen erlischt der Rückgewähranspruch mit **Erfüllung** (§§ 362 ff. BGB), durch **Erlass** (§ 397 BGB), ferner durch **Verzicht** des Insolvenzverwalters (BGH, ZInsO 2011, 1154; zum Verzicht des vorläufigen Insolvenzverwalters vgl. Rdn. 4), welcher jedoch erst ab Kenntnis vom Bestehen des Rückgewähranspruches möglich ist (OLG Hamburg, ZIP 1988, 927). Allein in der Ablehnung der Aufnahme eines von einem Einzelgläubiger eingeleiteten Anfechtungsprozesses liegt ebenso wenig ein Verzicht, wie in der Erfüllungswahl gem. § 103 (MK-Kayser § 129 Rn. 223). Das **Nichtbestreiten** einer anfechtbar erworbenen Forderung **im Prüfungstermin** (§ 176) durch Insolvenzverwalter und Gläubiger führt im Hinblick auf § 141 nicht zur Unanfechtbarkeit der zur Tabelle festgestellten Forderung.

VIII. Konkurrenzen von Rückgewähransprüchen

117 Der Rückgewähranspruch aus § 143 kann neben weitere Rückgewähransprüche gegen den Anfechtungsgegner oder Dritte treten; er ist nicht subsidiär. Die gleichzeitig bestehenden weiteren Rückgewähransprüche, z.B. nach **§§ 812 ff. BGB** oder **vertragliche Rückforderungsansprüche** gegen den Insolvenzgläubiger, schließen eine Gläubigerbenachteiligung nicht von vornherein aus (MK-Kirchhof vor §§ 129 bis 147 Rn. 86).

118 Liegen dessen Voraussetzungen im Einzelnen vor, kommt neben § 143 auch **§ 817 BGB** zur Anwendung (Frind/Schmidt, ZInsO 2002, 8, 13). Insb. greift § 817 Satz 1 BGB ein, wenn ein Gläubiger eine inkongruente Deckung eines zahlungsunfähigen Schuldners annimmt, nachdem er durch die Androhung von Zwangsvollstreckungsmaßnahmen bzw. durch Stellung eines Antrags auf Eröffnung des Insolvenzverfahrens auf diesen Druck ausgeübt hat. Der drängende Gläubiger verstößt hierbei rgm. gegen das gesetzliche Verbot des § 283c StGB. In subjektiver Hinsicht genügt es, wenn der Empfänger leichtfertig vor dem Verbot die Augen verschließt (Frind/Schmidt, ZInsO 2002, 8, 13).

119 Greift die anfechtbare Rechtshandlung ausnahmsweise in absolut geschützte Rechtsgüter i.S.d. **§ 823 Abs. 1 BGB** ein, tritt der sich hieraus ergebende Schadensersatzanspruch neben den Rückgewähranspruch aus § 143 (BGHZ 95, 10, 16). Zwar sind die §§ 129 ff. keine Schutzgesetze i.S.d. **§ 823 Abs. 2 BGB**, dieser kann jedoch neben § 143 einen Anspruch begründen, wenn die anfechtbare Rechtshandlung zugleich andere Schutzgesetze, z.B. § 64 Abs. 1 GmbHG oder § 92 Abs. 2 AktG, verletzt (MK-Kirchhof vor §§ 129 bis 147 Rn. 87).

120 Soweit der Schuldner nicht ausnahmsweise als Rechtsnachfolger i.S.d. § 145 in Anspruch genommen wird, kann er nach allg. Regeln nach **§ 826 BGB** haften (MK-Kirchhof vor §§ 129 bis 147 Rn. 89 ff.); handelte er als Rechtsnachfolger, so gelten die folgenden Ausführungen auch für ihn. Allein der Empfang des in anfechtbarer Weise weggegebenen Gegenstandes löst für sich genommen die Ersatzpflicht nach § 826 BGB nicht aus (BGH, BB 1958, 1152), hinzukommen müssen weitere erschwerende Umstände (BGHZ 143, 246) entsprechend denen für die Anwendbarkeit des § 138 BGB; zusätzlich setzt § 826 BGB hinsichtl. der Schadenszufügung Vorsatz des Anspruchsgegners voraus. Der Schadensersatzanspruch aus § 826 BGB steht rgm. allein dem geschädigten Gläubiger zu; soweit jedoch ein Gesamtschaden eingetreten ist, ist der Insolvenzverwalter gem. § 92 für die Insolvenzmasse einziehungsbefugt. Es besteht dann freie Anspruchskonkurrenz zwischen § 143 und § 826 BGB, wobei der auf Ersatz des vollen negativen Interesses gerichtete Schadensersatzanspruch u.U. weiter geht als § 143.

IX. Auswirkung auf weitere Rechtsbeziehungen

121 Die sich jeweils aus § 143 ergebenden Rechtsfolgen treten – mit Ausnahme der §§ 144, 145 – nur mit Wirkung für die Insolvenzmasse und den Anfechtungsgegner, nicht mit Wirkung für

und gegen Dritte ein (BGH, ZInsO 2014, 2318). Wird der **Abschluss eines gegenseitigen Vertrages** erfolgreich angefochten, entfallen die beiderseitigen vertraglichen Hauptleistungspflichten (BGH, ZInsO 2014, 2318). Hatte der Schuldner noch nicht geleistet, kann der Insolvenzverwalter auf diese Weise (überhöhte) Gegenansprüche abwehren (MK-Kirchhof § 143 Rn. 16a). Auch nach der Anfechtung eines gegenseitigen Vertrages ist der Insolvenzverwalter bis zur Erfüllung des Anspruches aus § 143 bzw. bis zur Grenze des § 242 BGB nicht daran gehindert, von der Verfolgung des Rückgewähranspruches abzusehen und Vertragserfüllung zu wählen (BGH, NJW 1962, 1200). Hat er demgegenüber zunächst Vertragserfüllung gewählt, ist die spätere Anfechtung des Vertragsschlusses als unzulässiger Widerruf des Erfüllungsverlangens ausgeschlossen (MK-Kirchhof § 143 Rn. 16a).

Die Anfechtung eines **Änderungsvertrages** führt nicht automatisch auch zum Erlöschen der Verpflichtungen aus dem Ursprungsvertrag (MK-Kirchhof § 143 Rn. 16a). 122

Ficht der Insolvenzverwalter lediglich **einzelne zur Erfüllung eines gegenseitigen Vertrages erbrachte Leistungen** an, kann auch ggü. der Insolvenzmasse (nach Maßgabe des § 144 Abs. 1) das allg. Leistungsstörungs- und Gewährleistungsrecht eingreifen, wobei es sich bei den hieraus resultierenden Ansprüchen des Anfechtungsgegners lediglich um Insolvenzforderungen handelt. 123

Leistungen des Geschäftsführers einer GmbH nach Eintritt der Zahlungsunfähigkeit der Gesellschaft oder nach Feststellung ihrer Überschuldung können zugleich Ansprüche der Gesellschaft gegen den Geschäftsführer gem. **§ 64 GmbHG** und Ansprüche gem. § 143 gegen den Empfänger der Leistung begründen (zur Verzahnung des § 64 GmbHG mit dem Insolvenzrecht vgl. Goette, ZInsO 2005, 1). Der Insolvenzverwalter ist nicht dazu verpflichtet, vor **Inanspruchnahme des Geschäftsführers** nach § 64 GmbHG zunächst die Anfechtung von Rechtshandlungen zu versuchen (OLG Jena, ZIP 2002, 986; OLG Oldenburg, ZInsO 2004, 984 [jeweils noch zu § 64 Abs. 2 GmbHG]). In einem der Klage des Insolvenzverwalters stattgebenden, auf § 64 GmbHG gestützten Urteil ist dem Geschäftsführer vorzubehalten, seinen Gegenanspruch nach Erstattung an die Insolvenzmasse gegen den Insolvenzverwalter zu verfolgen. Dabei deckt sich der ihm zustehende Anspruch nach Rang und Höhe mit dem Betrag, den der begünstigte Gesellschaftsgläubiger im Insolvenzverfahren erhalten hätte (BGHZ 146, 264 = ZInsO 2001, 260). Sofern man mit dem BGH die Abtretbarkeit des Rückgewähranspruches bejaht (vgl. Rdn. 108), bietet **§ 255 BGB** eine sachgerechte Lösung des Haftungskonfliktes. Zahlt der in Anspruch genommene Geschäftsführer den der Insolvenzmasse entzogenen Betrag an diese, so kann er aus den Zug-um-Zug abgetretenen insolvenzanfechtungsrechtlichen Rückgewähransprüchen (innerhalb der Frist des § 146 Abs. 1) auf eigene Kosten die Zahlungsempfänger in Anspruch nehmen. Da durch die Zug-um-Zug-Verurteilung des Geschäftsführers der GmbH eine ungerechtfertigte Bereicherung der Insolvenzmasse ausgeschlossen werden kann, darf der Insolvenzverwalter bei ungewissem Vollstreckungsausgang den GmbH-Geschäftsführer und den Empfänger der angefochtenen Leistung gleichzeitig in Anspruch nehmen (OLG Oldenburg, ZInsO 2004, 984). 124

X. Prozessuales

Vor Einleitung oder Aufnahme (§ 17 Abs. 1 AnfG) eines Rechtsstreits mit erheblichem Streitwert hat der Insolvenzverwalter gem. **§ 160 Abs. 2 Nr. 3** die **Zustimmung** des Gläubigerausschusses bzw. der Gläubigerversammlung einzuholen. Unterlässt er dies, ist seine Maßnahme im Außenverhältnis dennoch wirksam (§ 164). 125

1. Rechtsweg

Insolvenzanfechtungsrechtliche Rückgewährstreitigkeiten sind bürgerlich-rechtliche Rechtsstreitigkeiten i.S.d. § 13 GVG (GmS-OGB, ZInsO 2010, 2400) und demnach grds. vor den ordentlichen Gerichten auszutragen (BGH, ZInsO 2011, 723); eine Ausnahme besteht nach wenig überzeugender und wohl rein rechtspolitisch zu verstehender Auffassung des GmS-OGB, wenn das der anfechtbaren Leistung zugrunde liegende Schuldverhältnis arbeitsrechtlicher Natur ist 126

(**Anfechtung von Lohnzahlungen**). Dann ist die ausschließliche Zuständigkeit der Arbeitsgerichtsbarkeit gegeben (GmS-OGB a.a.O.). Dies gilt auch dann, wenn Gegenstand der Anfechtung Rückgewähr im Wege der Zwangsvollstreckung befriedigter Arbeitsentgeltansprüche ist (BGH, ZInsO 2011, 1368). Die von dem GmS-OGB zur Begründung seiner Entscheidung herangezogenen Erwägungen lassen sich aber auf andere anfechtungsrechtlich relevante Sachverhalte nicht übertragen (BGH, ZInsO 2011, 723); demnach bleibt es abseits der Rückgewähransprüche aufgrund von Leistungen im Rahmen eines Arbeitsverhältnisses bei der Zuständigkeit der ordentlichen Gerichte (so ausdrücklich für die Anfechtung der Zahlung von Sozialversicherungsbeiträgen BGH a.a.O.). Soweit ein Dritter anstelle des (insolventen) Arbeitgebers die dem Arbeitnehmer geschuldeten Vergütungsansprüche befriedigt, war bisher bei insolvenzrechtlicher Anfechtung dieser Befriedigung der Rechtsweg zu den ordentlichen Gerichten gegeben (BGH, ZInsO 2012, 1538; a.A. für den Fall der mittelbaren Zuwendung durch Zahlung über das Konto der Ehefrau des Arbeitgebers BAG, ZInsO 2015, 306). Zutreffend weist Huber (ZInsO 2017, 517) darauf hin, dass dieser »Zuständigkeitsrechtsprechung« des BGH durch die Neufassung des § 142 durch das Gesetz zur Verbesserung der Rechtssicherheit bei Anfechtungen nach der Insolvenzordnung und nach dem Anfechtungsgesetz vom 29.03.2017 die Grundlage entzogen worden ist; durch die in § 142 Abs. 2 Satz 3 erfolgte Gleichstellung von Arbeitsentgeltzahlungen des Arbeitgebers mit »Drittzahlungen« i.S.d. § 267 BGB sind – sofern Erkennbarkeit der Leistung durch Dritte seitens des Arbeitnehmers als Anfechtungsgegner nicht gegeben ist – für diesbezügliche Anfechtungsrechtsstreitigkeiten nunmehr auch die Arbeitsgerichte zuständig. Ist zwischen den Parteien streitig, ob die angefochtene Zahlung im Rahmen eines wirksam geschlossenen Arbeitsvertrages geleistet wurde, sollen nach Rspr. des BAG wiederum die Arbeitsgerichte zuständig sein (BAG, ZInsO 2015, 306).

Ist Streitgegenstand nicht der eigentliche Rückgewähranspruch, sondern die in anfechtbarer Weise hergestellte Aufrechnungslage (§ 96 Abs. 1 Nr. 3), bleibt die ursprüngliche Forderung rechtswegbestimmend (BGHZ 169, 167).

2. Gerichtliche Zuständigkeit

a) Örtlich

127 Örtlich zuständig ist grds. dasjenige Gericht, in dessen Bezirk der Anfechtungsgegner seinen allgemeinen Gerichtsstand (**§§ 12 ff. ZPO**), Aufenthaltsort (**§ 20 ZPO**) oder sein Vermögen (**§ 23 ZPO**) hat. Der Gerichtsstand der Niederlassung (§ 21 ZPO) kann als Wahlgerichtsstand eingreifen, wenn die Anfechtung eine Lieferung gerade an die Niederlassung oder einen von dort aus geschlossenen Vertrag betrifft (MK-Kirchhof § 146 Rn. 31). Stützt der Insolvenzverwalter seine Klage gegen den Gesellschafter des Schuldners, so ist der Gerichtsstand der Mitgliedschaft (§ 22 ZPO) begründet (Uhlenbruck-Ede/Hirte, § 143 Rn. 149).

Nicht anzuwenden sind die Gerichtsstände des Erfüllungsortes, **§ 29 ZPO** (HK-Thole § 129 Rn. 120) und – selbst bei der Vorsatzanfechtung, soweit die Klage nicht zugleich auf einen deliktischen Anspruch gestützt wird – der unerlaubten Handlung, **§ 32 ZPO** (BGH, ZIP 1990, 246). § 19a ZPO betrifft nur **Klagen gegen den Insolvenzverwalter**.

128 Wird das Eigentum an einem Grundstück, dessen dingliche Belastung oder deren Nichtbestehen selbst geltend gemacht (z.B. bei Anfechtung des Erlasses eines Grundpfandrechtes), ist **§ 24 Abs. 1 ZPO** unmittelbar anwendbar (HK-Thole § 129 Rn. 120). Nicht anwendbar ist § 24 ZPO hingegen bei dem lediglich schuldrechtlichen Anspruch auf Verschaffung eines Rechts an einem Grundstück, wie dem aus § 143 folgenden Anspruch auf Rückgewähr des anfechtbar übertragenen Eigentums an einem Grundstück (Zöller-Vollkommer § 24 ZPO Rn. 9). Umstritten ist die Anwendbarkeit des § 24 ZPO auf den schuldrechtlichen Anspruch auf Befreiung von einer Verbindlichkeit (dagegen mit Recht MK-Kirchhof § 146 Rn. 33), da § 24 ZPO lediglich bezweckt sicherzustellen, dass bei Grundstücksstreitigkeiten das Gericht mit der größeren Sachnähe entscheidet (z.B. Erleichterung von Beweisaufnahmen vor Ort). Im Anfechtungsrechtsstreit spielen

derartige Gesichtspunkte jedoch i.d.R. eine untergeordnete Rolle im Vergleich zu den speziellen Anfechtungsvoraussetzungen (MK-Kirchhof § 146 Rn. 33).

Die Gerichtsstände der **§§ 771, 805 Abs. 2** ZPO finden keine Anwendung (Uhlenbruck-Ede/ Hirte, § 143 Rn. 150). Im Fall der Vollstreckungsabwehrklage (vgl. Rdn. 136) gem. § 767 ZPO ist das Prozessgericht des ersten Rechtszuges zuständig. 129

b) Sachlich

Die sachliche Zuständigkeit ist **streitwertabhängig** (§§ 23 Nr. 1, 71 Abs. 1 GVG). Die Wertbestimmung anhand des Klageantrags erfolgt nach §§ 3 ff. ZPO. Eine anfechtbare Schuldbegründung ist mit der Quote zu bewerten, die bei einer Berücksichtigung auf diese Insolvenzforderung entfiele (MK-Kirchhof § 146 Rn. 35). Wird die Rückgewähr eines Gegenstandes verlangt, so bildet der Wert dieses Gegenstandes abzüglich seiner unangefochtenen Belastungen den Streitwert (Uhlenbruck-Ede/Hirte § 143 Rn. 147). Die Vollstreckungsabwehrklage (§ 767 ZPO, vgl. Rdn. 136) ist vor dem Prozessgericht des ersten Rechtszuges zu erheben. 130

c) Funktional

Der Rückgewähranspruch stellt selbst dann **kein Handelsgeschäft** dar, wenn es sich bei der angefochtenen Rechtshandlung um ein Handelsgeschäft handelte (BGH, ZIP 1987, 1132), die **Kammer für Handelssachen** ist daher nie zuständig. Auch eine Zuständigkeit des **Familiengerichts** ergibt sich selbst dann nicht, wenn die Rückgewähr von Leistungen aus familienrechtlichen Beziehungen verlangt wird (FK-Dauernheim § 143 Rn. 53). 131

d) Gerichtsstandsvereinbarungen

Der Insolvenzverwalter ist an Gerichtsstandsvereinbarungen des Schuldners **nicht gebunden**, soweit nicht bei Verfahrenseröffnung bereits ein Rechtsstreit rechtshängig war und die Zuständigkeit des Gerichts hierfür bindend begründet worden ist (MK-Kirchhof § 146 Rn. 37). 132

e) Schiedsvertragliche Vereinbarungen

Hat der Schuldner bzgl. etwaiger Streitigkeiten aus Rechtsbeziehungen mit den Beteiligten die **Zuständigkeit eines Schiedsgerichts** vereinbart, so kann der hieran gebundene Insolvenzverwalter in dem Schiedsgerichtsverfahren nicht die Anfechtbarkeit einzelner i.R.d. Rechtsbeziehung erfolgter Rechtshandlungen geltend machen, da der insolvenzanfechtungsrechtliche Rückgewähranspruch nicht von der Schiedsgerichtsvereinbarung umfasst ist (BGH, ZInsO 2007, 269). Die Einrede der Anfechtbarkeit ist durch den Insolvenzverwalter dann in dem – vor der ordentlichen Gerichtsbarkeit zu führenden – Verfahren auf Vollstreckbarerklärung des Schiedsspruchs zu erheben. (BGH a.a.O.) 133

Vom Insolvenzverwalter abgeschlossene Schiedsvereinbarungen i.S.d. §§ 1029 ff. ZPO sind (soweit sie nicht offenkundig dem Insolvenzzweck widersprechen) wirksam, wohingegen ein vom Schuldner geschlossener Schiedsvertrag nicht gem. § 1032 Abs. 1 ZPO die Unzulässigkeit einer bei einem staatlichen Gericht erhobenen Anfechtungsklage begründet (BGH, ZInsO 2004, 88).

3. Klageantrag

In der Regel ist ein dem jeweiligen Rückgewährbegehren angepasster **Leistungsantrag** auf Rückgewähr an den Insolvenzverwalter in dieser Eigenschaft zu stellen (vgl. zur Besonderheit bei Rückgewähr einer Unternehmensgesamtheit Rn. 31); ggf. kann – sofern der Anfechtungsgegner Rückgewähr in Geld schuldet – auch ein gerichtliches Mahnverfahren (§ 688 ff. ZPO) eingeleitet werden (FK-Dauernheim § 143 Rn. 55). Eine Prüfung unter anfechtungsrechtlichen Gesichtspunkten hat durch das Gericht selbst dann zu erfolgen, wenn dies nicht ausdrücklich beantragt wurde, das Klagebegehren des Insolvenzverwalters jedoch im Ergebnis auf eine solche 134

Rechtsfolge hinausläuft und er einen Sachverhalt vorträgt, der möglicherweise die Merkmale eines Anfechtungstatbestandes erfüllt (BGH, ZInsO 2001, 72). Verlangt der Insolvenzverwalter Leistung an sich selbst, so ist der Antrag im Zweifel dahin auszulegen, dass er nicht als Privatperson, sondern in seiner Eigenschaft als Insolvenzverwalter handelt (MK-Kirchhof § 146 Rn. 39). Zu unbestimmt ist ein Klageantrag, der darauf zielt, den Anfechtungsgegner allg. zum Verzicht auf Rechte aus einem erwirkten Titel zu verurteilen (BGH, ZIP 1991, 1014). Ist ungewiss, ob der Anfechtungsgegner Rückgewähr in Natur leisten kann, so kann der auf Rückgewähr gerichtete Antrag um einen Antrag auf Fristbestimmung gem. § 255 ZPO ergänzt werden (MK-Kirchhof § 146 Rn. 40). Alternativ kann der Anspruch auf Wertersatz sogleich als Hilfsantrag gestellt werden. Ist der Insolvenzverwalter nicht dazu in der Lage, einen dem § 253 Abs. 2 Nr. 2 ZPO entsprechenden bestimmten Antrag zu stellen, kommt eine in der ersten Stufe auf Auskunft gerichtete **Stufenklage** gem. § 254 ZPO in Betracht, sofern ein Auskunftsanspruch gegen den Anfechtungsgegner (vgl. Rdn. 101) besteht.

135 Unter den Voraussetzungen des § 256 ZPO ist eine **Feststellungsklage** zulässig (BGH, ZIP 1995, 630, 635). Diese ist insb. zur Fristwahrung (§ 146) geeignet Eine negative Feststellungsklage des Anfechtungsgegners ist unter den Voraussetzungen des § 256 ZPO ebenfalls möglich (BGH, ZInsO 2007, 91).

Der Antritt des Zeugenbeweises unter Berufung auf »N.N.« oder einen »zuständigen Mitarbeiter« reicht als Beweisantritt auch im Rahmen eines Anfechtungsprozesses grundsätzlich nicht aus (BGH, ZInsO 2015, 305).

136 Die **Vollstreckungsabwehrklage** gem. § 767 ZPO kann erhoben werden, wenn das in anfechtbarer Weise erlangte Recht aufgrund eines vor Verfahrenseröffnung erlangten Titels geltend gemacht wird. Zur Erhebung der Klage gem. § 767 ZPO ist der Insolvenzverwalter z.B. berechtigt, wenn der durch eine anfechtbar erlangte Sicherungshypothek gesicherte Gläubiger die Zwangsversteigerung des schuldnerischen Grundstückes betreibt. Obsiegt der Insolvenzverwalter, so darf der Anfechtungsgegner sein zur Vollstreckung berechtigendes Recht ggü. dem Insolvenzverwalter nicht geltend machen (BGHZ 130, 314, 325).

4. Folgen der Rechtshängigkeit

137 Die zurückzugewährende Sache wird durch den Anfechtungsprozess nicht streitbefangen gem. § 265 ZPO (MK-Kirchhof vor §§ 129 bis 147 Rn. 24). Der Insolvenzverwalter muss daher seine Klage auf Wertersatz umstellen, wenn der Anfechtungsgegner den anfechtbar erlangten Gegenstand nach Rechtshängigkeit veräußert. Gem. § 264 Nr. 3 ZPO stellt dies keine Klageänderung dar.

Die Einstellung einer bereits gegen den Schuldner eingeleiteten Zwangsvollstreckung durch einen auch im Rahmen des Insolvenzverfahrens zur Vollstreckung berechtigten Gläubiger kommt nur auf der Grundlage des § 767 ZPO in Betracht (vgl. Rdn. 136).

5. Grundurteil

138 Soweit der Insolvenzverwalter Wertersatz statt Rückgewähr (vgl. Rn. 66) verlangt, kann zunächst ein Grundurteil gem. § 304 ZPO erlassen werden (BGH, ZIP 1995, 297).

6. Anfechtungsprozesse nach Eintritt der Massekostenunzulänglichkeit (§ 207) oder Masseunzulänglichkeit (§ 208)

139 Die Tatsache, dass der Insolvenzverwalter bereits vor der Anfechtung die Masseunzulänglichkeit (§ 208) angezeigt hat und dass selbst bei einem Erfolg der Anfechtungsklage die Masseunzulänglichkeit unverändert fortbesteht, sodass mit einer (Teil-)Befriedigung der Insolvenzgläubiger nicht zu rechnen ist, steht der Anfechtungsklage nicht entgegen (allgemeine Meinung vgl. BGH, ZInsO 2008, 378 m.w.N.); tatsächlich ist der Insolvenzverwalter im Hinblick auf § 208 Abs. 3

zur – prozessualen – Durchsetzung von Rückgewähransprüchen verpflichtet. Demgegenüber darf der Insolvenzverwalter nach Eintritt der Massekostenunzulänglichkeit (§ 207) einen (Anfechtungs-)Rechtsstreit weder beginnen noch fortsetzen, wenn selbst im Fall des Obsiegens die Massekostenunzulänglichkeit nicht beseitigt werden kann (BGH, ZInsO 2012, 736).

7. Sicherung des Rückgewähranpruchs

Der Anspruch nach Abs. 1 Satz 1 kann durch **einstweilige Verfügung** (**§§ 935 ff. ZPO**), (OLG Frankfurt am Main, ZInsO 2013, 351) der Anspruch auf Geldzahlung durch **persönlichen oder dinglichen Arrest** (**§§ 916 ff. ZPO**) gesichert werden (HK-Thole § 129 Rn. 129). Bei einem auf Übereignung eines Grundstückes oder Übertragung eines Rechtes daran gerichteten Anspruch kann eine Sicherung durch Eintragung einer **Vormerkung gem. § 885 Abs. 1 BGB** (HK-Thole § 129 Rn. 129) erreicht werden.

140

8. Kosten

a) Kostentragung

Die Entscheidung über die Prozesskosten richtet sich nach **§§ 91 ff. ZPO**. Bei Unterliegen des Insolvenzverwalters haftet grds. nur die Insolvenzmasse. Die Vornahme der anfechtbaren Handlung stellt grds. keine Veranlassung i.s.v. § 93 ZPO dar (Uhlenbruck-Ede/Hirte § 143 Rn. 181); der Insolvenzverwalter sollte daher schon aus diesem Grunde vor Klageerhebung jedenfalls ein außergerichtliches schriftliches Rückgewährverlangen mit (kurzer) Frist gegenüber dem Anfechtungsgegner erklären, um ein sofortiges Anerkenntnis mit der Kostenfolge des § 93 ZPO zu vermeiden. Sofern dieses jedoch hinsichtl. der jeweiligen anfechtungsrelevanten Tatbestandsmerkmale nicht ausreichend substanziiert (»schlüssig«) ist, besteht für den klagenden Insolvenzverwalter weiterhin das aus § 93 ZPO resultierende Kostenrisiko (BGH, ZInsO 2007, 323). Dieses ist jedoch insoweit limitiert, als dass der Insolvenzverwalter ggü. einem Sozialversicherungsträger, der sich vorprozessual die »von den Sozialversicherungsträgern üblicherweise vorgebrachten Einwendungen« vorbehält, nicht mit einem plötzlichen Einwendungsverzicht zu rechnen braucht (BGH, ZInsO 2006, 1164).

141

b) Prozesskostenhilfe

Unter den Voraussetzungen des **§ 116 Satz 1 Nr. 1 ZPO** kann dem Insolvenzverwalter für den Anfechtungsprozess PKH gewährt werden (BGH, ZInsO 2012, 736). Wirtschaftlich Beteiligter i.S.d. § 116 Satz 1 Nr. 1 ZPO ist jeder, dessen Befriedigungsaussichten sich bei einem Unterliegen des Anfechtungsgegners verbessern (BGH, ZInsO 2012, 2198). Der **Insolvenzverwalter** ist wegen seines Vergütungsanspruches **nicht** im Prozess der Insolvenzmasse wirtschaftlich beteiligt (OLG Celle, ZInsO 2007, 331), denn er nimmt die im öffentlichen Interesse liegende Aufgabe der Abwicklung eines geordneten Insolvenzverfahrens war (OLG Hamm, ZInsO 2005, 217). Den Massegläubigern i.S.d. § 55 ist es niemals zuzumuten, sich an den Kosten eines Anfechtungsprozesses zu beteiligen (OLG Hamburg, ZInsO 2005, 323). Insolvenzgläubigern mit geringer Quotenerwartung oder mit bestrittenen Forderungen ist der Einsatz eigener finanzieller Mittel nicht zuzumuten (BGH, ZInsO 2004, 501; OLG Nürnberg, ZInsO 2005, 102). Zu weiteren Fällen der Unzumutbarkeit BGH, ZInsO 2006, 369; Uhlenbruck-Ede/Hirte § 143 Rn. 209. PKH kann bereits dann gewährt werden, wenn sie allein oder zumindest vorwiegend zur Realisierung der Vergütungsansprüche des Insolvenzverwalters dient (OLG Celle, ZInsO 2007, 331); sie ist nicht zu gewähren, wenn selbst im Fall des Obsiegens eine bereits eingetretene Massekostenunzulänglichkeit i.S.v. § 207 nicht beseitigt werden kann (BGH, ZInsO 2016, 270; vgl. auch Rdn. 139). Demgegenüber ist sie zu gewähren, wenn bei zu erwartender vollständiger Realisierung des Rückgewähranspruchs die Massekostenunzulänglichkeit überwunden werden wird (BGH, ZInsO 2013, 249).

142

Stichwortverzeichnis

Halbfett gedruckte Ziffern verweisen auf den Paragraph bzw. Artikel und mager gedruckte Ziffern auf die Randnummer der Kommentierung.

Anfechtungsklage 143 125
– Rechtsweg **143** 126
Aufrechnung
– Anfechtbarkeit **142** 25; **143** 43
– Insolvenzanfechtung **129** 9
Auskunftsanspruch
– Anfechtungsgegner **143** 101
– Stufenklage **143** 134
Aussonderungsrecht
– Rückgewähranspruch aus Anfechtung **143** 98

Bargeschäft 133 12; **142** 1
– Ausschluss der Anfechtbarkeit **142** 22
– Dienstleistungen eines Rechtsanwalts **142** 33
– Gleichwertigkeit **142** 14
– Unmittelbarkeit **142** 6
Benachteiligungsvorsatz 133 51

Doppelinsolvenz 143 99
drohende Zahlungsunfähigkeit
– Kenntnis **133** 49

Eigenantrag
– Erledigung **14** 70
Erbschaft
– Ausschlagung **129** 10
– fortgesetzte Gütergemeinschaft **129** 10
– Pflichtteil **129** 10
– Verzicht **129** 10
Erledigung 14 70
Eröffnungsantrag 13 1
– Hinweispflicht des Insolvenzgerichts **13** 2
– Keine Höchstfrist, keine Zustellung des Hinweises **13** 3
– objektive Bedingung der Strafbarkeit **15a** 3
– Strafbarkeit **15a** 2
– Strafbarkeit des unrichtigen Eröffnungsantrages **15a** 2
Eröffnungsverfahren
– Weiterlieferer bei Betriebsfortführung **142** 30

Factoring 142 32
Firmenbestattung 133 63
Freigabe 129 93

Gerichtsstandsvereinbarung 143 132
Gesellschaft bürgerlichen Rechts
– Glaubhaftmachung Insolvenzgrund **14** 33

Gesellschafter
– persönlich haftender Gesellschafter **14** 33
– Privatvermögen **14** 33
Gesellschafterdarlehen
– Insolvenzanfechtung **143** 96
Gesellschafterhaftung
– Insolvenz des Gesellschafters (»Doppelinsolvenz«) **143** 99
Glaubhaftmachung
– Insolvenzantragsvoraussetzungen **14** 4
Gläubigerantrag
– absonderungsberechtigter Gläubiger **14** 47
– als Druckmittel **14** 52
– Anhörung des Schuldners **14** 55
– Auswechseln einer Forderung **14** 13
– Bagatellforderung **14** 53
– bedingte Forderung **14** 8
– betagte Forderung **14** 8
– einredebehaftete Forderung **14** 10
– Finanzamt **14** 41
– gepfändete oder verpfändete Forderung **14** 11
– Glaubhaftmachung **14** 4
– Insolvenzeröffnung **14** 70
– Erledigung **14** 70
– Missbrauch **14** 52
– nachrangige Forderung **14** 48
– Nachschieben einer Forderung **14** 13
– nicht titulierte Forderung **14** 14
– öffentlich-rechtliche Forderung **14** 37
– rechtliches Interesse **14** 44
– Sozialversicherungsträger **14** 37
– Teilforderung **14** 12
– titulierte Forderung **14** 19
– Zustellung **14** 58
Gläubigerausschuss
– Zustimmung **143** 125
– Anfechtungsklage **143** 125
Gläubigerbenachteiligung 129 42 ff.
– (hypothetische) Kausalität **129** 90
– Anfechtung **129** 14
– Arten **129** 82 ff.
– Darlegungs- und Beweislast **129** 97
– Kenntnis des Anfechtungsgegners **133** 29
– maßgeblicher Zeitpunkt **129** 41
– mittelbare **129** 88 ff.
– unmittelbare **129** 83 ff.; **133** 59
– Verkürzung des Schuldnervermögens **129** 45 ff.
Gläubigerbenachteiligungsvorsatz 133 18
– Beweisanzeichen **133** 52

Stichwortverzeichnis

- Kenntnis/Kennenmüssen des Anfechtungsgegners 133 29, 64

Globalzession 129 49; 142 29; 143 84

Grundpfandrecht
- Mietforderungen 129 50

Hinweispflicht des Insolvenzgerichts
- Unzulässigkeit des Antrags 13 2

Immaterialgüterrechte
- Insolvenzanfechtung 129 63

Inkongruente Deckung 133 53, 57; 142 5

Insolvenzanfechtung 129 1
- (vorl.) Insolvenzverwalter 129 23
- Absonderung 129 47
- Änderungsvertrag 143 122
- anfechtbare Prozesshandlung 143 51
- anfechtbare Unterlassung 143 50
- Anfechtungsgegner 143 7
- Anfechtungsklage 143 126
  - nach Masseunzulänglichkeit 143 139
  - Zustimmung des Gläubigerausschusses 143 125
- anfechtungsrechtlicher Durchgriff 129 36
- Anfechtungszeitraum 133 17
- Aufrechnung 129 9
- Ausschluss 142 22
- Aussonderung 129 46
- Bargeschäft 142 1
- Bereicherung 143 93
  - Herausgabe 143 93
- Beweiserleichterung 133 37
  - vorsätzliche Benachteiligung 133 37
- Beweislastumkehr 133 37
- Darlegungs- und Beweislast 133 34
  - vorsätzliche Benachteiligung 133 34
- Doppelinsolvenz 143 99
- Einrede der Anfechtbarkeit 143 38, 114
- Erbschaftsausschlagung 129 10
- Erlöschen des Anfechtungsrechts 143 115
- Firmenaufgabe 129 61
- Folgen 143 40
- Geltendmachung 143 4
- gerichtliche Zuständigkeit 143 127
- Gerichtsstandsvereinbarung 143 132
- Gesellschafterdarlehen 143 96
- Gläubigerbenachteiligung 129 14, 42 ff.
  - Arten 129 82 ff.
  - gleichwertige Gegenleistung 142 1
  - vorsätzliche 133 2
- Gläubigerbenachteiligungsvorsatz 133 18
- Handlungen des Rechtsvorgängers 129 28
- Immaterialgüterrechte 129 63
- inkongruente Deckung 133 57; 142 5
- Insolvenz des Anfechtungsgegners 143 98
- Klageantrag 143 134
- kongruente Deckung 133 55
- Kostentragung 143 141
- maßgeblicher Zeitpunkt 129 41
- mittelbare Zuwendungen 129 33
- nach Anzeige der Masseunzulänglichkeit 129 44; 143 139
- Prozesshandlung 129 13
- Prozesskostenhilfe 143 142
- Realakte 129 12
- Rechte des Schuldners 143 46
  - Einschränkung oder Beendigung 143 46
- Rechtsfolgen 143 1
  - Rückgewährschuldverhältnis 143 2
- rechtsgeschäftsähnliche Handlung 129 11
- Rechtshandlung 129 2 ff., 23
  - Handelnder 129 21 ff.
  - nichtige 129 14 ff.
  - unwirksame 129 14 ff.
- Rechtshängigkeit 143 137
- Rückabwicklung 143 54
  - anwendbare Vorschriften 143 54
  - Beweisfragen 143 105
  - dingliche Rechte 143 37
- Rückabwicklung der Vermögensminderung 143 12
- Rückgewähr 143 15
  - Arten 143 15
- Rückgewähranspruch 143 108
  - Abtretbarkeit 143 108
  - Konkurrenz 143 117
  - Nutzungen 143 57
  - Surrogate 143 65
  - unentgeltliche Leistungen 143 92
  - ungerechtfertigte Bereicherung 143 54
  - Verpfändbarkeit 143 108
  - Verwendungen des Anfechtungsgegners 143 60
- Rückgewährschuldverhältnis 143 2
- schiedsvertragliche Vereinbarung 143 133
- Sicherung des Anfechtungsrechts 143 140
- Teilanfechtung 143 112
- Unternehmensübertragung 129 60
- Verkürzung des Schuldnervermögens 129 45 ff.
- Vermächtnis 129 10
  - Ausschlagung 129 10
- Verrechnung im Kontokorrent 142 25
- Vertrag zugunsten Dritter 129 37 ff.
- Verwendungsersatzanspruch 143 60
  - Zurückbehaltungsrecht 143 62
- Vollstreckungsabwehrklage 143 38
- Vollstreckungshandlung 143 52
- von Bezugsrechten 129 37 ff.
- von Unterlassungen 129 17 ff.
- vorsätzliche Benachteiligung 133 2
- Wertersatz 143 66
  - Aufrechnung 143 81
  - Zurückbehaltungsrecht 143 81

Insolvenzeröffnungsantrag
- Antragsbefugnis 14 1
  - Gläubiger 14 1
- Eigenantrag 14 69
- Erledigung 14 69

- Eröffnungsgrund 14 24
  - Glaubhaftmachung 14 24
- Forderung 14 6
- Glaubhaftmachung 14 4
- Gläubigerantrag 14 47
  - absonderungsberechtigter Gläubiger 14 47
  - Anhörung des Schuldners 14 55
  - Bagatellforderung 14 53
  - Erledigung 14 70
  - Forderung 14 6
  - Forderung, verfahrensfremder Zweck 14 52
  - Glaubhaftmachung 14 4
  - Missbrauch 14 52
  - nachrangige Forderung 14 48
  - öffentlich-rechtliche Gläubiger 14 37
  - rechtliches Interesse 14 44
  - Rechtsschutzinteresse 14 50
  - Voraussetzungen 14 3
  - Zulassung 14 57
- Missbrauch 14 52
- öffentlich-rechtliche Gläubiger 14 37
- rechtliches Interesse 14 44
- Schutzschrift 14 59
- Zulassung 14 57
  - Verfahrensfragen 14 74
- Zustellung 14 58

Insolvenzeröffnungsgrund
- Glaubhaftmachung 14 24
- Insolvenzeröffnungsantrag 14 6

Insolvenzverfahren
- Anfechtung 129 1
  - von Rechtshandlungen 129 1
- Eröffnung 14 1
  - Antragsbefugnis des Gläubigers 14 1
- Eröffnungsgrund 14 24
  - Glaubhaftmachung 14 24

Kollusion 133 61
Kongruente Deckung 133 55
Kontosperre 129 11

Masseunzulänglichkeit
- Anfechtungsprozess trotz Masseunzulänglichkeit 143 139
- Gläubigerbenachteiligung 129 44

Mittelbare Zuwendung 143 11, 14

objektiven Gläubigerbenachteiligung
- Kenntnis 133 50

Prozesskostenhilfe
- Anfechtungsprozess 143 142

Rechtshandlung 129 2 ff.
- Anweisung 129 36
- Gesamtvorgänge 129 96
- Handelnder 129 21 ff.; 133 2
- Prozesshandlungen 129 13; 143 51

- Realakte 129 12
- Rechtsgeschäfte 129 5 ff.
- rechtsgeschäftsähnliche Handlungen 129 11
- unwirksame 129 14
- Vornahmezeitpunkt 129 41

Rechtsvorgänger
- Insolvenzanfechtung von Handlungen 129 28

Rückgewähranspruch
- Abtretbarkeit 143 108
- Anspruchsgegner 143 7
- Anspruchsinhaber 143 4
- Begründung und Tilgung von Verbindlichkeiten 143 40
- Bösgläubigkeit 143 95
- Duldung der Zwangsvollstreckung 143 17
- Einrede der Anfechtbarkeit 143 38
- Einschränkung/Beendigung von Rechten 143 46
- Entstehung 143 2
- Erlöschen 143 115
- Feststellungsklage 143 135
- Gegenstand der Rückgewähr 143 12
- Geltendmachung 143 4
- gerichtliche Zuständigkeit 143 127
- Grundurteil 143 138
- Haftungsmilderung bei unentgeltlichem Erwerb 143 92
- Insolvenz des Anfechtungsgegners 143 98
- Klagschrift 143 134
- Konkurrenzen 143 117
- Kosten der Rückgewähr 143 18
- Leistungen an den Schuldner 143 45
- Leistungsklage 143 134
- Nutzungen 143 57
- Prozesshandlungen 143 51
- Rechtshängigkeit 143 137
- Rechtsnatur 143 2
- Rechtsweg 143 126
- Rückgewähr beweglicher Sachen 143 20
- Rückgewähr von Grundstücksrechten 143 23
- Rückgewähr von Unterlassungen 143 50
- Rückübertragung der Belastung von Sachen und Rechten 143 37
- Rückübertragung sonstiger Rechte 143 31
- Rückübertragung von Forderungen 143 26
- Rückübertragung von Unternehmen 143 36
- Sicherung des Rückgewähranspruches 143 140
- Stufenklage 143 134
- Surrogate 143 65
- Verpfändbarkeit 143 111
- Verwendungen 143 60
- Vollstreckungsabwehrklage 143 38, 136
- Vorteilsausgleichung 129 92; 143 79
- Wahlrecht 143 75
- Zurückbehaltungsrecht 143 62

Sanierung
- angemessene Vergütung 142 34
  - Ausschluss des Benachteiligungsvorsatzes 133 26

Stichwortverzeichnis

Sanierung, angemessene Vergütung
– Ausschluss des Benachteiligungsvorsatzes 133 62
Schiedsvertrag 143 133
Schuldnervermögen
– Arbeitnehmeranteile zur Sozialversicherung 129 66
– Firma 129 61
– Freigabe 129 93
– Immaterialgüterrechte 129 63
– Markenrechte 129 62
– Masseverbindlichkeiten 129 76
– Steuern 129 67
– Unpfändbarkeit 129 54
– Unternehmen 129 60
– Vermögen Dritter 129 71
– Versicherungen 129 70
– Zweckbestimmung 129 53
Sicherungsrecht
– bedingt auf den Insolvenzfall 133 60
Sozialversicherungsträger
– Insolvenzantrag 14 37
Steuergläubiger
– Insolvenzantrag 14 41

Tilgung fremder Schulden 143 44
Treuhand, Anfechtungsgegner
– Rückgewähranspruch gegen Treuhänder 143 72

Übergangsrecht 103j 1 ff.
Umsatzsteuer 143 89
Unentgeltlichkeit
– Haftungsmilderung 143 92
Unterlassung 129 17 ff.; 143 50
Unternehmensübertragung 129 60

Vereinfachtes Insolvenzverfahren
– Ausübung des Anfechtungsrechts 143 4
Vermächtnis
– Ausschlagung 129 10
Verrechnung im Kontokorrent 142 25
Versicherung
– Anfechtung von Bezugsrechten 143 14
Vertrag zugunsten Dritter
– Anfechtung 129 37 ff.
  – Gegenstand der Rückgewähr 143 14

Verzicht
– auf Grundpfandrechte 143 47
Verzicht, auf abgesonderte Befriedigung
– auf Grundpfandrechte 143 90
von Arbeitnehmern 133 48

Wertersatz, anfechtungsrechtlicher 129 91; 143 66
– Aufrechnung 143 81
– Begründung und Tilgung von Verbindlichkeiten 143 86
– Belastung von Sachen und Rechten 143 85
– Berechnung 143 76
– für Nutzungen 143 91
– Mitverschulden des Insolvenzverwalters 143 74
– Übertragung von Sachen und Rechten 143 82
– Unmöglichkeit der Rückgewähr in Natur 143 66
– Unvermögen 143 68
– Verschlechterung 143 69
– Vorteilsausgleichung 129 92; 143 79
– Wahlrecht 143 75
– Zurückbehaltungsrecht 143 81

Zahlungserleichterung 133 71
Zahlungsunfähigkeit
– drohende 133 30, 37
– Kenntnis 133 43 ff., 48
– Kenntnis des Anfechtungsgegners 133 37
– Nichtzahlung geschuldeter Sozialversicherungsbeiträge 133 45
– Nichtzahlung steuerlicher Verbindlichkeiten 133 46
Zahlungsvereinbarung 133 71
Zahlungsverkehr 129 69
Zinsen, Höhe/Beginn 143 58
Zustellung
– Insolvenzantrag 14 58
Zuwendung
– mittelbare 129 33
  – Insolvenzanfechtung 129 33
Zwangsvollstreckung 133 56
– als Rechtshandlung i.S.d. 133 133 6
– Rückgewähr 143 52